AUX AVANT-POSTES

Sous la direction de
Guillaume Leuenberger

Aux avant-postes

De l'Afghanistan aux portes de l'Europe
Récits de la cavalerie blindée

TALLANDIER

Les contributeurs du livre ont reversé l'ensemble
de leurs droits à l'association Terre Fraternité – Ado,
en soutien aux blessés de l'armée de Terre et à leurs familles.

48, rue du Faubourg-Montmartre – 75009 Paris
www.tallandier.com

« La cavalerie française !
Chevauchées ardentes, mêlées furieuses,
sacrifices sublimes.
Marignan, Fontenoy, Eylau, Reichshoffen,
une gerbe de visions glorieuses passe devant les yeux
à ces simples mots… Puis les exploits de l'Yser,
du Kemmel, de l'Ourcq… Quel est le secret
d'une si étonnante vitalité ? C'est qu'en dépit
de sa constante évolution, la cavalerie a gardé intact
son *Esprit…* »

Général Bricard, *La Cavalerie française*, 1931

Préface

La guerre se poursuivait en Ukraine front contre front. Il y avait eu l'offensive de printemps russe, Kiev, Kherson, Marioupol occupés, et puis la contre-offensive ukrainienne de l'automne. Et la stabilisation des forces. À cor et à cri, l'Ukraine réclamait des armes, pour emporter la décision. Un jour, on entendit parler d'AMX10-RC*[1], de chars Leclerc : le président de la République française voulait livrer des engins blindés à l'agressé.

Ces noms, je ne les avais plus entendus depuis longtemps. Ils existaient donc encore, et leur crédit n'avait pas faibli…

Le régiment où j'ai effectué mon service militaire était sur 10 RC : c'était l'unité de reconnaissance d'un corps d'armée. En cas de mouvement de l'ennemi, il fallait, si ma mémoire est bonne, « se projeter » en Allemagne, aller à sa rencontre. On était à la fin des années 1980, il se disait que les autoroutes allemandes favoriseraient l'avancée rapide des chars soviétiques. Sept cent cinquante kilomètres séparent Berlin de Strasbourg. Après Strasbourg, il y avait les Champs-Élysées qui avaient vu camper les cosaques du tsar Alexandre… L'URSS était exsangue, incapable d'assurer sa propre subsistance, mais nous ne le savions pas, et nul, hormis de hardis chercheurs, n'osait imaginer sa chute. Risquer l'hypothèse, c'eût été baisser et faire baisser la garde. Dans nos exercices, l'ennemi était toujours désigné par le terme

1. Les astérisques à la première occurrence renvoient au glossaire (p. 317).

de *Rouges*. Et la tourelle des canons, toujours tournée vers l'est. Leçon du *Désert des Tartares* : ce n'est pas parce que le danger ne surgit pas qu'il n'existe pas. Il faut s'en persuader, faute de quoi on peut se faire surprendre le jour venu – ou devenir fou comme le héros du livre, le lieutenant Drogo.

Je servais au 2e hussards, ce régiment de Chamborant dont Barbey d'Aurevilly écrit qu'il est « romanesquement brave ». Ses escadrons s'appelaient Texel, où la flotte hollandaise prise dans les glaces fut assaillie et neutralisée à cheval, Sidi Brahim, célèbre fait d'armes des chasseurs en Afrique du Nord, et Stockem, et encore Bois de l'Arrière-Cour. Des noms qui renvoyaient tous à des exploits du régiment, notamment pendant la guerre de 14-18. Le souvenir des charges à cheval, du cuir et du crottin flottait encore au-dessus des garages qui exhalaient plutôt des odeurs d'huile chaude et de gasoil.

De leurs aïeux, les cavaliers que je côtoyais avaient gardé le port de la moustache, des gants de peau et, disaient les autres armes, une certaine idée de soi-même. À preuve, dans la « basane », on appelle les adjudants et adjudants-chefs « mon lieutenant ». Tout chef d'engin se redresse pour être à la hauteur de ses ancêtres montés sur de fiers destriers héritiers des charges de Friedland (1807) ou d'Usküb (1918). « On a beau dire, quand on est à cheval, on se sent un peu moins républicain », note quelque part Jacques Perret. Cette superbe autorisait par exemple un capitaine du régiment à dédaigner l'invitation à déjeuner chez le maire de Paris, dans la foulée du défilé du 14 juillet déléguant cette corvée de « civil » à son adjoint, un appelé qu'il appelait « l'intérimaire » et qui ne savait s'il devait admirer la bravade ou la tenir pour désolante.

Mais le temps n'est plus où l'officier ordonnait : « Messieurs les Maîtres, veuillez resserrer les rubans de queue et assurer vos chapeaux, nous allons avoir l'honneur de charger. » L'esprit de Fontenoy n'est plus qu'un souvenir romantique.

La première guerre d'Irak avait vu des unités blindées participer à l'opération Daguet. Les autres avaient reçu la noble mission d'être « base arrière ». Le front des OPEX françaises s'anima soudain : ex-Yougoslavie, Afghanistan, Mali, Liban, République centrafricaine.

La professionnalisation est passée par là : on ne forme plus les jeunes Français dans « la perspective de », on entraîne des soldats de métier qui ont assez vite, dans les sables africains ou les rochers afghans, l'occasion de mettre en application les exercices cent fois répétés à Mourmelon (Marne) ou à Sissonne (Aisne). Leur expérience est riche. Ils ont manœuvré sur des terrains parfois grands comme un département français. Aux avant-postes, ils ont connu le frisson du jeune chef occupant avec son groupe ou son peloton* une position isolée ou précaire, relié à ses supérieurs par la seule radio, éprouvant soudain les sentiments conjoints et parfois contradictoires de responsabilité et de solitude. À ce moment-là, tout jeune officier se sent à la tête de la 317e section, frère d'armes et d'incertitude du sous-lieutenant Torrens.

Les hommes dont vous allez lire le parcours font la guerre, qu'elle se nomme intervention ou opération extérieure. Tel est leur métier. Oui, mais est-ce un métier que celui d'aller dans cette zone obscure où la violence et la fraternité se mêlent, où la vie et la mort se narguent ? Dans *La Comédie de Charleroi*, Drieu la Rochelle écrit : « Je me suis battu pour être avec les hommes. » Être un professionnel n'empêche pas de vouloir partager la condition du soldat, quel que soit son grade : celle-ci est faite d'attente, d'excitation, de peur ; et aussi d'une maîtrise, la plus parfaite possible, de son énergie et de son savoir-faire.

Les faits d'armes des militaires français du début du XXIe siècle ne consistent plus à mépriser une invitation officielle à déjeuner. Ils ont mené leurs hommes au feu. Certains ont eu une attitude héroïque, d'autre ont fait simplement leur devoir, et ces termes ne sont pas ennemis l'un de l'autre. Quelques-uns ont frôlé la mort, ou l'ont vue fondre. La camarde est sortie de l'ombre, elle a frappé. Elle n'est plus une image de cinéma, un mot de roman, son odeur d'hyène agace leurs narines et hante leur sommeil.

Ils sont revenus de loin, avec des souvenirs, et pour beaucoup d'entre eux avec des notes prises, aux fins de rendre compte ou simplement pour fixer sur le papier l'éphémère d'un quotidien qui passe vite sur un théâtre d'opérations. Il en est résulté un journal de marche régimentaire ou des carnets intimes qu'il leur faudra relire, comme on dit dans les exercices spirituels. L'expérience de la guerre en est un, d'ailleurs.

Et voilà pourquoi la guerre a partie liée avec la littérature.

Le cavalier sait-il qu'il a donné naissance au genre romanesque ? Pour le plus magnifique ou le plus utopique, *Amadis de Gaule* ou *Don Quichotte*, le premier roman est de chevalerie. Un homme parcourt le monde à cheval, résume à lui seul la condition humaine, qui est faite de combats, de quête amoureuse, de recherche d'un absolu que le piéton n'atteindra jamais. C'est ainsi. Cela fait cinq cents ans que le hussard – ou le dragon, ou le cuirassier, ou le chasseur, (on entre là dans les rivalités de chapelle : est-il de la lourde, de la légère ?, mais nom de Dieu, par saint Georges, vive la cavalerie !) – parcourt la Mancha, la plaine de Flandre ou la Provence.

La cavalerie est devenue l'ABC (arme blindée et cavalerie). Début de l'alphabet on ne peut mieux adapté pour accueillir de grands écrivains. Spontanément, nous viennent les noms de Céline, qui servit au 12e cuirs comme maréchal des logis (joli intitulé, le plus beau parmi les grades), de Malraux, affecté chez les dragons à Provins, au quartier qui porte aujourd'hui le nom du colonel de Bouglon. C'était mon oncle. Quand j'étais enfant, ma grand-mère me racontait qu'il perdit la vie le 16 juin 1940, lançant à l'ennemi qui l'encerclait : « Un colonel ne se rend pas. Vive la France. » Qui d'autre ? Le plus célèbre des hussards contemporains, Roger Nimier, fut engagé au 2, dans ce régiment dont Stendhal connaissait le chef de corps – il en parle à la comtesse Daru, alors qu'il est à Smolensk et que se profile la débâcle de Russie.

Dans leurs livres, ces écrivains se sont rappelé leur séjour sous les drapeaux, comme on dit – sous *l'uniforme* ou *le treillis* serait plus juste. Et la littérature se souvient d'eux.

Aujourd'hui, des officiers d'active prennent la plume. Jusqu'ici, c'était une espèce peu répandue dans l'Histoire, ou alors la postérité n'a pas retenu leur nom. Le sergent Bourgogne, Marbot, et puis qui ? Driant, Lyautey, de Gaulle ? Les centurions des années 2020 sont plus nombreux à s'être mis à l'ouvrage. Ils ne sont pas généraux ou maréchaux de France, mais capitaines ou chefs d'escadron. Je les reconnais au premier coup d'œil. Ils ont des visages d'enfants rieurs mais leur cœur s'est durci à la forge du feu ennemi.

Ils ont appris à l'école ou dans les livres ce que, pour le meilleur ou le tragique, la guerre a donné à la littérature : César et ses commentaires, oui, Balzac avec Chabert, Tolstoï, mais aussi Genevoix et Montherlant, et de l'autre côté de la tranchée, Jünger, Salomon et Remarque.

Cependant, leur connaissance de la vie n'est pas livresque. Ils ont éprouvé un paroxysme dans leur existence. C'était lors d'un séjour à Ménaka au Mali, d'un accrochage dans la vallée de la Kapisa en Afghanistan, des péripéties aussi soudaines que brutales qui ne sont certainement pas comparables en intensité, ni en tragique à Eylau, Borodino ou la Somme ; mais sur les chemins du Tibesti ou de Kidal, on peut être pris par la belle ivresse de Koufra : certitude qu'on remplit une mission, sensation de liberté, vertige de l'engagement. L'expérience est là, dense, et au fond très insolite en ce temps de précaution érigée en principe constitutionnel.

J'ai aussitôt aimé leur écriture, faite de précision et de sobriété, ces qualités requises dans leur métier. Ces hommes ont leur vocabulaire, comme tous les bons artisans, leur argot comme toutes les bandes. Il entre dans leurs propos beaucoup de pudeur : ce qu'ils ont enduré est intense, unique, ils en parlent avec une émotion contenue, et il me semble que l'explication de ce ton est simple : ce qu'ils ont vécu apparaît comme très incongru à leurs contemporains. Lors, comment le partager pleinement ? Il est probable que quelques-uns de leurs souvenirs et de leurs sentiments, ils ne les expriment vraiment qu'entre eux, quand les mots, les pleurs et les rires peuvent se libérer sans fard.

L'ère moderne est née de la Libération. Depuis presque un siècle, elle s'attache à assurer le confort et la santé de tous – qui s'en plaindra, d'ailleurs ? Plus profondément, elle a repoussé aux frontières de son quotidien les notions de violence et de mort (même si celles-ci s'invitent à nouveau ces dernières années sur les chaînes d'info continues). Le seul terme de risque, jusqu'ici inhérent à la vie humaine, l'embarrasse ; pour un peu, elle le proscrirait.

Désormais, la société a délégué la défense de son territoire et de son idéal de vie à des soldats de métier. Il doit bien y avoir quelque avantage à cette décision considérable qui l'a comme soulagée. « *Carpe diem* » est la devise de notre temps. Or cet état met à l'épreuve la fameuse sentence de Thucydide : « Il faut choisir : se reposer ou être libre. » C'est ainsi, et cette situation rend encore plus indispensables les pages qui suivent. Que des garçons aguerris, les pieds ancrés dans les tourments de l'actualité et la tête bercée par les récits de Saint-Exupéry, Conrad ou Kessel, offrent au lecteur des échos de ce qu'ils ont vécu, ressenti, souffert pour son repos et sa liberté est un événement notable. Chacun des auteurs a mis dans son récit beaucoup de lui-même. L'ensemble a de l'allure et du souffle, autant de caractéristiques d'un cavalier qu'on est heureux de retrouver dans leur style.

Lisant ce livre, les autorités se féliciteront de l'entreprise et salueront « une belle entreprise éditoriale, de nature à renforcer le lien Armée-Nation ». C'est certainement vrai, mais que l'on permette à l'écrivain de dire avec ses mots que les pages qui suivent enrichissent avant tout l'imaginaire et le cœur de nos contemporains.

Étienne de Montety,
Directeur du *Figaro littéraire*

Introduction

Il y a plus de quatre-vingts ans, le 1er décembre 1942, en Afrique du Nord française était créée l'arme blindée et cavalerie sur ordre du général d'armée Giraud. Tirant les leçons de la campagne de 1940, une nouvelle façon de combattre revenait sur le devant de la scène. Elle privilégiait le mouvement et l'audace, tout en conservant la détermination qui, deux ans et demi plus tôt, avait permis aux cadets de Saumur d'arrêter sur la Loire, deux jours durant, une division allemande complète.

Depuis, les régiments* de la cavalerie blindée ont été de tous les combats. Les noms de batailles inscrits en lettres d'or dans les plis de leurs étendards et drapeaux invitent à plonger dans l'histoire militaire de notre pays. À leur lecture, on entend résonner le fracas des armes de la France, cette *furia francese* qui donna à nos armées ses plus belles victoires grâce à l'engagement et au courage de chasseurs*, cuirassiers*, hussards*, dragons*, spahis*, mais aussi à ceux des chars de combat, des cavaliers légionnaires et des marsouins*. À leur lecture, on discerne la colonne Leclerc débuter sa marche glorieuse qui la conduira à la libération de Paris puis de Strasbourg, accomplissant ainsi le serment prononcé à Koufra. À leur lecture, on se replonge au cœur des contre-attaques audacieuses de la cuvette de Diên Biên Phu, puis des combats de contre-insurrection en Algérie.

« L'inaction est la rouille du courage », avait pour habitude de dire le capitaine Xavier de Cacqueray-Valménier, cavalier ayant donné sa vie en combattant à la tête de son escadron* de chasseurs en Algérie. Aujourd'hui, les actions de la cavalerie française sont permanentes. Avec ses treize régiments, l'arme blindée a participé à toutes les récentes opérations aux marches de notre dispositif de défense depuis le début du XXIe siècle, de l'Afghanistan à l'Afrique en passant par le Moyen-Orient et le flanc est de l'Europe. Comme les unités légères de Napoléon, nos régiments ont tenu les avant-postes en éclairant, renseignant et combattant, s'il le fallait, parfois jusqu'au sacrifice ultime.

Ce sont certaines de ces opérations que les auteurs de ce livre ont décidé de relater, en croisant leurs regards pour en tirer un récit unique. Retraçant l'histoire des engagements militaires français les plus récents, leurs témoignages reflètent la singularité propre à chaque régiment, reposant sur une alchimie mêlant tradition, innovation et ardeur au combat. Car c'est bien au combat que se distinguent les cavaliers. À la guerre, le cavalier est d'abord un homme de conviction. Simplement, mais fermement, il cultive le culte de la mission, et surtout, il a confiance en son équipage avec lequel il sait pouvoir accomplir l'impossible. Les opérations décrites dans cet ouvrage s'inscrivent dans cette dynamique. L'esprit d'équipe, de patrouille, à l'origine d'un authentique esprit de corps, fonde l'identité, la force et l'excellence de la cavalerie blindée française. Cet esprit d'équipage constitue l'ADN de nos régiments, et je remercie les auteurs d'en avoir fait le fil rouge de leur récit.

Cet ouvrage parle d'opérations vécues et donc passées. L'histoire de la cavalerie blindée n'est pour autant pas terminée. Demain, avec les évolutions technologiques, le combat sera sans doute plus diffus, imbriqué et profond. Les effets des armes seront amplifiés et le champ de bataille, toujours plus transparent. Dans la perspective de combats plus durs, les aptitudes de la cavalerie resteront déterminantes car les armées auront toujours besoin d'une fonction opérationnelle allant chercher le succès dans le choc, le feu, l'audace, la vitesse et la surprise.

Demain, l'esprit d'équipage demeurera la clé, car au cœur de la bataille, ce seront bien les cavaliers qui continueront à mettre en œuvre nos montures modernes et manœuvreront face à un ennemi agressif. Je pense tout particulièrement à nos camarades cavaliers revenus récemment d'opérations, blessés pour certains dans leur chair ou au plus profond de leur être, et à leurs familles qui les soutiennent désormais au quotidien. Certains soldats portent encore en eux des blessures invisibles dont les cicatrices sont cousues d'un fil d'espoir, celui de vivre avec ces souvenirs et de les accepter pour ce qu'ils sont : l'histoire de quelques hommes partis accomplir leur devoir à l'autre bout du monde. Ils sont l'âme de leur escadron. Ils font la fierté de la cavalerie blindée et font honneur à la France.

Et par saint Georges, vive la cavalerie !

Général Benoît Aumonnier,
commandant l'École de cavalerie

Être prêt

Par Sébastien Gille

– 25…

La radio grésille. Le son est faible, lointain, comme un chuchotement.

– 25…

La radio grésille encore. La condensation perle sur l'écran faiblement éclairé. Il est cinq heures du matin. Le givre blanc sur les feuilles des arbres sublime cette nuit de pleine lune. Le capitaine, assis sur sa tourelle, attentif, tend l'oreille et approche son casque de tankiste relié à sa radio. Il ne voudrait pas rater ce matin l'information qui déclenchera l'exécution de son plan. Son adjoint se trouve à quelques mètres, dans le véhicule blindé de commandement, les yeux creusés. Il a veillé toute la nuit. Il est à l'écoute.

– Mon capitaine, tenez, un café.

Le tireur du char du capitaine, son ange gardien, lui tend une tasse de breuvage noir encore fumant. Un café lyophilisé, tiré de sa ration de combat. Le goût est infect et chaque gorgée brûle l'estomac.

– 25… contact !

Un mot suffit parfois à débloquer une situation. *Contact*. Deux syllabes pour une décharge d'adrénaline réveillant les cerveaux endormis ou les esprits divagants. Deux syllabes qui font rêver les jeunes avides de gloire et hantent les nuits des anciens qui ont eu un jour à les prononcer. Deux syllabes pour exprimer la stupeur, la rage, l'excitation, l'exaltation, la détresse mais, bien plus souvent, l'accomplissement de gestes banals pour les initiés. L'instinct de combat refait alors surface. Les chefs de peloton se redressent et mettent en alerte leurs hommes, silencieusement.

Les ombres s'affairent, chars et véhicules blindés reprennent vie.

Ils sont prêts.

Le capitaine est confiant dans les ordres qu'il a transmis la veille. Il répond calmement à la radio :

– 25. Reçu. Précisez le renseignement.

Camouflée dans des fourrés, la patrouille d'éclairage est positionnée en amont du reste de l'escadron, à quelques kilomètres. Elle a fait décoller ses drones et est en observation pour déceler tout mouvement de l'ennemi. Ses équipages doivent se dissimuler, se laisser dépasser par les patrouilles de reconnaissance de l'adversaire. Elles annoncent l'arrivée de ses éléments principaux : du gros, du sérieux, du dangereux – les chars. Le chef de patrouille prend son temps avant de répondre avec précision : ce qu'il dira sera entendu de tous.

Après une heure à jouer au chat et à la souris, à se mouvoir discrètement au cœur du dispositif ennemi, le chef de patrouille rend compte : des chars observés dans la plaine, des fantassins encore embarqués dans leurs véhicules, dans le bois, juste devant eux. Les autres patrouilles de surveillance sont aussi entrées sur la fréquence, au fil de leurs découvertes. Les positions ennemies sont révélées une à une. La tension se mesure au rythme des comptes rendus à la radio. Mais les jeunes maréchaux des logis et brigadiers-chefs s'efforcent de décrire ce qu'ils voient de la manière la plus concise et explicite possible. La manœuvre de l'escadron repose en partie sur eux, comme sur chaque homme et femme constituant cette unité.

La situation est claire pour le capitaine, conforme à ce qu'il avait anticipé et planifié. Serein, il annonce à toute l'unité :

– Moteur ! En avant, conforme aux ordres !

Il va lancer l'offensive.

Les engins démarrent. On entend dans la vallée ce sifflement caractéristique des turbines rugissantes. Mais impossible de savoir avec précision où se cachent les chars. L'heure n'est plus à la discrétion. Ils partent au combat.

L'escadron se déploie, au pas. Il va falloir attaquer. Ni trop tôt, ni trop tard. Le capitaine le sait. Il compte sur toutes ses patrouilles réparties sur le terrain, tel un filet, pour attraper les proies. La position des pièces de l'ennemi sur l'échiquier se précise. Le capitaine voit clair dans leur jeu. L'escadron arrive sur la ligne de départ – la « ligne de débouché », dans le jargon militaire. Le tempo est impeccable.

– 25, destruction de véhicules ennemis sur mines amies, sur Lima 1 !

Lima 1, ligne fictive tracée sur la carte, représente l'endroit où le capitaine avait l'intention d'arrêter l'ennemi. C'est chose faite, grâce aux sapeurs* qui ont travaillé toute la nuit. L'adversaire, surpris, est stoppé un instant. C'est le moment. Un tir d'artillerie sur ses arrières n'est pas de trop. Il faut aussi l'aveugler pendant que l'escadron se lance, toujours au pas.

C'est parti. L'escadron est au petit trot, tandis que le capitaine conduit la manœuvre depuis son char. Un peloton reste en appui, en arrière, sur une position qui lui permet d'observer et de tirer dans toute la vallée. Deux pelotons se ruent dans la mêlée au grand galop. Le char encaissera des coups, mais il faudra progresser vite. Les ordres fusent à la radio. Ils sont précis, directs, mais jamais loin de la confusion et du brouhaha.

– Des chars à gauche !

– C'était pas prévu ça, pense le capitaine à voix haute dans sa tourelle.

Seul son tireur l'entend. Il le connaît par cœur, son chef de char. Sélectionné pour son équanimité, il râle un peu pour le principe mais ne se laisse pas submerger par les événements inattendus.

Quatre coups de canon claquent dans le matin glacial. Coups au but. Les chars doublent le tir. Fin de la surprise, reprise de la progression.

Plusieurs véhicules sont touchés, certains ne répondent plus... Les projectiles de feu et de tungstène déchirent les machines d'acier. Suivi depuis le drone, ce ballet tumultueux de véhicules blindés n'offre aucune cohérence. On sent la poudre dans les tourelles. Les équipages sont concentrés et observent au loin depuis leurs viseurs, semblables à des périscopes. Ça secoue, on avance vite. La terre tremble. Le mouvement est la meilleure des protections. Les fantassins et les patrouilles légères hurlent des ordres. Ils suivent la manœuvre et accomplissent leurs tâches, précises et complémentaires de celles des cavaliers. On se cherche, on se chasse. C'est un combat paradoxal, individuel, mais tellement collectif !

L'attaque, fulgurante, s'est achevée en moins de quinze minutes. L'escadron se regroupe, compte ses pertes, évacue ses blessés, ses engins endommagés, et se prépare pour la prochaine offensive. À Saumur, les cavaliers apprennent à toujours regarder loin vers l'obstacle suivant.

Ce scénario est fictif. Pourtant, nombreux sont les équipages à l'avoir vécu un jour à l'entraînement. Se préparer, encore, toujours, inlassablement. Tel est le quotidien des cavaliers, avec pour objectif d'emporter la décision dans le duel avec l'adversaire. Car être prêt ne se décrète pas. Ces confrontations volontaires avec les circonstances évitent le syndrome de la page vierge face à des situations complexes. Il s'agit aussi d'anticiper le pire pour éviter que celui-ci ne survienne, et pouvoir le combattre en ultime recours. Les expériences vécues des opérations Daman, Pamir et Sangaris nous enseignent l'humilité : le jour J, est mis en pratique ce qui a été appris et répété des centaines de fois. À quoi il faut ajouter une touche d'audace et de bon sens.

Mais avant de sortir des hangars et de faire rouler les blindés à toute allure, la préparation débute au régiment. Il se dit parfois dans les popotes : « ce que l'on fait au quartier prépare à ce que l'on fera à la guerre ». En somme, ce sont la rigueur du quotidien, l'attitude, l'état d'esprit, la manière d'être et d'entretenir son matériel qui influent sur la façon de combattre. Pour y parvenir, la transmission des traditions contribue au façonnage de l'état d'esprit adapté au combat. Les traditions régimentaires marquent la façon de s'entraîner et donc de combattre. Le 501e régiment de chars de combat est l'ultime représentant de cette subdivision d'armes. « Premier des chars », durant la Seconde Guerre mondiale, ses équipages ont combattu en Norvège, en Afrique et dans les rangs des Forces françaises libres. Ils ont contribué à la marche glorieuse de la 2e division blindée de Leclerc, de la Normandie à Berchtesgaden où ils se sont emparés du Berghof, la résidence d'Hitler dans les Alpes bavaroises. Les soldats du régiment sont les humbles héritiers de ce passé glorieux. Cri de guerre du chef d'escadron Bossut ayant commandé le premier assaut de chars Schneider à Berry-au-Bac le 16 avril 1917, le hakka « Rick de rique » galvanise les troupes avant toute cérémonie ou moment important : « Garde à vous ! Aaaattention pour le Rick… ! Prêt ! » Les tankistes arborent fièrement leur coiffe caractéristique, le béret noir orné de bombardes et du heaume argentés. Ils font honneur à la devise « 501, France libre ». Ils aiment leur monture (le char), les chenilles, le tir et le combat blindé. Croisez le regard d'un soldat et vous constaterez d'emblée sa fierté de tankiste.

L'imagination et la simulation viennent parfaire l'entraînement. Comme le pilote de chasse se rend malade dans des simulateurs qui ne bougent pas, l'équipage tankiste passe, lui, de longues heures à s'exercer dans la « boîte à s'cousses ». Dans ces cabines montées sur vérins, tous les équipages reproduisent à l'identique les gestes et procédures : « Disposition de combat, branle-bas de combat, annoncez prêts ! » Des milliers de bataillons ennemis sont ainsi virtuellement détruits chaque année. Mais… excellent outil s'il en est, l'appel du réel est fort et la mise en application, incontournable. Le tankiste a besoin de monter sur son char, de sentir le souffle chaud du moteur, fermer sa tape, vivre avec son équipage, partir en camp d'entraînement et s'exercer encore et toujours.

Et si l'entraînement est indispensable, « la guerre seule apprend la guerre », comme le rappelait le général de Brack à ses élèves de l'École de cavalerie en 1831.

Les équipages sont prêts. Il est temps de partir en opération en chevauchant tout type de monture.

OPÉRATION PAMIR

Afghanistan

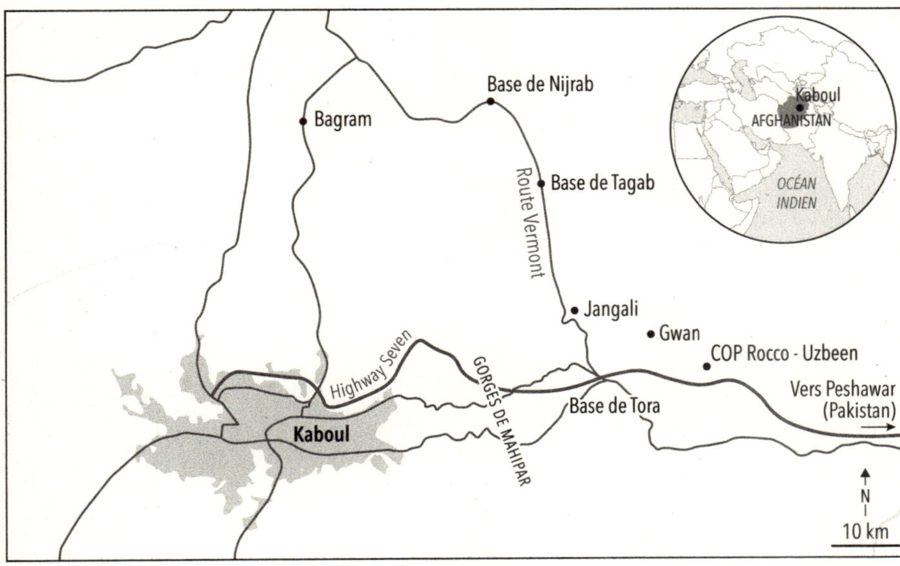

En avant, calme et droit

Par Guillaume Leuenberger

« La terre nous en apprend plus long sur nous que les livres. Parce qu'elle nous résiste. L'homme se découvre quand il se mesure avec l'obstacle. »

Antoine de Saint-Exupéry, *Terre des hommes*

À la fin de l'année 2009, l'ensemble des moyens militaires français déployés en Afghanistan est regroupé dans la province de Kapisa et le district de Surobi. Aux ordres de la brigade Lafayette, les opérations de contre-insurrection se succèdent. Pour la plupart des cavaliers y ayant combattu, ce fut la première rencontre avec la violence et la brutalité de la guerre. Quatre-vingt-neuf soldats français ont perdu la vie en Afghanistan et plus de sept cents ont été blessés. Parmi eux, certains venaient des troupes de montagne.*

Souvenirs

Quartier Général Guillaume, Gap, lundi 30 mai 2022

– À l'étendard !

Au son claironnant de la trompette de cavalerie, dans un geste lent, les mains gantées de blanc, le chef de corps salue l'emblème du 4e régiment de chasseurs. Sublimant les noms de batailles centenaires inscrits dans ses plis, une croix de la Valeur militaire étincelle. Ornée d'une palme, cette médaille au ruban rouge et blanc, accrochée à l'étoffe tenue à bout de bras par un lieutenant, témoigne du courage dont a fait preuve le régiment, en combattant au « pays des cavaliers ».

Le soleil brille déjà haut dans le ciel d'azur, faisant resplendir les tenues immaculées des troupes de montagne. Tous sont réunis pour commémorer les dix ans de la fin de l'engagement militaire français en Afghanistan. Durant quatre hivers, de 2008 à 2012, les cavaliers des cimes* se sont relayés pour combattre dans la vallée de Kapisa, à l'est de Kaboul, aux côtés de leurs frères d'armes des troupes de montagne françaises et de l'ANA*. Quatre années de déploiements vécus comme un seul bloc par le régiment, ses membres et leurs familles. Quatre années marquant à jamais les corps et les esprits de ceux partis se battre loin de chez eux. C'est pourquoi « ceux d'Afghanistan » sont sur les rangs ce jour-là. Cette cérémonie leur est dédiée. Formant un seul corps, les chasseurs du « 4 » mesurent la solennité de l'instant.

Au milieu de la place d'armes trône un buste en bronze qui représente un jeune chasseur arborant la « tarte », le béret alpin des troupes de montagne. Face à ce monument aux morts honorant en lettres d'or les cavaliers qui ont donné leur vie pour la France, ils écoutent l'ordre du jour de l'ancien chef du groupement tactique Black Rock. Son message, empreint de reconnaissance, de bienveillance et d'espérance, se conclut par la maxime de cet officier lorsqu'il commandait le 13e bataillon de chasseurs alpins en Kapisa. Faisant siens les mots du général L'Hotte, écuyer en chef du Cadre noir de Saumur, il guidait l'action de ses subordonnés : « En avant, calme et droit. » Cette phrase résonne particulièrement dans la tête des cavaliers ayant servi sous ses ordres, notamment ceux du 3e escadron.

À la fin de la cérémonie, lorsque les rangs se rompent, plusieurs voix s'élèvent dans le bloc des anciens. Les visages sont familiers. La solennité a laissé place à la joie de se retrouver entre frères d'armes. Damien parle en premier :

– Guillaume, tu n'as pas changé ! Ça fait plaisir de te revoir.

Damien et moi avons servi ensemble lorsque je commandais le premier peloton du 3e escadron. Il était mon adjoint, d'une dizaine d'années mon aîné. Ce sous-officier lorrain, ancien parachutiste, avait commencé sa carrière par le rang puis gravi tous les échelons pour devenir sous-officier supérieur. Il avait acquis une aura auprès des plus jeunes soldats, qui le considéraient pour certains comme un père. Nous nous étions rencontrés en novembre 2008. Je sortais d'école, Damien rentrait d'une mission au Tchad. C'était le rendez-vous de la jeunesse avec l'expérience. Notre capitaine avait décidé de nous mettre en binôme : le sous-officier chevronné allait former son chef de peloton au contact de la troupe, et en retour, ce dernier assumerait le poids des responsabilités à la tête de la jeune unité s'apprêtant à partir en Afghanistan.

Il nous suffit d'un regard pour réveiller de vieux souvenirs. Des noms refont surface : Nijrab, Maktab, Kora, Alasaï… En quelques secondes, nos esprits se retrouvent transportés aux confins de la Kapisa.

Village de Kora, vendredi 11 décembre 2009

– Les 50, point central d'observation : midi, deux mille mètres, le compound[1] en forme de L avec une tour grise au milieu. Limite droite : le dos d'âne sur la route à une heure, cinq cents mètres. Limite gauche : le carrefour de pistes à dix heures, mille huit cents mètres. Point particulier : les lisières sud du village. Observation en secteurs croisés. Faites l'aperçu.

– 51[2], aperçu.

– 52, aperçu.

– 50 alpha, aperçu.

Comme je l'ai appris à l'École de cavalerie de Saumur, je décris le panorama s'offrant à mon peloton, et ma voix se diffuse dans les haut-parleurs des véhicules blindés. Avec les chefs d'engins, j'ai répété des dizaines de fois cette étape indispensable à la réussite d'une mission de surveillance et d'appui. Je dois repérer les points importants du terrain, les renommer en leur donnant un code facilitant la désignation, puis attribuer à chacun une zone d'observation, un « secteur ». Cette nomination commune des éléments de la fresque vivante se dressant face à nous, facilitant le partage d'information, permet de déceler plus rapidement les ennemis qui se dévoileraient au cours de l'opération.

Les hommes du peloton Rouge 50

Pour remplir ma mission, mon peloton, baptisé « Rouge 50 » le temps de son déploiement afghan, est composé d'une vingtaine de chasseurs du régiment haut-alpin.

---

1. Nom donné aux habitations afghanes dans le jargon militaire. Dérivé de l'anglais.
2. Indicatif radio qui désigne les groupes au sein du peloton.

Ma pensée tactique est mise en œuvre par les sous-officiers, formant les épaules de l'unité. Mon adjoint, Damien, est un organisateur hors pair et son expérience lui permet d'assurer la disponibilité des blindés et de leurs équipements. Son ingéniosité l'a également conduit à se lancer, entre les patrouilles, à la construction, de ses mains, d'un espace de vie collective pour les chasseurs. Cette « popote », dont l'intérieur en bois rappelle par sa chaleur les chalets alpins, va devenir le refuge des soldats au retour de mission. Les parties de poker, de jeux vidéo, les lectures ou les bières sont autant d'occasions de partager les difficultés et parfois les émotions face à l'adversité du « royaume de l'insolence ».

Le maréchal des logis Nicolas est le plus ancien dans l'unité. Des chefs de peloton, il en a connu d'autres avant moi, et il s'est adapté à mon style de commandement. Travailleur, recherchant l'excellence, il s'est engagé comme simple soldat quelques années plus tôt, et il a désormais la charge de diriger l'un des groupes du peloton. Excellent skieur, son expérience en montagne a été capitale dans la préparation physique de l'unité. Mais à mes yeux, c'est son sens tactique qui le rend indispensable. Il a cette faculté rare de deviner les souhaits de son chef et de lui proposer toutes sortes de solutions pragmatiques. Angelo, l'autre maréchal des logis, commande « 52 ». Son charisme et son calme alliés à une incroyable force physique cultivée quotidiennement lui assurent l'adhésion de ses hommes. Sa présence est un gage de sérénité.

La colonne vertébrale de ce corps est formée par les brigadiers-chefs, soldats les plus expérimentés parmi les engagés volontaires. Leur franc-parler est aussi acéré que leur agressivité au combat et la diversité de leurs profils est une des forces de Rouge 50. Chacun sa place, en fonction de sa formation. Certains sont adjoints de groupe, comme Stéphane ou Moussa, dont le sourire rayonne parmi ses camarades. D'autres, comme Jacques, Pierre et Stéphane, sont des pilotes chevronnés, capables de faire franchir n'importe quel terrain à leur engin. Christophe, quant à lui, est responsable de la bonne santé du peloton. Formé aux gestes de premiers secours, il a fait ses preuves auprès du poste médical du régiment et transporte en toutes circonstances les équipements d'urgence qui permettront, en cas de coup dur, de faire gagner de précieuses minutes à un blessé avant son évacuation vers un hôpital militaire. Il est également bienveillant avec moi, n'hésitant pas à me faire remarquer un jour, au détour d'une patrouille dans les ruelles d'un village, que je m'expose trop. Je comprends alors que, plus que de leur montrer l'exemple face au danger, les hommes ont besoin d'ordres pour organiser le désordre.

Les plus jeunes chasseurs sont le cœur battant du peloton. Leur vivacité et leur énergie permettent à l'unité d'être présente à tous les rendez-vous, comme ce fut le cas lorsqu'ils remportèrent le challenge de sport du sous-groupement. Malik, Baptiste et Siliako sont les trois tireurs servant l'armement principal de leurs blindés, chacun responsable d'une tourelle dans l'un des véhicules blindés du peloton. Je leur dois mes premiers succès, et j'ai entièrement confiance en leur capacité à faire but en toutes circonstances.

L'esprit d'équipage ne s'est pas créé en une nuit. Notre entraînement a commencé un an plus tôt, avec un exercice au grand champ de tir des Alpes. Dans des conditions climatiques proches de l'hiver afghan, nous avons manœuvré avec nos engins et testé leurs armes sous la neige. Puis, la France ayant décidé d'adapter son dispositif militaire en Afghanistan, nous avons changé de véhicules, troquant les ERC 90* (blindés à roues, canon de 90 mm), engins historiques de notre régiment, contre des VAB* surmontés d'un canon de 20 mm. Chevaucher ces nouvelles montures a nécessité une révolution culturelle pour Rouge 50, qui a alors fait sienne la devise « Je vaux ce que je veux » inscrite à 3 098 mètres d'altitude au sommet de la pointe des Cerces dans les Alpes. Les jours et les nuits se sont enchaînés en tourelle pour s'approprier chaque bouton, manivelle, pédale et écrou dans ces blindés qui deviendraient notre seconde maison dans les mois à venir.

À Kora, les soldats de montagne pris pour cible

La mission du jour semble simple pour Rouge 50. Le peloton doit appuyer la compagnie d'infanterie qui, à pied, ira reconnaître le village de Kora et organisera une rencontre entre son chef, le *malek*, et le chef de corps du bataillon. Les soldats de montagne, arrivés depuis peu dans ce pays, souhaitent travailler avec les responsables locaux. Il s'agit de l'une des premières opérations de la compagnie et du peloton. La tension est palpable. Malgré les apparences tranquilles de cette vallée paysanne, la situation peut dégénérer à tout moment.

Après avoir décrit le terrain et donné mes consignes d'observation, je saisis ma paire de jumelles et commence, avec mes chasseurs, à surveiller l'activité dans les champs. Sous nos yeux, à plus de mille cinq cents mètres de notre position, les sections d'infanterie progressent en appui. À dix heures, le village est reconnu et son école temporairement transformée en salle de réunion. Les commandos de montagne assurent la protection du bâtiment et les sections de fantassins forment un cordon à l'extérieur du village. Au loin, les premières neiges ont blanchi les sommets, transposant de façon éphémère l'esprit des chasseurs dans la vallée du Champsaur.

Au bout d'une heure de rencontre entre le colonel et le *malek*, les sections appellent leurs VAB pour rentrer au camp. Les véhicules se garent à la sortie du village. C'est alors que les premiers coups de feu retentissent.

– Rouge 30, contact !

Le chef de section hurle à la radio pour avertir son chef du danger auquel ses hommes sont soudainement confrontés. Vue de la zone d'installation du peloton, la situation semble chaotique, mêlant rafales de fusil mitrailleur, explosions et épaisse fumée. Malheureusement, les larges murs de terre ocre des habitations masquent les positions amies et ennemies : les équipages de cavalerie sont aveugles. Deux minutes plus tard, Rouge 20, l'autre section d'infanterie, est à son tour prise pour cible. Ses hommes couvraient le repli de Rouge 30 et les insurgés sont tombés sur ses groupes défendant la sortie du village. Les comptes rendus fusent, la radio est saturée d'informations.

Dans le peloton, chacun écoute attentivement le déroulement des événements, mais j'assiste impuissant à cette scène de combat sans pouvoir observer plus que la couleur des grenades fumigènes lancées pour masquer le repli des fantassins. Que faire ? Comment les aider ? Est-ce cela la guerre ? Nous nous sommes préparés pendant de longs mois à combattre un ennemi déterminé, à réagir à des attaques, à éviter les engins explosifs. Nous n'avions pas encore expérimenté l'impuissance face à la mise en danger de nos pairs. Voir des camarades risquer leur vie sous nos yeux est insupportable.

Le risque d'un tir fratricide étant très élevé, je décide pourtant d'attendre le moment opportun pour faire parler mes tubes. Ajoutant à la complexité de la situation, une équipe d'écoutes électroniques intercepte une conversation entre un groupe d'insurgés et leur chef. L'ennemi, manœuvrant autour du village de Kora, vient de pointer un mortier sur les positions du peloton. Les blindés sont désormais menacés à leur tour. À tout moment, un obus peut exploser à proximité de nos engins.

Après un repli méthodique en appui, profitant des masques offerts par les habitations, Rouge 30 réussit à faire embarquer ses hommes dans ses véhicules et à quitter la zone en sécurité vers le camp. Rouge 20, quant à lui, bataille toujours. Subitement, l'un de ses groupes applique des rafales de balles traçantes sur une lisière visible par le peloton. Tout devient alors clair. Je n'appréhende certes pas le dispositif complet de l'ennemi, mais je sais désormais que cette lisière abrite un groupe d'insurgés.

Évaluant la distance entre la lisière et la section, dont je distingue quelques panneaux orange judicieusement accrochés dans le dos des fantassins pour renseigner les hélicoptères en approche, je conclus en quelques secondes que c'est le moment d'intervenir et désigne la cible à Nicolas. Le sous-officier fait appliquer de courtes rafales de 20 mm par Malik, son tireur. Le bruit sec et régulier des obus sortant de leur magasin, faisant écho au claquement des projectiles sur les murs de terre, est libérateur pour Rouge 20 : ses groupes à pied parviennent à rejoindre leurs blindés.

La tension diminue aussi rapidement qu'elle est montée. Un vieil homme se dirige vers l'entrée du village, chaussé de sandales. Ses épais cheveux noirs sont ornés d'un *pakol* de laine. Il tire un âne chargé de fagots de bois. Il rentre chez lui. L'hiver sera rude.

Col de Kora, vendredi 18 décembre 2009

Un mois. Un mois déjà que le peloton manœuvre depuis la base militaire de Nijrab. Un mois au cours duquel l'esprit d'équipage s'est renforcé, à travers les sorties en patrouille, la garde, la prise d'alerte et l'amélioration du cadre de vie. Le drapeau tricolore flotte au-dessus du camp perché sur une colline au confluent de trois vallées, rubans verts entre les montagnes beiges de Kapisa. Cet avant-poste a été baptisé « Morales-Frazier » en l'honneur de deux soldats américains tués dans un combat avec les talibans.

– Mon lieutenant, ce n'est plus un peloton, c'est une agence de voyages !

Damien a vu deux journalistes, chacun affublé d'un casque et d'un gilet pare-balles mal ajustés, s'approcher des véhicules blindés.

– Je sais, ils prennent de la place, mais c'est pour la bonne cause. Ils viennent faire des images pour France 3, expliqué-je. C'est important que les Français sachent ce que nous faisons ici.

Noël est la semaine prochaine et personne ne s'intéresse à l'action de quelques soldats perdus dans une vallée afghane. Ces deux journalistes peuvent y remédier.

– Et le Padre*, on est vraiment obligé de l'emmener ? Il n'a pas d'arme et nous gênera si nous devons manœuvrer.

– Probablement. Mais il tenait à venir pour comprendre ce qui se passe dans ce pays. Et puis, les gars du peloton l'aiment bien. Il pourra passer du temps avec eux lorsque nous serons sur le point d'appui. On lui demandera de prier si la situation part en vrille. Cela ne nous fera pas de mal !

– Dans ce cas, je le prends avec moi ! conclut Damien, retournant à son blindé.

D'importants convois logistiques militaires viennent aujourd'hui de Kaboul pour approvisionner Nijrab et Tagab, les deux bases françaises de la vallée de Kapisa. La route principale est l'unique ligne de vie reliant les postes avancés à la zone arrière. Cette voie sacrée est l'objet de toutes les attentions, y compris des insurgés cherchant régulièrement à y installer des engins explosifs improvisés. Durant toute la journée, le peloton* devra s'assurer de la sécurité du passage du convoi dans une zone propice aux embuscades, entre le village de Maktab et le col de Kora.

La colonne blindée débute sa progression alors que le soleil n'est pas encore levé. Au loin, le muezzin lance son appel pour la prière du matin.

Un sniper isolé contre le peloton blindé

Installé dans des tranchées creusées à flanc de montagne par un groupe de sapeurs et protégé par des talus de terre, le peloton passe de longues heures sur ses positions d'appui. Manœuvrant non loin du village de Kora, le détachement a choisi un emplacement différent de la semaine précédente pour réduire le risque de piégeage. L'officier renseignement de la compagnie indique régulièrement des regroupements d'hommes armés dans les villages encerclant l'unité blindée. Un groupe à Maktab d'abord, le long de la route menant à la base avancée, puis un second à Kora, à quelques centaines de mètres du peloton. La tension monte d'un cran à chaque passage de convoi car il faut être prêt à riposter en cas d'attaque sur la route, en contrebas des positions de surveillance. Chacun des paysans vaquant à leurs occupations agricoles peut cacher un fusil sous sa *kurta* ou utiliser les masques naturels des habitations locales pour s'en prendre à tout moment aux véhicules des convois.

Pendant que je réfléchis aux possibilités d'action en cas d'attaque, les équipages observent méthodiquement le paysage à la recherche d'indices de présence ennemie. Sortant peu de leur tourelle, les tireurs scrutent le panorama, ne voyant la vallée qu'au travers de la lunette de leur canon. Ils sont concentrés. Et de la concentration, il en faut pour ne pas céder aux distractions offertes par les scènes alentour. Ici, un chariot de bois emporte des femmes voilées et empaquetées depuis les cheveux jusqu'aux orteils dans une étoffe d'azur. Là, des marchands cheminent près de leurs mulets. Au loin, deux hommes partent pour la chasse, arborant un lourd tromblon à la culasse gravée de signes tribaux. Trottant élégamment sur la piste qui quitte le village de Kora vers le nord, quatre cavaliers drapés d'une cape de laine ressemblent à des joueurs de *bouzkachi* cherchant leur cercle de justice. La route, bruyante et passante, offre également son lot de curiosités. Les camions défilent, ornés de panneaux de couleurs vives et chantantes ou d'enluminures. Ils croisent des motos dans un carrousel anarchique. Leurs selles, recouvertes de tapis en laine, souffrent du poids imposé par les trop nombreux passagers à l'arrière du conducteur. Des enfants jouent dans les champs, faisant monter leurs cerfs-volants multicolores dans le ciel grisâtre de cette journée de décembre.

Après huit heures d'observation, le dernier convoi franchit la zone dangereuse sans accrochage et rejoint en toute sécurité la base de Nijrab. Les hommes du peloton savent leur mission accomplie et attendent un ordre les autorisant à rentrer au camp. C'est alors qu'un coup de feu claque, mèche de fouet sur la rocaille. Immédiatement, une voix teintée d'un fort accent napolitain résonne sur le réseau radio :

– 71, je suis pris à partie.

C'est le chef du groupe génie*, un légionnaire italien qui a reconnu les positions d'installation au lever du jour. Il est le plus proche de la route et donc le plus vulnérable aux tirs ennemis. L'impact est tombé à quelques mètres de l'un de ses hommes. Le sous-officier est calme mais visiblement surpris.

– Autorisation de faire feu si vous voyez d'où proviennent les tirs, lui lancé-je.

Un second claquement se fait entendre, puis la riposte des légionnaires : une courte rafale de mitrailleuse dans les lisières, à huit cents mètres environ. Le combat vient de s'engager, mais il se présente une nouvelle fois sous une forme à laquelle peu s'attendaient. Un sniper, caché dans les coteaux jouxtant la route, prend son temps pour régler son tir et atteindre les hommes postés dans les rochers. Un tireur à pied fait face à tout un peloton blindé. « Quel courage ! » : j'admire l'audace de cet adversaire agile et embusqué maîtrisant le terrain mieux que nous. Puis j'ordonne à chacun de s'enfermer à l'intérieur des véhicules – au grand dam des deux journalistes qui veulent filmer la scène.

Embuscade à la sortie du village de Maktab

De fait, le sniper ne représente pas un grand danger face à l'épaisse cuirasse des blindés français. Pourtant, cet incident n'augure rien de bon pour le retour. Il faut agir pour ne pas subir. Pendant que les tirs continuent d'encadrer le VAB des sapeurs, j'organise notre manœuvre de repli. « En avant, calme et droit » : ces mots me semblent alors fort à propos. Je griffonne mes ordres sur un carnet de notes vert kaki, usé par la poussière et déjà noirci par des noms de villages, des indicatifs radio et divers croquis.

Le repli se fait méthodiquement, en conservant un appui, au cas où le sniper ne serait qu'une diversion. D'une voix douce, mais sur un ton très ferme, je donne les dernières consignes :

– Les 50, départ direction Nijrab. Progression en boule de billard* à l'approche de Maktab. En cas de prise à partie, riposte à votre initiative et accélération pour sortir de la zone battue par les feux.

Au même instant, un blindé AMX10-RC s'arrête à côté de mon véhicule.

– Mon lieutenant, il est là, je le vois, sur le sentier qui part vers Kora.

Le chef d'engin vient de déceler le tireur embusqué qui s'est déplacé de quelques mètres, devenant brièvement visible, son fusil de précision Dragounov à l'épaule. Tirer un obus explosif sur cet homme seul, même armé, serait disproportionné. Je demande donc à Nicolas et Angelo de viser cette cible avec leurs canons de 20 mm. Eux aussi ont vu le tireur.

– Feu à votre initiative !

Suivent deux courtes rafales. Depuis leur tourelle, Malik et Baptiste ont mis fin aux agissements de l'homme isolé.

Le peloton quitte finalement le point d'appui pour s'engager sur la route. Chacun comprend que les minutes à venir seront compliquées. Je suis en train de perdre le pari lancé avec le radio du capitaine quelques heures plus tôt : une bière qu'aucun incident n'arriverait au retour de la mission. La boisson semble dans le camp du sergent.

L'élément de reconnaissance, parti quelques minutes avant la colonne, nous alerte alors :

– Mike Oscar... Au contact... On a un blessé...

La voix du sous-officier est calme mais semble lointaine. Son ton saccadé rend compte de la brièveté et de la dureté de l'action :

l'un des VAB a été frappé par une roquette tandis qu'il franchissait le large découvert au sortir du village de Maktab. Un glacis de cinq cents mètres de profondeur au bout duquel une lisière offre d'excellentes positions de tir aux insurgés, masqués par la végétation et les premières habitations. Par chance, le véhicule roule encore et le blessé peut être directement évacué jusqu'à la base de Nijrab.

Quelques minutes plus tard, le reste du peloton s'engage dans cette zone. Il n'y a qu'une route. Le passage en force est inévitable, la confrontation inéluctable. L'annonce du blessé à la radio n'a pas affecté le moral des équipages. Au contraire, chacun au sein des tourelles est concentré sur les gestes à accomplir pour ne pas laisser l'initiative aux opposants. En avant, calme et droit…

Ce sont pourtant les insurgés qui rythment la danse macabre venant de débuter. Les premiers tirs de fusils mitrailleurs me stupéfient. Les rafales se succèdent, gouttes d'eau fendant la terre au pied des imposantes roues des blindés. Après avoir annoncé à la radio que je suis moi aussi pris dans une embuscade, je saisis mon fusil et sors les épaules de mon véhicule pour me concentrer sur la manœuvre des blindés.

La riposte est immédiate. Adoptant une progression en sûreté, le peloton se déplace en maintenant un feu nourri sur les positions adverses. Les éclats des tirs ennemis illuminent les arbres dénudés de l'hiver naissant. La neige n'est pas encore tombée sur ce plateau aride. Pourtant, au rythme des explosions, le paysage devient blanc. Regardant derrière moi, je vois Damien, debout à l'arrière de son véhicule, une grenade emmanchée sur le canon de son fusil. Au moment où il tire son projectile, deux roquettes viennent encadrer son VAB, tombant miraculeusement à quelques mètres de part et d'autre du géant à la cuirasse de fer. Damien se démène comme un lion, vide l'un après l'autre les chargeurs de son fusil d'assaut tout en désignant les cibles à son tireur pour permettre à Nicolas et son équipage, restés en arrière, de franchir le découvert en sécurité. Par prudence, et alors qu'un nouveau nid de mitrailleuses se met en place, ce dernier sature les lisières d'une rafale avant de poursuivre au triple galop jusqu'au camp.

Je prends alors mon combiné et annonce qu'ils sont sortis d'affaire.

– Rouge 50, 100 % franchit le village de Maktab, je poursuis vers Wadi zéro.

Une fois dans la base, mettant pied à terre, l'adrénaline pulse encore dans tout mon corps. Il faut pourtant rapidement faire redescendre la pression. Me revient alors une phrase rabâchée par l'un de mes instructeurs à Saumur : « Faire ce que je dois et être tout à ce que je fais. » Ce que je dois, c'est me concentrer sur mon devoir, prendre soin du peloton et préparer la prochaine mission. Je respire profondément, rassemble mes hommes et leur dis merci.

« C'était la main de Dieu ! »

Le soir, je débriefe la journée autour d'une bière avec mes cadres et m'assure du moral de chacun. La pression retombe mais les images de l'après-midi défilent dans les têtes. Certaines mains tremblent encore… d'excitation ou de peur.

– Quelle journée ! lancé-je, cherchant à initier la discussion. Je me veux apaisant : le blessé de Mike Oscar va bien et reviendra bientôt parmi nous.

Puis je poursuis :

– Vos équipages ont été remarquables aujourd'hui. Vous avez tous répondu présent quand c'était nécessaire. C'est grâce à vous si nous nous en sommes sortis.

– On a surtout eu très chaud, confie Nicolas, visiblement marqué par l'événement. C'était tendu. Il faudrait revoir nos procédures. Dans le brouillard de l'action, c'était un peu dur de suivre.

– Tu as raison. Mais vous avez fait ce qu'il fallait, au bon moment.

– Vous savez, mon lieutenant, il faudra avoir un mot pour nos invités, enchaîne Damien. Leur présence a été décisive. Enfin, surtout le Padre…

– Tiens, je croyais qu'il risquait de vous gêner…

– En fait vous aviez raison, sa présence auprès des jeunes est importante. Et puis…

– Et puis ?

– Et puis pendant l'embuscade, il m'a bien aidé.

– Mais comment ? Vous ne lui avez pas donné d'arme, quand même ?

– Non, pas du tout. Vous savez bien, on a toujours du mal à bouger avec nos gilets pare-balles une fois les épaules sorties de la trappe du VAB. Eh bien je n'arrivais pas à attraper mes chargeurs pendant la riposte. Alors, à chaque fois que je hurlais « Chargeur ! », il m'en tendait un neuf. C'était… c'était la main de Dieu !

Nous rions et trinquons à la santé du Padre.

Vallée d'Alasaï, mardi 30 mars 2010

Une violente explosion fait trembler les murs d'enceinte de la base militaire de Tagab et secoue les hommes somnolant dans leurs blindés.

– Alerte, tir indirect !!!

À la radio, l'officier de quart du bataillon déclenche l'alerte et donne ses consignes de protection.

Arrivé par la route en fin d'après-midi, le peloton Rouge 50 attendait l'aube pour entamer une mission de reconnaissance d'itinéraire. Installés en bivouac de fortune à l'intérieur même du camp français, les cavaliers ont fermé l'œil quelques heures afin de reposer corps et âmes avant une journée qui s'annonçait décisive. Une action coup de poing, menée la veille par des commandos, a permis de capturer plusieurs chefs importants autour d'Alasaï. Il faut exploiter ce coup d'éclat et mener une opération d'envergure pour s'assurer du départ des insurgés de cette zone et rassurer la population. La vallée est fermée sur les côtés, pareille à une vasque de terre cachée entre deux collines arides. Le peloton doit reconnaître et sécuriser l'axe Wolverine, une piste de plusieurs kilomètres longeant les montagnes du Nord et sur laquelle les Français s'aventurent peu.

À leur manière, les insurgés leur ont souhaité la bienvenue à Tagab, lançant une salve de roquettes de 122 mm contre l'avant-poste français. Fort heureusement, les projectiles sont tombés hors du camp. Les équipages se mettent rapidement à l'abri en attendant la fin d'alerte. Chacun reprend ensuite sa somnolence, la tête inconfortablement posée sur un sac de combat, un casque lourd ou l'épaule d'un camarade. Durant quelques heures, ils mettent leur sécurité entre les mains de sentinelles veillant dans la nuit.

La reconnaissance doit se faire à pied pour, d'une part, rechercher les éventuels engins explosifs enfouis sur la piste, et d'autre part, protéger les flancs de l'action principale depuis les lisières bordant l'axe. Cela implique de dédier des combattants à la chasse d'insurgés qui épieraient la colonne de véhicules et déclencheraient des engins explosifs à son passage. Avec mon adjoint, nous avons convenu du partage des rôles : Damien restera sur la piste avec les blindés tandis que je coordonnerai la flanc-garde à pied.

Les cavaliers quittent donc leur monture pour s'enfoncer dans la zone verte en direction du village de Jalokhel. Son pont, compact et étroit, représente un point clé dont il faut s'assurer la viabilité. Il est, pour les blindés, le seul point d'accès au reste de la vallée. La progression débute à pas lents tandis que le soleil entame son ascension au-dessus des montagnes. Les groupes se succèdent, franchissant le *wadi* pour contourner l'ouvrage en terre. Les soldats du génie vérifient l'absence de pièges. Avant de s'enfoncer dans le large découvert suivant le pont, je fais bifurquer les hommes à pied en longeant la rivière asséchée, souhaitant profiter des masques offerts par la végétation naissante. Depuis la tourelle de son blindé, Angelo suit leur progression. Le reste de la compagnie, infiltré la veille sur les sommets surplombant la piste, est également en observation pour renseigner le peloton et l'appuyer si besoin.

La journée aborde les heures chaudes lorsque les cavaliers terminent leur reconnaissance et rejoignent leurs blindés. La progression s'est passée sans accroc, mais l'absence de population dans les ruelles est un signe inquiétant. Les villageois ont temporairement fui la zone. L'axe ayant été reconnu, il faut trouver une position favorable sur laquelle la 4e compagnie d'infanterie (indicatif « Vert ») pourra bivouaquer avec ses véhicules après avoir ratissé la vallée à pied. La mission semble ambitieuse car le terrain est peu propice aux regroupements de véhicules. L'endroit le moins défavorable se trouve à quelques centaines de mètres de l'école de Dandawac, dans l'un des villages les plus reculés de la zone.

Feu continu contre les VAB bloqués

Damien prend en compte la reconnaissance des lieux tandis que je réarticule les groupes dispersés de part et d'autre de la piste. Les deux blindés équipés de canons de 20 mm, aux ordres de Damien et d'Angelo, montent le plus haut possible à flanc de colline pour gagner des vues sur le village jouxtant la piste. Ils pourront ainsi appuyer le désengagement des fantassins qui viennent de terminer leur reconnaissance. Les autres véhicules sont répartis dans le peu d'espace disponible. Je reste quant à moi au milieu du dispositif pour conserver une vision d'ensemble, tout en postant mon VAB derrière une ruine. La zone est exposée car elle compte peu d'abris tandis que les lisières ne sont qu'à quelques centaines de mètres, rendant la défense du point d'appui très fragile. Un message de l'officier renseignement indique la présence d'un groupe hostile à trois cents mètres de nos blindés. Puis l'un des adjoints de la compagnie d'infanterie annonce son arrivée prochaine :

– Vert Bravo, nous franchissons le pont de Jalokhel.

Une colonne d'une quinzaine de véhicules vides a quitté Tagab pour venir récupérer les fantassins partis à pied dans la nuit. Les VAB sont en route et leur arrivée à Dandawac signifiera la fin de mission du peloton puis un retour au camp pour se remettre en alerte. Les cavaliers pourront bientôt souffler. Ça sent l'écurie…

Un long sifflement strident fige alors le peloton. Au premier instant, l'effroi me glace. « Où ? » est la seule question que j'ai en tête, pensant à mes hommes postés dans mon dos. Par chance, l'explosion a lieu à quelques mètres au-dessus du blindé d'Angelo. Le VAB, surmonté de son canon de 20 mm, est la cible principale de l'ennemi, cherchant en priorité à réduire la force de frappe du peloton. Les blindés sont trop exposés. Il faut se réarticuler et faire faire une rocade[1] à ceux qui le doivent. Mais le terrain ne le permet pas. Ils sont bloqués.

– Rouge 50, contact RPG* sur ma position. Je précise. Terminé.

Par cette annonce lapidaire, prononcée d'un ton sec et rapide, j'informe mon chef qu'un combat débute. Il faut stopper l'avancée de la colonne venant de Tagab et éviter d'ajouter de l'entropie dans un système qui va déjà être bien secoué dans les prochaines minutes.

– Les 50, mettez-vous à couvert. Feu à votre initiative si vous identifiez un ennemi armé ou si vous voyez des départs de coups. 52, tu appuieras la réarticulation du peloton.

1. Manœuvre des blindés consistant à changer de position après un tir pour éviter de s'exposer à une riposte de l'ennemi.

Je n'ai pas le temps d'attendre la réponse d'Angelo. Une seconde roquette tombe, une vingtaine de mètres derrière mon véhicule, me faisant bondir à l'intérieur de la caisse blindée. Après une courte riposte, Damien est le premier à changer de position pour se protéger derrière une maison au bord de la piste. Les tirs de fusils mitrailleurs succèdent aux roquettes, créant un feu continu contre les cavaliers. Angelo, garant impassible de la sécurité de tous, appuie avec un calme remarquable le changement de position des blindés. La désignation des cibles est facilitée par le nombre important d'étincelles visibles, marquant autant de zones de départs de coups et donc de nids de mitrailleuses. Rapidement, le sous-officier annonce :

– 52, fin de caisson, je recharge.

Entrés en service au début des années 1980, les VAB surmontés d'un canon de 20 mm ne disposent pas de système de rechargement automatique. Un des chasseurs doit donc manuellement recharger les munitions se trouvant sur le toit du véhicule. Cette opération, particulièrement exposée, a été répétée des dizaines de fois à l'entraînement et aujourd'hui, Stéphane, l'adjoint d'Angelo, doit s'y atteler malgré les tirs ennemis. Alors, le brigadier-chef saisit l'une des lourdes caisses de fer et se hisse sur le blindé. Il tente de se protéger derrière le canon dont l'âme s'est tue le temps du rechargement. Il peut sentir la chaleur de la pièce métallique et voir la fumée s'échapper du tube. Pour couvrir cette action, Damien dirige le feu de son tireur, Siliako, sur l'une des positions adverses.

L'intensité du combat est à son acmé lorsqu'une violente détonation retentit contre l'un des bâtiments utilisés par les insurgés. La section Rouge 30, installée sur les crêtes, vient de diriger un de ses missiles sur un groupe armé, repéré dans l'embrasure d'une fenêtre. La déflagration fait temporairement taire les fusils et permet à Stéphane de terminer en sûreté sa manœuvre de rechargement.

Pas de mouvement de véhicules avant la nuit

Arrivé sur sa nouvelle position le long de la piste en terre, Damien voit un nouveau groupe armé se mettre en place quelques centaines de mètres en face de lui. En un instant, il règle le tir de Siliako pour repousser ce qui ressemble à une manœuvre ennemie de contournement. Pendant ce temps, les hommes de la 4e compagnie achèvent leur désengagement vers l'axe tenu par le peloton. Une troisième roquette explose derrière le blindé d'Angelo qui ne tarde plus à changer de position lui aussi. Il se poste derrière la ruine, à quelques mètres de moi. Une patrouille d'hélicoptères composée d'un Tigre* et d'une Gazelle* vient fournir un appui aérien. La puissance dissuasive de ces anges gardiens réduit la tension au sol. Je sens mon peloton reprendre l'ascendant. Quelques minutes plus tard, Angelo rend compte qu'il voit des blessés se faire évacuer dans des brouettes. La procession funeste de ces brancards de fortune indique un probable repli des insurgés. Je demande alors à mes hommes de cesser le feu pour calmer les esprits et laisser la possibilité aux guerriers de panser leurs blessures. Regardant ma montre, je vois qu'elle affiche déjà quatorze heures. Nous défendons ce point depuis deux heures qui m'ont semblé deux minutes.

Pour éviter toute mauvaise surprise, le colonel décide de ne procéder à aucun mouvement de véhicule avant la tombée de la nuit. Il souhaite profiter de l'avantage technologique conféré par les moyens de vision nocturne pour prévenir une éventuelle embuscade contre la colonne de renforts. Le peloton adapte donc de nouveau son dispositif pour inclure la protection de la compagnie d'infanterie dont les derniers groupes sortent de la zone verte. Ceux-ci sont visiblement éprouvés par de longues heures de progression à pied dans les dédales des villages et par la tension des combats de la matinée. Fraternellement, Damien profite de l'accalmie pour faire le tour des sections et leur distribuer quelques rations de combat. Aux véhicules blindés s'ajoute désormais la masse des hommes. Le point semble alors imprenable, mais chacun surveille son secteur attentivement.

Le soleil finit par décliner. Quelques chèvres longent les crêtes de l'adret, sur l'autre versant de la vallée. Des bergers les mènent, silhouettes noires sur le ciel en feu. Un sifflement continu, caractéristique des moteurs de VAB, se fait entendre sur la piste. La colonne de Vert Bravo rejoint Dandawac et opère un demi-tour à proximité de son école. Le peloton Rouge 50 transfère finalement le point d'appui aux fantassins qui vont y passer la nuit. Les cavaliers se préparent à reprendre la route tandis que la luminosité se réduit. Chacun règle ses lunettes de vision nocturne, ajuste ses équipements et fait le point sur son matériel individuel. Damien forme la rame puis je donne l'ordre de départ :

– Les 50, direction Tagab. 52 en tête, 50 alpha ferme la marche. Déplacement en colonne. Annoncez prêt.

Un à un, les indicatifs radio se succèdent pour annoncer qu'ils sont en mesure de débuter leur cheminement nocturne.

– Les 50, en avant.

Intérieurement, je pense : « Calme et droit… »

Providence

Par Vincent Coulongeat

« On pleure parfois les illusions
avec autant de tristesse que les morts. »

Guy de Maupassant, *Une vie*

En 2005, les alliés engagés en Afghanistan définissent le concept d'OMLT au sein de l'ISAF* de l'OTAN. Ces équipes réduites sont chargées de former et conseiller les militaires de l'ANA, puis de les accompagner au combat pour leur permettre de bénéficier des appuis (feu, aérien, renseignement) de l'ISAF. En 2012, après des mois de vie en commun, une de ces équipes est sauvagement attaquée par un soldat afghan, à l'intérieur même de l'enceinte du camp de Gwan, à la limite des provinces de Kapisa et Surobi.*

Gap, lundi 22 août 2011

L'équipe OMLT se retrouve au quartier Général Guillaume après sept semaines de permission bien méritées. L'intense préparation avait commencé six mois plus tôt et le contrat était clair avec l'équipe avant le départ vers cette pause estivale exceptionnellement longue :

– Vous faites ce que vous voulez pendant vos permissions, tant que vous ne vous blessez pas. Mais attention : la mission exige que nous soyons en pleine forme dès notre arrivée.

À titre de garde-fou, la semaine de rentrée était physiquement exigeante, mais le programme de reprise était connu de longue date. Je n'avais donc aucun doute sur l'équipe, elle serait au rendez-vous.

Nous étions six cavaliers du 4e régiment de chasseurs, épaulés par le sergent Rabé du 2e régiment étranger de génie. Les membres de ce groupe particulier avaient été sélectionnés par mon adjoint, Thio, qui connaissait les forces et faiblesses de chacun. Thio, alors adjudant-chef, était un sous-officier expérimenté qui faisait l'unanimité au régiment. Son action exemplaire s'inscrit dans cette longue tradition d'excellence de sous-officiers qui sous-tendent l'institution militaire et qui la rendent si robuste. Mais Thio appartient surtout à cette classe rare d'hommes qui, par leur rigueur, leur abnégation et leur maîtrise, obligent leurs officiers à se transcender, cette caste des subordonnés qui font grandir leur chef.

Les autres membres de l'équipe avaient été choisis pour leurs qualités militaires mais surtout pour leur agilité au combat. Tous avaient connu l'épreuve du feu. Tous étaient en passe de retourner pour la deuxième ou troisième fois en Afghanistan. Flo était le plus jeune, dynamique et déluré, il serait notre tireur canon de 20 mm dans le VAB de Thio. Taput était l'ancien, le sage tahitien taciturne, professionnel et discret. Il serait mon pilote mais aussi mon radio pour les missions à pied, et le tireur de précision de l'équipe. Rabé, le flegmatique et tout jeune sergent de la Légion étrangère, était notre démineur, spécialiste des explosifs et des munitions. Il serait celui avec qui je débarquerais pour aller lever le doute en cas de suspicion de présence d'engins explosifs. Thibaut, discret et réfléchi, était le secouriste de combat. Il avait reçu une formation médicale approfondie qui lui permettait d'accomplir des gestes techniques précis de suture, de perfusion ou de prise en charge d'une détresse respiratoire par la trachée en cas d'obstruction des voies aériennes supérieures. Enfin, Badoche, cavalier volubile et enjoué, était un sauveteur au combat qui avait fait ses preuves. Il avait notamment sauvé la vie d'un sous-officier blessé par des explosifs lors de sa dernière mission afghane. N'ayant malheureusement pas reçu le même niveau de formation que Thibaut, il était notre remplaçant malgré son expérience si précieuse.

Accompagner une compagnie afghane au combat

Dans l'esprit qui caractérise cette semaine de décrassage avant le départ, le mardi matin est consacré à un footing alpin sur les hauteurs de la « capitale douce ». Ces plus de sept cents mètres de dénivelé à gravir en courant sont aujourd'hui le juge de paix de la bonne forme physique de chacun. Si cette épreuve n'est rien en comparaison de la perspective d'accompagner la compagnie afghane au combat dans le massif de l'Hindou Kouch, lestés de nos quarante kilogrammes de matériel, la petite épreuve physique matinale de cette fin août n'en demeure pas moins un défi personnel pour chacun. Au pied de la croix de bois plantée au sommet, je pense à notre mission. Je sais qu'elle sera risquée et que la question n'est donc pas de savoir si nous allons devoir combattre ensemble, mais plutôt où et quand. Le printemps et l'été 2011 ont en effet vu près d'une vingtaine de militaires français tomber les armes à la main. Je pense en particulier au capitaine Matthieu Gaudin, du 3e régiment d'hélicoptères de combat, qui venait de me former en stage à Étain, ou bien à l'attaque du 13 juillet à Joybar contre l'équipe des commandos parachutistes du capitaine Thomas Gauvin, du 1er régiment de chasseurs parachutistes.

Aucun d'entre nous n'est dupe sur les risques de cette mission mais, par pudeur ou par superstition, nous n'en parlons pas. En ce matin d'août, depuis le sommet de Charance, nous profitons de l'instant, loin du tumulte du départ et du début de mission.

De retour au régiment, coup de théâtre ! Thibaut ne peut plus partir pour des raisons personnelles. La providence va permettre à Badoche de venir avec nous, lui qui s'est préparé à nos côtés depuis de si longues semaines. Il sera notre sauveteur et pilotera le blindé de Thio.

KMTC, Pol-e-Charki, jeudi 8 décembre 2011*

Le jour ne s'est pas encore levé sur le parking du camp militaire à la sortie de l'agglomération kaboulie. Les moteurs des cent soixante véhicules du convoi et l'agitation pour la formation des rames soulèvent une poussière aveuglante sublimée par la lumière des phares. Enfin, nous y sommes ! Après trois mois de présence à Kaboul à assembler notre Kandak*, nous voilà prêts à rejoindre la zone des opérations dans le sud de la vallée de la Kapisa.

Notre équipe OMLT, la Coy[1] Reco, conseille la compagnie de reconnaissance de ce Kandak 34 de l'ANA. Depuis notre arrivée en septembre, nous avons accompagné le capitaine peu expérimenté et ses jeunes lieutenants fraîchement sortis de l'académie militaire dans la construction de cette unité de combat, dans sa pouponnière de KMTC : l'accueil des sous-officiers et des jeunes recrues, la perception de tout leur matériel – le plus souvent neuf et « offert » par le contribuable américain (de l'armement jusqu'aux véhicules) –, la formation tactique. Si cette première

1. *Coy* est le nom générique des équipes OMLT. Il y avait des Coy Reco [reconnaissance], Coy Appui, Coy Génie, etc. en fonction des spécialités des équipes de mentors et des spécialités des unités afghanes à former et accompagner.

partie de la mission n'étanchait pas notre soif d'aventure opérationnelle, elle permettait de préparer la seconde partie du mandat, tout en nous offrant le temps de créer du lien et de la confiance avec nos homologues afghans.

Mais aujourd'hui, la joie est grande de se déployer. En effet, au mois de juillet précédent, le président Nicolas Sarkozy avait annoncé le retrait français d'Afghanistan d'ici 2014 : la mission OMLT était donc en première ligne pour l'arrisée opérationnelle, car le message politique était l'autonomisation de l'ANA. Puis, en septembre, quelques jours après notre arrivée, notre chef de mission nous a confirmé que les groupes OMLT qui devaient venir dans la seconde vague de relève avaient été stoppés en France. Les équipes en place ne seraient pas remplacées. Cette nouvelle a foudroyé le groupe. Les rumeurs sur notre retour avant Noël et notre non-déploiement sur la FOB* devenaient crédibles. Quand le choix est fait de s'engager dans une arme de mêlée comme la cavalerie, c'est bien dans le secret espoir d'un jour être confronté à l'épreuve du feu et d'y jouer un rôle actif. Nous étions rarement arrivés à un tel point de préparation pour une opération extérieure. Quel gâchis ! Cette épée de Damoclès est restée deux mois au-dessus de nos têtes. Puis, finalement, s'est dessinée la confirmation que nous pourrions voir autre chose que Kaboul.

Dans les gorges de la Highway Seven, entre Kaboul et Peshawar

Nous voilà donc ce matin sur la ligne de départ pour une journée marathon. Dans trois quarts d'heure, le jour va se lever, l'ordre ne devrait plus tarder.

Six heures, la radio s'anime.

– D40[1], départ de la première rame.

Je fais signe aux Afghans, la procession commence.

1. Indicatif radio qui désigne le détachement.

– D40, début de mouvement. Terminé !

La Coy Reco est en tête de la première colonne de véhicules dans ce long convoi qui nous emporte vers notre destin. Ce soir, nous dormirons à Gwan, la FOB du parallèle 46 ! « Chaparay Ghar », le nom donné au déploiement du Kandak 34, dernière unité de la 3e brigade afghane à rejoindre le front, est un événement suivi en haut lieu. Nous avons l'honneur de conduire l'opération majeure de la journée pour l'ensemble du théâtre afghan. Nous bénéficions donc de tous les appuis possibles, avec la priorité la plus haute. Les drones américains nous suivent et éclairent notre progression depuis plusieurs heures à la recherche de toute tentative d'embuscade. Si nous sommes attaqués, notre appui aérien sera immédiat, ce qui réjouit l'équipe JTAC* de l'adjudant-chef Willm. Les canons Caesar de la batterie d'artillerie française sont en alerte depuis la FOB Surobi et couvrent une bonne partie de notre itinéraire.

L'équipe est concentrée. En bons cavaliers, nous sommes en tête avec deux Humvee afghans. Si nous sommes attaqués, il sera impossible de faire demi-tour dans ce terrain si peu favorable, notamment dans les gorges de la Highway Seven reliant Kaboul à Peshawar, au Pakistan. Nous serions alors immédiatement fixés et isolés, et devrions à la fois gérer les Afghans dont la réaction est incertaine et coordonner les appuis extérieurs. À seulement six Français répartis dans deux blindés, la situation sera sans doute délicate. Mais je n'ai aucun doute sur la réaction de l'équipe, je suis entouré des meilleurs ! Et même si je tombe ou si mon véhicule saute sur une mine, Thio saura s'adapter pour gérer la situation.

Déjà plusieurs heures que nous progressons sans incident, sur le principal axe routier de l'Est afghan qui charrie une myriade de poids lourds colorés et surchargés approvisionnant quotidiennement la capitale depuis le Pakistan. Enfin, nous quittons la Highway Seven et remontons vers le barrage de Naghlu sur la rivière Kaboul. Une fois le lac artificiel dépassé, nous entrons dans la vallée de Kapisa. En guise de bienvenue, nous franchissons notre premier Hot Spot, une zone connue pour être le lieu d'attaques fréquentes par IED*. L'itinéraire reliant le barrage à Gwan a été ouvert et reconnu par le génie militaire ce matin. À une centaine de mètres de l'axe sur notre droite, nous apercevons des blindés français sécurisant la voie pour le passage de notre convoi.

Enfin, devant nous, au pied d'un éperon rocheux, faisant face au village de Payendakhel dans la zone verte irriguée par la rivière Tagab, se dressent les *bastion walls* du camp de Gwan. Ils se distinguent à peine de la terre aride sur laquelle ils sont posés. Cette immense construction de près d'un kilomètre de long est impressionnante ; ses murs infranchissables et ses tours de guet sont à l'image de son ancêtre : le camp romain. Elle abrite une compagnie française qui sera bientôt remplacée par le régiment afghan et ses OMLT. Dans cet avant-poste français, le plus avancé au sud de la vallée, nous sommes désormais au bout du monde ! À seulement onze kilomètres devant nous, un ballon captif blanc bien visible dans le ciel grisâtre trahit la présence de la grande FOB de Tagab, où les hommes de Tiger, le groupement tactique du 27e bataillon de chasseurs alpins, sont déployés depuis un mois avec quelques cavaliers de notre escadron. Mais personne ne passe ! À mi-chemin, le verrou de Jangali, ouvert en février dernier, s'est définitivement refermé, et l'ennemi s'est réapproprié le terrain. Même si Tagab n'est qu'à un jet de pierre, rejoindre ce camp nous demanderait un détour de deux cent cinquante kilomètres, en repassant par Kaboul puis par l'immense base américaine de Bagram.

Notre convoi est maintenant entré dans la FOB ; les Afghans prennent possession des Corimec* et des tentes laissées par la compagnie française. Pour les Afghans, c'est la découverte du « luxe à la française » ! De son côté, l'OMLT s'installe dans la partie nord de la FOB, dans l'emprise historique du poste de combat érigé en quelques heures, sous le feu, en mars 2010, par les légionnaires et hussards parachutistes de la Task-Force Altor. Les brigadiers-chefs de l'équipe récupèrent déjà des planches de bois et tracent à la craie sur le sol de la tente les positions des futures cloisons de fortune qui offriront à chacun un minimum d'intimité. Le soir approche et le ciel s'obscurcit, l'aménagement de notre tente est déjà terminé. Demain c'est vendredi, le « dimanche afghan », nous ne travaillerons pas avec nos homologues et un nouveau chapitre de notre mission s'ouvrira.

Gwan, jeudi 29 décembre 2011

Devant la FOB, nos deux blindés sont déployés face à la zone verte pour défendre l'axe menant à la base française et protéger l'arrivée du convoi venant nous ravitailler. Je suis à gauche, proche du carrefour menant au village. J'appuie le groupe d'Afghans qui y tient un check-point. Je surveille le découvert et l'activité dans le village. À ma droite, Thio et son blindé sont postés dans le grand champ non cultivé et stérile, en surveillance des lisières en léger contrebas et à partir desquelles une menace serait la plus probable. Plus au sud, Éric, capitaine de la Légion étrangère commandant la Coy Génie (D30), assure une mission similaire avec ses hommes à proximité de deux buses pouvant dissimuler des explosifs.

De longues heures de surveillance nous attendent, mais nous sommes heureux car, au-delà d'acheminer le carburant indispensable aux groupes électrogènes, le convoi apporte le repas du réveillon du nouvel an… après-demain. Surtout, ce soir nous recevrons enfin les colis de Noël postés en novembre par nos familles et amis – et contenant, à n'en pas douter, beaucoup de foie gras. Et puis, pour une fois, nous sommes en dehors du camp. Des liaisons logistiques vers la Surobi ou quelques missions d'entraînement au profit de notre compagnie afghane sont les rares et uniques opportunités de sortir de notre prison protectrice. Notre mission est définitivement loin des combats qui nous avaient été narrés par les équipes précédentes et qui nous motivaient en France pour nous dépasser à l'entraînement… L'accompagnement de l'ANA au combat n'était plus « à la mode » ces derniers temps. Le président Sarkozy ne voulait plus de mort… C'était un ordre ! *Cedant arma togae*[1]… Les missions sur le théâtre s'en étaient trouvées réduites au strict nécessaire, à la recherche d'un chimérique risque zéro.

Heureux, nous restons toutefois vigilants, car nous gardons en tête le mantra répété depuis le début de notre préparation en France : « L'habitude tue ! » D41 (Thio) me propose de faire un bond en avant d'une centaine de mètres car son tireur ne voit pas le fond de la zone verte à cause du léger renflement du terrain devant lui. J'accepte, bien évidemment. Au regard de ses capacités, l'ennemi est juste capable de nous harceler. Ici, il est préférable de se poster en plein milieu d'une zone ouverte sans végétation permettant de détecter tout mouvement autour du véhicule et de changer de position très rapidement. Depuis sa nouvelle position, Thio rend compte de ses possibilités d'observation et de tir désormais satisfaisantes. Nous poursuivons notre surveillance en gardant un œil sur les soldats afghans qui contrôlent le check-point. Après un certain temps, nous recevons l'ordre de rapprocher le blindé, trop éloigné pour notre chef. Malgré mes explications, l'ordre n'est confirmé. Je n'ai pas le temps de répondre à la radio que D41 annonce directement qu'il revient, non sans laisser transpirer un profond agacement dans la voix. La journée commençait bien et ils ont réussi à me l'énerver…

1. « Que les armes cèdent à la toge. »

Quelle est la bonne décision ?

En début d'après-midi, le convoi principal a livré sa cargaison et est reparti. Le camion de carburant en retard vient enfin d'arriver et remplit les cuves du dépôt. Je sors du VAB pour me dégourdir les jambes quelques minutes. Je viens juste de rentrer lorsque les militaires afghans du check-point se jettent au sol à cinquante mètres devant nous. À l'intérieur, avec le bruit du moteur et les bouchons anti-bruit, nous n'entendons rien et surtout, nous ne voyons rien. Ils se relèvent… C'est bizarre.

– D30, il y a des coups de feu dans notre secteur !

Nous restons tous attentifs, mais la situation semble redevenue calme, les militaires afghans ont repris leur place. Ils se plaquent de nouveau à terre, en s'abritant cette fois dans le fossé. Un enfant passant à quelques dizaines de mètres se jette lui aussi au sol, apeuré. Les militaires lui font des grands gestes pour l'inciter à les rejoindre à l'abri. L'enfant bondit et se précipite dans les bras du gradé afghan. La situation semble se préciser mais demeure confuse, les militaires de l'ANA n'ouvrent pas le feu, eux non plus ne savent pas d'où vient le danger. À cet instant, une rafale passe deux mètres devant notre VAB. Nous l'identifions grâce aux nuages de poussière soulevés par les balles. Cette fois, plus de doute, nous nous faisons bien tirer dessus. J'arme la mitrailleuse 12,7 télé opérée du VAB et, simultanément, je rends compte calmement à la radio :

– D40, contact…

Au même instant, Éric annonce qu'il est lui aussi au contact de l'ennemi, et nous entendons maintenant distinctement les tirs de ses légionnaires en arrière-fond dans la radio. Ça ferraille sérieusement dans son secteur, nous entendons des explosions. J'observe une centaine de mètres devant moi l'impact d'une roquette qui dégage un panache blanc éphémère. Ça semble se rapprocher, mais nous ne voyons rien bouger et nous ne décelons aucun départ de coup. Taput se prépare à déplacer le blindé et nous changeons légèrement de position pour diriger l'avant du véhicule face à la direction dangereuse. Rabé qui, depuis le matin, surveillait avec la tête en dehors du VAB la rentre précipitamment. L'adrénaline décuple nos sens. Lorsque les tirs s'arrêtent, de notre côté, toujours rien. D41 me rend compte qu'il ne détecte aucun ennemi.

C'est le moment que choisissent trois jeunes hommes, certainement encore adolescents, pour se dévoiler tout sourire, les mains dans les poches. Ils sortent d'un bâtiment isolé, quatre cents mètres devant nous, à proximité de D30. Ils traversent calmement le découvert où quelques minutes auparavant, des tirs étaient échangés. Malgré le contre-jour aveuglant, je scrute l'écran de la mitrailleuse à la recherche d'une arme ou de tout autre indice. J'ai déjà télémétré, l'arme est prête à tirer, le doigt est sur le bouton, tout est paré. À cette distance, je sais que je ferai but du premier coup. Est-ce que je dois tirer ? À cet instant, la décision n'appartient plus qu'à moi… Tout se bouscule dans ma tête, je tourne le problème dans tous les sens et mobilise l'ensemble des connaissances acquises au cours de ces bientôt dix années militaires dans un seul but : déterminer quelle est *la* bonne décision. Finalement, je choisis de ne pas ouvrir le feu, car si deux minutes avant, ils étaient des combattants armés qui menaçaient nos vies, à cet instant ce ne sont plus en apparence que trois civils non armés, certainement mineurs. Ce sont eux, il n'y a pas de doute (et le gradé afghan du check-point me le confirmera), mais je n'ai pas le droit d'engager la crédibilité de la France sur cet acte, le risque est trop important. Cette fois ils ont gagné, mais il n'y a heureusement pas de blessé ni de dégât chez nous.

Les derniers véhicules ayant quitté le secteur, la mission s'achève et nous rentrons au camp. L'équipe semble survoltée. Autour d'un verre de sauternes et des premiers toasts de foie gras de nos colis, nous nous repassons le film du jour. Une immense joie de vivre nous envahit.

Malheureusement, l'euphorie s'estompe rapidement. Dans la soirée, nous apprenons que l'adjudant-chef El Gharrafi et le sergent Zingarelli, deux commandos montagne de la Légion étrangère, viennent de perdre la vie lors d'une opération à Jangali. Un soldat afghan de l'unité qu'ils accompagnaient les a lâchement attaqués pendant l'installation de leur poste de combat en montagne. Le sergent Filippo de la Compagnie Génie, lui aussi légionnaire commando montagne, vient de perdre deux de ses plus proches amis.

Gwan, vendredi 20 janvier 2012

Aujourd'hui, c'est Religious Day, la « pause dominicale » afghane. Le vendredi est donc la journée dédiée aux activités franco-françaises : liaison logistique, instruction ou entraînement, activité de cohésion... Celui-ci est le dernier pour lequel l'OMLT est quasi complète et seule. La semaine prochaine, la relève sera dans nos murs et nous serons en passe de rentrer. Notre chef, familièrement appelé D1 selon son indicatif radio, a décidé de profiter de cette dernière journée « en famille ». Le programme est simple : neuf heures, rassemblement, footing de cohésion dans le camp, sobre cérémonie de remise de médailles, repas amélioré à l'ordinaire, le restaurant militaire pour la troupe.

– J'ai obtenu du gérant que nous ayons du vin ce midi et que nous déjeunions en dernier pour n'être qu'entre nous, nous a annoncé D1 la veille.

Nous attendons avec impatience ce moment de cohésion. Bientôt une année que nous vivons ensemble, bien plus qu'avec nos familles et, pour ma part, bien plus qu'avec ma petite Eva. Ma fille est née le 3 juin 2011 pendant la préparation de la mission. J'ai quitté un bébé d'exactement trois mois et, dans quelques semaines, je vais le découvrir trois fois plus âgé... Les liens unissant l'équipe sont maintenant robustes et l'attachement réciproque est fort. Ce temps que l'OMLT s'accorde est donc nécessaire pour lancer la phase de transition qui nous permettra de rentrer dans nos foyers en nous tournant pleinement vers nos proches.

Cette semaine est également particulière car, dans la vallée où nous nous situons, le 201e corps de l'ANA auquel appartient la 3e brigade et donc notre Kandak 34 vient de lancer sa première opération majeure « en autonome ». L'opération Valley Flood vise à rouvrir le verrou de Jangali entre Tagab et nous. Notre Kandak n'est pas encore pleinement certifié opérationnel, et n'est donc pas directement engagé dans la manœuvre, mais il a été désigné par sa chaîne de commandement afghane pour armer la force de réaction rapide. Le Kandak 34 contribue aussi à l'appui artillerie avec sa batterie de canons 122D30 que conseille le capitaine Pascal, chef de la Coy Artillerie. Ce dernier restera ce matin avec son équipe auprès des pièces d'artillerie et de leurs servants afghans. Quelques-uns des nôtres ont été engagés à distance, en appui de cette opération, et notamment une partie de l'équipe JTAC et des secouristes de la compagnie d'infanterie française du camp. Le reste de l'OMLT n'est pas directement concerné par l'opération, et en particulier Mathieu et Alexis, seuls médecins et infirmiers restants dans le camp, ce qui ne leur interdit pas de participer aux activités du jour.

Personne n'avait prêté attention à ce soldat afghan isolé

Nous partons donc, trottinant, groupés, à l'exception de ceux retenus par le service ou des blessés légers. Il fait gris aujourd'hui mais le ciel est lumineux. Le sol est gelé et la température négative.

Nous sommes mi-janvier, en montagne : rien d'exceptionnel en soi. Pendant le réveil musculaire, nous discutons entre nous, plus ou moins couverts, qui d'un bonnet, qui de gants, mais légèrement vêtus, en tenue de sport. L'ambiance est bonne ; cette activité est aussi l'opportunité de se retrouver au complet, chaque équipe étant absorbée au quotidien par sa propre mission. Nous ne ferons que deux tours à l'intérieur de la FOB, c'est notre roue de hamster version opération extérieure... mais tout de même cinq kilomètres.

Après avoir contourné la grande aire vide du nord-ouest de la FOB où étaient installés les canons d'artillerie afghans, nous dépassons le poste d'entrée et entrons dans la moitié sud du camp dédiée aux soldats de l'ANA. À notre gauche, la zone vie du Kandak ; à droite, la zone technique et ses parkings. Je constate qu'une colonne de véhicules est formée, les militaires afghans sont embarqués et armés, les 4x4 sont parés. Cet élément retient mon attention car, contrairement à nous, armés en permanence, les militaires afghans ne le sont en général jamais dans le camp. Par peur de la disparition des armes, la chaîne de commandement afghane privilégie de les stocker dans un container fermé. Paradoxalement, ce doit être la première fois en cinq mois que nous nous retrouvons proches des Afghans sans notre armement. Mais une compagnie d'infanterie française assure la sécurité de l'emprise dans les miradors tous les trois ou quatre cents mètres.

Immédiatement après la zone technique, nous tournons à droite dans la ZPH*, une grande aire de deux hectares, vide de tout obstacle, dont le coin sud-ouest est une tour de défense qui abrite en permanence un groupe de combat montant la garde. À cinquante mètres de la tour, sur sa position de tir face au sud, nous voyons le VBCI* du groupe de combat prêt à recueillir son équipage pour participer à la défense de la FOB en cas d'attaque extérieure. Nous rejoignons le mur d'enceinte ouest en traversant l'héliport dans sa largeur, descendons vers la tour de défense puis longeons le mur sud du camp, en sortant de la ZPH par son deuxième accès, à un peu moins de deux cents mètres du premier. Nous poursuivons notre premier tour de FOB en contournant la zone vie afghane dans laquelle nous ne rentrons pas sans armement. Rapidement, nous entamons notre second tour en suivant le même itinéraire. Nous saluons Pascal, sur les canons en compagnie du capitaine afghan commandant la batterie. Bientôt le poste d'entrée, puis la zone technique… Sur notre gauche, devant la zone vie, un des jeunes lieutenants afghans s'affaire autour de ses pick-up. De nouveau, nous tournons à droite pour entrer une dernière fois sur l'héliport. Notre chef nous arrête et lance un exercice de renforcement musculaire : une petite course par binôme, l'un portant l'autre sur la centaine de mètres de la traversée en direction du mur d'enceinte. Je suis avec Rabé, Flo est avec Taput et Thio avec Badoche.

Le départ est lancé. Soudain, nous entendons dans notre dos le claquement métallique d'une rafale d'arme à feu. Les Afghans ont la fâcheuse habitude de ne pas bien maîtriser leur armement. Une erreur de manipulation comme nous en avons déjà été témoins est donc la cause la plus probable de ce tir provenant de la direction où stationnent les militaires que nous venons de dépasser. Mais immédiatement, une seconde rafale s'éternise. Il n'y a aucun doute : ce n'est pas involontaire… Quelqu'un nous tire dessus ! Nous nous séparons avec Rabé et accélérons au milieu des panaches de poussière qui s'élèvent au milieu du groupe toujours compact. Les ricochets ne me laissent désormais que des certitudes sur le danger qui nous menace et commence déjà à nous tuer. Personne n'avait prêté attention à ce soldat afghan isolé et armé d'un fusil mitrailleur américain M249, que nous lui avions distribué au KMTC quelques mois plus tôt… L'homme tire, à une trentaine de mètres derrière nous. Le groupe prend conscience qu'il est sous le feu.

– On se fait tirer dessus ! hurle au groupe l'adjudant-chef Gérard. Chacun accélère, cherchant à gagner au plus vite un abri, mais ces derniers sont loin car nul obstacle ne se dresse sur cette zone aplanie pour faciliter l'atterrissage des hélicoptères.

Nous sommes donc sous le feu d'un soldat sans nom et sans honneur, traître à ces militaires français qui, par l'accompagnement des soldats afghans, ont pris le risque de tomber loin des leurs pour permettre à des hommes à la culture si différente de rentrer sains et saufs dans leur foyer. L'un de ceux que nous sommes venus aider cherche aujourd'hui à nous tuer.

J'ai à peine le temps de m'élancer que, déjà, un premier coup dans la fesse me fait croire à la frappe d'un caillou, mais je continue à courir. Immédiatement après, un impact dans le dos beaucoup plus violent me projette au sol. Une vive douleur à l'abdomen m'interdit de me relever et me laisse entravé, inconfortablement étendu sur ce sol gelé dur et froid.

Est-ce la peur qui m'envahit alors ? Pas vraiment. La stupéfaction et l'incrédulité ? Certainement. Mais le sentiment qui domine est le déni de réalité : immobilisé au sol par la blessure, loin de tout couvert, si prêt de l'assassin qui tire encore, j'ai du mal à me convaincre que ma vie va s'arrêter ainsi. Pour ma vie, c'est dommage, mais pour ma fille, c'est un désastre. Je me projette et prie pour elle. Je ne souhaite pas devenir l'évocation d'un souvenir absent, l'homme d'une ou deux photos, qui la tient dans ses bras à la maternité et qu'elle ne connaîtra jamais. Mais que faire ? Mon sentiment d'impuissance n'en est qu'accru.

La résignation domine, et l'atmosphère est relativement calme sous la mitraille qui nous découpe et nous achève. Pas de cris parmi les blessés, seulement quelques gémissements de douleur. Il ne nous reste que cela : mourir avec dignité, sans gloire. J'ai conscience de la gravité de l'instant car la blessure de mon frère d'armes gisant à mes côtés est éloquente : nous avons des morts et rien ne sera plus jamais comme avant.

Badoche m'exsuffle les deux poumons

Alors qu'une grande majorité d'entre nous gît sous les tirs, quelques-uns[1] ont pu gagner le mur d'enceinte et trouver le seul abri disponible : un fossé d'à peine dix centimètres de profondeur, puis une faille étroite entre deux murs d'enceinte. Le premier souffle de vie dans cette fresque macabre provient des hurlements de rage d'un soldat français à l'encontre du tireur afghan toujours en action. Malgré les tirs, ce cavalier prend à partie, avec les armes du moment, ce traître qui continue de nous tuer. Ce sursaut d'orgueil me tire un sourire, car j'y reconnais la voix et le caractère de Badoche qui, malgré la situation, a su rester égal à lui-même.

Les tirs s'arrêtent, par manque de munitions. Le tireur, qui a lâché sur nous ses deux cents cartouches, quitte la scène de crime[2]. Aussitôt celui-ci parti, nos camarades miraculés reviennent près des blessés pour leur porter secours. Chacun s'affaire, l'alerte est donnée, le groupe de combat dans la tour de guet n'a ni eu le temps de comprendre le drame qui se jouait à ses pieds, ni même l'opportunité d'être témoin de l'action du tireur, concentré sur la surveillance de l'extérieur du camp et non sur une impensable menace intérieure. Les premiers à venir prêter main-forte sont les Afghans du peloton de reconnaissance qui se préparait, si proche de nous, démontrant que cette action meurtrière était bien un acte isolé. Leurs pick-up permettront l'évacuation des premiers blessés en attendant les blindés français.

Après quelques minutes, une équipe aux ordres de Thio me charge dans un blindé où l'on m'installe sur la banquette. La douleur de la position m'oblige à descendre sur le plancher du

1. Initialement cinq sur vingt-trois, puis quatre blessés les rejoignirent.
2. Il se livrera plus tard à son capitaine qui se trouvait toujours sur les canons d'artillerie avec son mentor Pascal.

véhicule pendant que Thio va chercher un autre blessé. À son retour et après le chargement d'un autre malchanceux, je suis conduit dans la tente de l'ordinaire, temporairement transformée en nid de blessés. Alité sur mon brancard, installé sur les tables de campagne métalliques, j'observe, passif, ce ballet d'énergie vitale qui se met en branle. Les blessures sont nombreuses et de toutes les gravités. Certaines sont mortelles, d'autres de simples estafilades. Mathieu, notre médecin, est présent, je l'observe s'affairer sur les blessés thoraciques qui requièrent en urgence son expertise et son doigté. Alexis, notre infirmier, ne peut le suppléer car son impressionnante blessure au visage le place du côté des patients. Pour les gestes médicaux, Mathieu est donc seul avec les deux uniques sauveteurs de combat qui n'ont pas été blessés : le caporal S., de la Coy Génie, et Badoche.

Dans un moment de calme relatif, il fait le tour des blessés et vient m'ausculter rapidement. J'ai besoin de savoir… pour me préparer. Quel est son pronostic ? Il me confirme que ma blessure est sérieuse et que tout dépendra des évacuations. Je dois donc tenir jusqu'à l'hélicoptère. Mathieu repart au chevet des autres blessés pour lesquels il doit et peut agir. J'attends, immobile et résigné sur mon brancard. Badoche passe me voir, constate mon état qui se dégrade sous l'effet de l'hémorragie commençant à m'asphyxier. Il s'adresse à notre unique médecin pour se faire confirmer ce qu'il pense devoir faire. Mathieu, très occupé par des gestes d'une immense technicité dans ce bloc opératoire de dénuement, n'est pas en mesure de se déplacer pour confirmer le diagnostic :

– Écoute, tu connais ton affaire, si tu penses qu'il faut le faire, fais-le !

Badoche m'exsuffle alors les deux poumons simultanément, me permettant de ne pas suffoquer sous la pression du sang qui les comprimait. À cet instant, il m'a sauvé la vie. Mathieu me confirmera plus tard que, sans ce geste, je n'aurais probablement pas tenu jusqu'au bout. Sans geste opportun, réalise à temps par ce remplaçant qui ne devait pas partir, je n'aurais pas survécu… la providence ?

Un peu plus d'une heure s'est écoulée depuis les tirs. Je suis transporté en blindé vers le lieu du drame, mais cette fois pour être évacué par les airs. Un hélicoptère Black Hawk américain se pose et l'on me charge dedans : j'ai tenu jusqu'à lui… L'objectif est atteint, je devrais m'en sortir, en tout cas j'y crois. Très vite après le décollage, mes souvenirs s'arrêtent. Ma mission s'achève définitivement dans cet hélicoptère suspendu entre terre et ciel.

Cette tragédie entache de manière indélébile notre mandat. Nombre d'entre nous auront laissé une partie d'eux-mêmes sur la terre gelée de cette FOB. Dans cet avant-poste français, la perfidie et l'infamie des hommes ont fait tomber nos frères d'armes, endormis pour toujours. Le maréchal des logis Geoffrey Baumela, l'adjudant Svilen Simeonov, le major Denis Estin, le major Fabien Willm et le chef d'escadron Christophe Schnetterle ne se sont pas relevés. « Le souvenir, c'est de la présence invisible », écrivait Victor Hugo. Ils resteront présents à nos côtés pour toujours.

N'oublions jamais leurs noms.

OPÉRATION LICORNE

République de Côte d'Ivoire

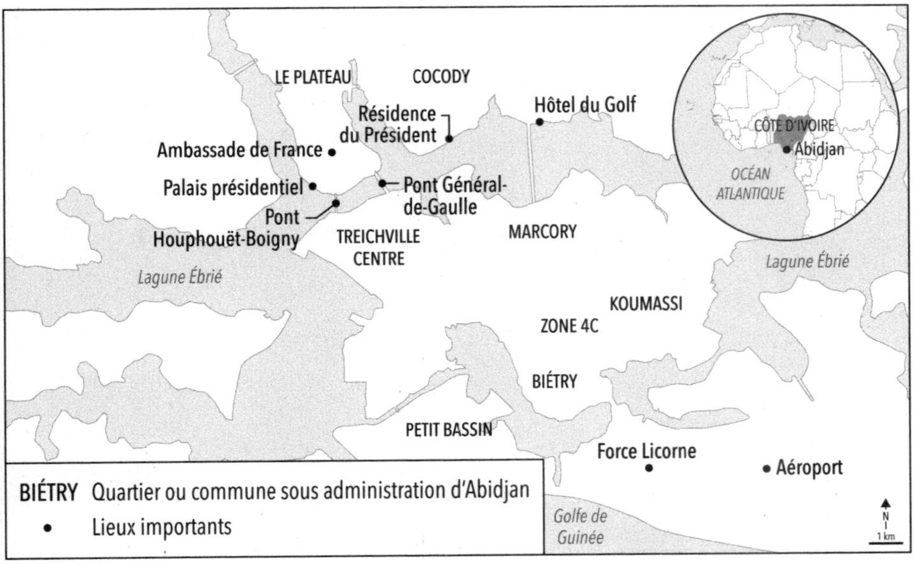

Le grand raid

Par Clément Hude

« *When can their glory fade ?*
O the wild charge they made !
All the world wondered.
Honour the charge they made !
Honour the Light Brigade,
Noble six hundred ! »

Lord Alfred Tennyson, *The Charge of The Light Brigade*

La crise politique ivoirienne de 2010-2011 débute après le second tour de l'élection présidentielle de 2010, le premier scrutin depuis dix ans. Le résultat des urnes est contesté car les deux candidats, Laurent Gbagbo – président sortant – et Alassane Ouattara, revendiquent chacun la victoire. Une guerre civile opposant les partisans des deux camps se déclare dans tout le pays, en commençant par les provinces du Nord qui soutiennent Alassane Ouattara, reconnu internationalement comme le nouveau président de Côte d'Ivoire. Abidjan n'est pas épargnée par les combats qui, début avril, le plongent dans le chaos. Durant cette période, les armées françaises évacuent plus de huit mille ressortissants. Le soir du 10 avril 2011, après dix jours d'intenses combats dans

Abidjan, le bataillon Licorne, aux côtés des Forces républicaines de Côte d'Ivoire (FRCI) d'Alassane Ouattara, reçoit, en application de la résolution 1975 du Conseil de sécurité de l'ONU, l'ordre d'appuyer l'assaut contre la résidence présidentielle de Laurent Gbagbo, à Cocody.

Le 11 avril, mon peloton, appartenant au 12e régiment de cuirassiers, est déployé au sud du pont Charles-de-Gaulle, un long ouvrage routier en béton blanc, rectiligne, qui permet de franchir les eaux vertes de la lagune. Il doit être environ sept heures du matin, mais le temps est comme suspendu. Silencieux, concentrés, mes cuirassiers et moi attendons l'ordre de lancer l'attaque. Soudain, la radio retentit, c'est le capitaine Erwan :

– Bravo 99, débouché dans cinq minutes.

Puis, il ajoute :

– Alpha 10[1], je te demande une manœuvre offensive. Ne t'arrête pas avant d'avoir franchi le boulevard de France.

Sur la fréquence radio du peloton, j'appelle mon subordonné, le maréchal des logis Baptiste, dont le char est posté à vingt mètres du mien sur la gauche :

– Bienvenue dans l'histoire !

– Reçu ; ou dans la merde, mon lieutenant.

Je souris. Puis la voix du capitaine se fait à nouveau entendre :

– Bravo 99, en avant !

La veille de l'attaque

Le 10 avril en fin de journée, nous avons franchi le poste de sécurité du camp de Port-Bouët, après une longue et éprouvante mission d'évacuation de ressortissants français. À peine débarqué,

1. Indicatif radio qui désigne le peloton.

le sous-officier transmissions de la compagnie à laquelle mon peloton est rattaché se dirige vers moi, alors que je me tiens encore à côté de ma Sagaie* (blindé ERC 90).

– Mon lieutenant, le capitaine vous appelle d'urgence au PC compagnie !

– Que se passe-t-il ?

– Je ne sais pas, mais il vous demande de faire au plus vite le plein des blindés, de les gaver en obus et munitions et de vérifier que vous avez bien soixante-douze heures d'autonomie en rations de combat et en eau.

Je donne immédiatement une poignée d'ordres à mes cadres. Puis je cours jusqu'au poste de commandement du capitaine qui se situe à une centaine de mètres de là. Les cadres sont déjà tous installés dans le bureau. L'ambiance est pesante. Le capitaine a l'air préoccupé.

– Bon, maintenant qu'on est au complet, voici la mission. Je vous préviens, nous allons mener une opération de guerre comme nous n'en avons pas réalisé depuis très longtemps. Les ordres sont clairs, on va y aller et ça risque d'être violent. Nous allons faire un raid jusqu'au boulevard de France. Puis, à partir de cette position, nous appuierons l'attaque des Forces républicaines de Côte d'Ivoire jusqu'à la résidence présidentielle.

Le capitaine précise :

– Les gars, notre compagnie sera en premier échelon du bataillon Licorne pour le raid. Mon lieutenant (il me regarde fixement), tu seras en tête de la compagnie.

J'ouvre grand les yeux et souris. J'ai rêvé de cela depuis mon entrée à Saint-Cyr. « Oh, m***, c'est chaud quand même ! » me dis-je cependant.

Le capitaine ajoute :

– Ouverture du feu au canon de 90 mm à ton initiative.

Et il poursuit en nous regardant tous :

– Il y aura des pertes, c'est probable. Peut-être moi.

Je ne comprends pas le sens de cette remarque. J'ai vingt-cinq ans, je suis immortel.

Le capitaine me donne une carte détaillée du quartier de Cocody, j'y reporte le baptême terrain, c'est-à-dire les noms, codes ou numéros des points caractéristiques de la zone. Il s'assure que nous avons tous compris l'exécution de la manœuvre. Il nous demande une dernière fois si nous avons des questions, puis nous laisse rejoindre nos hommes.

« Mais, mon lieutenant, il va y avoir de la casse »

La nuit est tombée. Je repars rapidement vers les bâtiments-vie de mon peloton. Mes cuirassiers s'activent encore autour des blindés garés en colonne à côté des bâtiments. Éclairés par la lumière jaune des lampadaires, ils vérifient les moteurs, les armes et font le point des munitions. Croisant mon regard, mon adjoint comprend ce qui se trame. Dans mon bureau, je rédige l'ordre du chef de peloton sur ce même cahier de combat que j'ai utilisé une dizaine de fois il y a moins d'un an, lorsque j'étais encore élève à Saumur. Mais maintenant, ce n'est plus de l'entraînement.

Je fais venir mon adjoint, mes chefs d'engin et mon chef de patrouille d'éclairage. Je leur explique la situation et la mission. Le maréchal des logis-chef Jérôme, mon adjoint, trente-huit ans, m'écoute, pensif et concentré. Sociable et ouvert d'esprit, il aime discuter. Il vénère son métier de tankiste qu'il maîtrise dans le détail – parfois trop ! Insensible à l'image que ses chefs se font de lui, il leur parle toujours librement. C'est aussi un inclassable, qui ne cherche jamais à plaire. Il m'est authentiquement fidèle. Le maréchal des logis Baptiste, le plus âgé de mes deux chefs d'engin, est grave, déjà focalisé sur les combats du lendemain. Approchant la trentaine, athlétique et sec, c'est un sportif infatigable. Sa figure carrée présente des traits durs desquels se dégagent une volonté et une force de caractère. Ce soir, ce pilier du peloton n'a pas envie de plaisanter : il a une bataille à livrer. L'autre chef d'engin, le plus jeune des deux, c'est le maréchal des logis Xavier. La vingtaine, de petite taille et très dynamique. Le regard malicieux, il aime plaisanter. Énergique, il a soif d'aventure. Sûr de lui, jugeant vite, très confiant en son instinct et sa vive intelligence. Tous ses chefs voient en ce jeune sous-officier un futur officier. Il a entendu et compris que demain, nous nous battrons. Il est très excité, insouciant comme moi. Le chef d'escouade, le brigadier-chef Boris, est un militaire du rang très expérimenté. Trente-cinq ans, le visage ovale, l'œil vif, toujours attentif. Il dégage une énergie et une confiance exceptionnelles. Ce Breton au moral superbe a une résistance à toute épreuve. Il est le parfait équilibre entre fermeté et bonhomie. Après avoir fini de donner mes ordres, je le vois sourire.

– Allez, mon lieutenant ! On s'en grille une avant de rassembler les mecs ?

Nous discutons dehors tous les cinq. Cela fait six mois que nous vivons ensemble sur ce territoire. Je les estime et les apprécie beaucoup. Nous avons la chance que le point culminant de notre mission arrive maintenant, en fin de mandat, alors que nous sommes déjà rodés et soudés.

Il doit être près de vingt-trois heures. Je rassemble mes soldats dans la plus grande chambre pour éviter les indiscrétions, car le camp de Port-Bouët accueille désormais plus de cinq mille ressortissants français. J'énonce la mission du peloton dans son intégralité. Il règne un silence pesant. Quand j'ai fini, le pilote de Xavier, un excellent brigadier-chef, connu également pour son franc-parler, m'interpelle :

– Mais mon lieutenant, il va y avoir de la casse…

Le pilote de mon adjoint commente à son tour :

– On ne va certainement pas tous revenir ici…

Je les arrête :

– On ne va pas commencer à « psychoter ». Oui, c'est certain qu'on ne part pas faire une patrouille banale, mais nous ne sommes pas seuls, et puis… on est les meilleurs.

Je libère ensuite les soldats. Certains sortent fumer une cigarette. Tout est calme. La chaleur étouffante de la journée a laissé place à la fraîcheur de la nuit. Ils discutent à la lumière vacillante de la vieille lampe murale du bâtiment-vie. Ils semblent partagés entre l'excitation d'aller au combat et la peur de l'inconnu.

Minuit approche. Le capitaine m'a demandé d'être prêt à partir à trois heures et demie du matin. Je vais m'allonger sur mon lit, tout habillé. Mais je ne parviens pas à fermer l'œil. J'ai longtemps attendu ce moment. Maintenant que j'y suis, j'ai peur. Il me tarde aussi d'y être. Le réveil sonne, je récupère mes affaires dans le bureau peloton. Mon adjoint, déjà présent, me donne un verre de café. Il n'a pas dormi. Il est calme, concentré. J'entends que dehors, mes soldats démarrent les moteurs et commencent à embarquer dans les véhicules. Je les rejoins.

En place, avant l'ordre d'attaquer

Mon pilote est déjà à son poste, il procède au contrôle radio. Nous déplaçons les blindés sur l'axe du camp où le capitaine nous a demandé de nous positionner. Dans ma tourelle, tout est prêt. Quand je recevrai l'ordre de prendre les dispositions de combat, j'accrocherai les bandes de munitions de 7,62 mm aux mitrailleuses. Je peaufine l'installation de mon poste, en respectant scrupuleusement mes habitudes, pour que chaque objet me tombe instantanément sous la main. Puis je rejoins le bureau du capitaine. Notre débouché est retardé d'au moins deux heures : les décisions politiques ne sont pas encore prises. Une fois tous ses chefs de section présents, le capitaine nous fait un point de situation et énumère les missions qu'il veut nous confier. Quand arrive mon tour, il me regarde fixement :

– Mon lieutenant, pour toi, ça ne change pas. Tu es en tête de la compagnie jusqu'au boulevard de France, puis tu y restes jusqu'à la jonction avec les FRCI.

Le débouché est fixé à six heures, l'attaque aura donc lieu de jour, au petit matin. Nous serons appuyés par deux hélicoptères : un Puma* équipé d'un canon de 20 mm et un autre avec des tireurs d'élite. Au sol, derrière nous, en appui, un sous groupement du 12e régiment de cuirassiers. En couverture, une compagnie de chasseurs alpins (le 13e bataillon). Les parachutistes resteront en réserve : une compagnie de légionnaires sur l'aéroport (le 2e régiment étranger) et une compagnie de marsouins dans le camp (le 3e régiment de parachutistes d'infanterie de marine). Nous devons d'abord nous mettre en place au sud du pont Charles-de-Gaulle ; ce sera notre zone d'attente avant l'attaque. Cette position se situe à neuf kilomètres au nord de notre camp.

Il fait encore nuit quand je me dirige vers mon char situé en tête de la rame. Je contemple le SGTIA* auquel j'appartiens. C'est une colonne d'une vingtaine de blindés : des Sagaie, des VBL*, des VAB de l'infanterie et du génie. J'ai le sentiment d'être acteur de quelque chose qui me dépasse. Les feux sont éteints et les moteurs tournent. Les soldats, en poste aux tapes de leurs véhicules, sont graves et pensifs. Je monte sur mon char puis embarque dans la tourelle. En descendant par la trappe supérieure, je sens l'odeur capiteuse de l'huile des bandes de munitions de ma mitrailleuse. La radio retentit :

– Jonquille 99, dispositions de combat, départ dans dix minutes.

Je charge l'obus explosif dans le canon, j'approvisionne la mitrailleuse coaxiale puis la mitrailleuse de superstructure. Les culasses claquent sec : mon char est prêt. Après les comptes rendus de mes subordonnés, je rends compte à mon tour :

– Alpha 10, je débouche.

Mon pilote passe la première vitesse et le blindé se met en mouvement. Nous franchissons le poste de contrôle du camp, sous le regard des sentinelles. Nous progressons rapidement, franchissons la digue de Koumassi et poursuivons sur le boulevard Valéry-Giscard-d'Estaing. Nous longeons le quartier de la Zone 4, éteinte, silencieuse et ravagée par les récents combats entre les factions opposées. Nos chars filent sur les grands boulevards déserts et sinistrés, d'où se dégage une odeur âcre de plastique et de pneus brûlés. Il fait encore nuit quand j'aperçois les abords sud du pont Charles-de-Gaulle. J'arrête ma progression et rends compte au capitaine. Il est à peine six heures quand nous atteignons notre base d'attaque située à vol d'oiseau à deux ou trois kilomètres de l'objectif, mais à plus de huit kilomètres par l'itinéraire prévu. C'est maintenant que débute l'attente la plus pénible de ma vie : celle de l'ordre d'attaquer.

C'est interminable. Deux heures à imaginer la suite. Deux heures à espérer un ordre : attaquer ou rentrer au camp ; « Peu importe, mais dites-nous vite pour que nous soyons enfin fixés ! ». Je sais que jusqu'au dernier moment, cette offensive peut être annulée, car les risques sont élevés et l'enjeu politique considérable. La peur s'installe, me serre. Je me dis : « En fait, si on rentre, c'est pas plus mal… Non, arrête ! Maintenant qu'on y est, j'espère bien qu'on ne va pas faire demi-tour. »

Je m'efforce de rester concentré. Je continue d'observer, les yeux fixés dans la lunette de tir, sans oublier de jeter des coups d'œil fréquents dans les épiscopes* qui augmentent mon champ de vision. Nos véhicules sont postés sur les deux axes d'une route qu'encadrent de profonds et larges fossés en latérite orange. Légèrement en pente et en contrebas du pont, elle nous protège des vues de possibles observateurs situés dans le quartier du Plateau, de l'autre côté. Sur notre gauche, à une trentaine de mètres, on aperçoit de modestes habitations avec leurs toits en tôle. Deux grands arbres peu touffus nous masquent partiellement la vue sur ce côté. À droite, un long mur décrépit file sur une centaine de mètres. Soudain, des coups de feu sporadiques retentissent. Je n'arrive pas à savoir d'où viennent les tirs, encore moins à déceler le tireur. Je n'ai rien à craindre de ce type d'arme, c'est juste désagréable.

L'ambiance au sein de l'équipage est lourde. Nous avons du mal à discuter car les pensées nous assaillent. Ce n'est pas spécialement de la mort dont j'ai peur. Je sais que si je me fais tuer, je ne laisserai ni femme, ni enfant. Ça me ferait juste de la peine pour mes parents. Ce dont j'ai vraiment peur, c'est l'inconnu. Nous transpirons abondamment. Mon pilote ressent des nausées, il urine dans sa bouteille toutes les dix minutes. Alors on tente de plaisanter entre nous. L'émotion est si vive qu'on ne sait plus vraiment si on veut rire ou pleurer.

J'essaie de me raisonner. « Clément, rappelle-toi les deux derniers contacts, tu as bien réagi. » Oui, mais ce n'était pas du tout la même chose. Au retour de Grand-Bassam, je ne m'y attendais pas ; pas plus d'ailleurs au retour de la patrouille de la résidence des Palmes, deux jours plus tôt[1]. Là, c'est différent : si je reçois l'ordre d'attaquer, je serai sous le feu. Je vais « au carton », en tête du sous-groupement et en premier échelon…

Un rebelle s'est infiltré dans le dispositif

Je n'y croyais plus…

– Branle-bas de combat, en avant !

La pression monte d'un cran. Mais à la peur qui me rongeait se substitue une force intérieure : c'est une libération. Il faut y

1. Début avril, j'escortais des ressortissants depuis la résidence des Palmes (située au nord du quartier de Cocody) jusqu'au camp de Port-Bouët. Lors du déplacement, mon blindé avait été la cible d'un tir de roquette. Cette dernière était passée juste devant ma tourelle avant de s'écraser contre un mur d'enceinte situé à une dizaine de mètres sur ma droite. N'ayant pas réussi à déceler le tireur, j'avais préféré accélérer pour que le convoi puisse quitter la zone au plus vite.

aller et on va y aller. L'angoisse de l'attente laisse la place à une puissante envie d'en découdre. Je me sens bien, rempli d'une agressivité qui me rassure.

Nous apercevons le pont Charles-de-Gaulle qui s'élève sur les lagunes paisibles et encore brumeuses. C'est un pont de cinq cents mètres de long, composé de trois voies dans chaque sens de circulation. Depuis le pont, on aperçoit les gratte-ciels du quartier du Plateau et, sur notre droite, à un peu plus d'un kilomètre, la verdure et les habitations du riche quartier de Cocody vers lequel nous filons.

Nous franchissons le pont en un instant. Déjà nous longeons la lagune à l'est du quartier du Plateau. Nous filons vers le grand carrefour qui va nous mener directement au centre de Cocody. La vitesse nous protège des éventuels coups. Nous ne sommes plus qu'à trois kilomètres de l'objectif quand j'entre sur le boulevard de France. Cette large artère compte quatre voies de circulation (deux dans chaque sens), séparées à certains endroits par un terre-plein en béton. Dépourvu d'arbre et presque rectiligne, il nous permet d'observer au plus loin. Je l'annonce à la radio et suis surpris d'être déjà si avancé dans le dispositif ennemi. Situé juste derrière la Sagaie du maréchal des logis Baptiste, j'observe son engin franchir les barricades de fortune disposées en travers de la route. Nous allons trop vite pour prendre les chicanes et souvent, nous percutons de plein fouet les obstacles positionnés sur la route. Nous croisons des groupes de combattants dont certains, surpris de nous voir, nous regardent, stupéfaits, figés. D'autres s'enfuient.

Cinq minutes plus tard, nous atteignons notre base d'attaque : le carrefour entre le boulevard de France et la rue Monseigneur-Kouassi, situé à moins d'un kilomètre de la résidence présidentielle. La position que nous occupons à ce moment se situe en contrebas de la rue Monseigneur-Kouassi. À une centaine de mètres devant nous, dans cette rue, j'observe la présence d'un poste de combat semblant de prime abord inoccupé. Le secteur gauche est constitué d'un découvert clairsemé remontant en pente douce vers une ligne de crête légèrement boisée rejoignant le poste de combat. Sur notre droite, des murs assez élevés, quoique minces, nous masquent la vue. Derrière nous, quelques cahutes en bois s'appuient sur des arbres chétifs. Ce n'est pas la position idéale pour combattre. Mais comme nous allons rapidement reprendre le mouvement, je ne m'inquiète pas plus et je répartis les secteurs d'observation entre mes subordonnés. Je prends en compte l'axe principal et le débouché au sommet de la pente, là où se trouve le poste de combat. Mon adjoint considère le découvert, secteur gauche. Mon chef d'escouade s'occupe de notre sûreté arrière, en surveillant en particulier les cabanes.

À partir de notre position, nous décelons quatre fantassins ennemis postés dans notre direction. J'en aperçois nettement deux se trouvant aux abords d'un jardin qui jouxte une résidence cossue. Deux autres nous observent derrière le poste de combat, constitué de sacs de terre et d'une simple herse disposée en travers de la rue Monseigneur-Kouassi. Ils nous regardent discrètement et se parlent. Puis, subitement, ils ouvrent le feu sur notre position. Mon adjoint annonce immédiatement qu'il est « en mesure de détruire ceux qui se trouvent côté jardin ». Avec assurance je lui réponds :

– Alpha 13, détruisez !

Même si tout va très vite, ces mots résonnent dans ma tête : c'est la première fois que je donne l'ordre de tir à tuer. Sans hésitation, mon adjoint tire cinq à six rafales courtes. Il prend sa caméra thermique, observe rapidement. Ils ne bougent plus. Puis, sans comprendre ce qui se passe, j'entends que mon chef d'escouade ouvre le feu dans une direction qui me paraît située derrière ma Sagaie. Je comprends qu'un rebelle s'est infiltré dans le dispositif. Insaisissable et faisant preuve d'une témérité incroyable, il nous lance des grenades qui explosent à côté de nos blindés. Dans la tourelle, l'excitation et l'énervement se mêlent.

– Il est où ce bâtard ? s'exclame le tireur.

– Défonce-le, bordel ! répond le pilote.

Finalement, Boris parvient à toucher l'ennemi qui s'effondre. C'est fini. Bizarrement, c'est seulement à cet instant que les ennemis situés derrière le poste de combat décident d'ouvrir le feu. Ils se dressent pour vider les chargeurs de leurs AK 47* puis se couchent pour recharger. Je riposte d'abord en tirant des rafales avec la mitrailleuse coaxiale. J'observe les impacts dans les sacs de terre et j'ai l'impression que cela n'a aucun effet. Puis je demande à mon tireur d'ouvrir le feu à l'obus explosif. Le brigadier Antoine prend sa visée et annonce :

– Tireur pointé !

Je lui réponds :

– Correct !

Et le coup part, secouant le blindé d'un bruit sourd. Une immense fumée se dégage du poste.

– 10, poste de combat détruit !

Dans la tourelle, c'est l'euphorie.

Après la destruction du poste de combat, un grand calme s'abat sur le secteur. La compagnie à laquelle j'appartiens doit maintenant, depuis notre position, débuter son attaque sur deux axes parallèles. Je reçois l'ordre de m'élancer, en tête du dispositif sur la rue Monseigneur-Kouassi. Elle est large d'environ une dizaine de mètres. De part et d'autre s'élèvent de riches villas séparées de la rue par de grands murs. Les contrevents des maisons sont fermés, les portails aussi. Tout est calme, bien trop calme évidemment. Je mets en garde mon équipage et nous avançons prudemment. Légèrement derrière moi, sur ma droite, se trouve le blindé de mon chef d'escouade, Boris, qui scrute les hauteurs des bâtiments dans le secteur droit ; à gauche, avance un VAB qui surveille son secteur. Derrière nous, à une cinquantaine de mètres, la Sagaie du jeune Xavier progresse avec le VBL de mon adjoint ainsi que celui du capitaine. Derrière eux suivent deux pick-up transportant une quinzaine de soldats d'Alassane Ouattara.

Blindés ennemis embusqués au carrefour

Nous avons progressé d'environ deux cents mètres dans la rue quand un déluge de feu s'abat sur nous. Des miliciens se trouvent dans les maisons et sur les toits. Au même moment, trois grosses explosions retentissent derrière moi. Je comprends que c'est l'embuscade parfaite. Le capitaine Erwan crie à la radio. Il donne l'ordre à Bravo 20 (la deuxième section de la compagnie d'infanterie à laquelle sont rattachés Xavier et mon adjoint Jérôme) de venir rapidement à notre niveau pour nous appuyer. Les deux pick-up transportant les soldats FRCI ont explosé, détruits par des tirs de roquette RPG 7. Leurs occupants sont tués sur le coup. Après la bataille, le chef de section d'infanterie me racontera que les tireurs embusqués se trouvaient dans les arbres situés le long de la route. L'adversaire a préféré cibler en priorité les soldats de Ouattara plutôt que nous.

Puis les tireurs ennemis sont détruits quasiment à bout portant par les fantassins situés à leur niveau. Alors que le véhicule du capitaine se poste sur le côté droit de la route, j'observe qu'il est manqué de peu par une roquette qui frôle la porte arrière de son blindé et vient exploser sur le mur d'enceinte d'une villa. À ce moment, je comprends que si je ne parviens pas à relancer le mouvement, nous aurons des pertes. Il faut que j'avance pour permettre au reste du détachement de s'extraire de la zone, même si j'ignore ce qu'il y a devant. La progression est rendue difficile par la présence de blocs en béton disposés de façon aléatoire sur la route. J'entends les tirs et les explosions des roquettes. Ma vision dans le char est paradoxale. D'un côté, j'ai l'impression de « prendre feu » en commandant mon équipage, le peloton, tout en m'orientant, répondant à la radio et en observant par les épiscopes. D'un autre côté, je me sens bien, à cent pour cent dans la mission ; c'est comme si j'étais au-dessus de mon char et que je comprenais tout ce qui se passe.

L'infanterie prend en compte les ennemis sur les flancs tandis que mon chef d'escouade et moi nous concentrons sur ceux devant nous. Nous n'avons pas le choix, il faut faire confiance à ceux qui nous couvrent. Les « Furieux* », comme on les surnomme, de la compagnie d'infanterie que j'observe ont sorti leur buste des blindés et tirent au fusil d'assaut, à l'arme collective, aux grenades à fusil. La violence est réelle. Le bruit des armes que je reconnais me rassure et me motive. J'ai l'impression que nous reprenons le dessus. Je décèle d'autres ennemis devant moi, à environ deux cent cinquante mètres. Ils nous tirent dessus à partir du premier étage d'une maison. Je donne l'ordre à Antoine de viser le centre de la fenêtre et de tirer un obus explosif. Le coup part et l'ensemble des ouvertures de l'étage vole en éclats. Puis j'aperçois, à cent mètres devant, deux ennemis qui traversent la rue en courant. Je n'ai pas le temps d'ouvrir le feu que l'un des deux est coupé en deux par une rafale tirée depuis le VAB se trouvant à ma gauche. C'est pendant ces instants confus qu'un mercenaire tente de nous détruire avec son arme antichar. Boris nous sauve alors la vie en lui ôtant la sienne – la médaille militaire lui sera plus tard attribuée. Puis nous arrivons enfin à une cinquantaine de mètres au nord du carrefour au bout de la rue Monseigneur-Kouassi. Je regarde ma carte :

– OK, à gauche, quatre cents mètres et on y est.

Le capitaine Erwan me demande avec insistance d'accélérer et de franchir le carrefour rapidement. Je décide quand même de temporiser. J'envoie mon chef d'escouade, Boris, vérifier ce qui se passe sur le carrefour avant de m'y engager. Je l'observe avancer vers l'objectif quand, brusquement, son véhicule freine puis recule à toute allure. La radio retentit :

– BMP 2* ! BMP* secteur gauche !

– Alpha 10 détruisez ! répond immédiatement le capitaine.

Je demande à Boris de me préciser la position du blindé ennemi. Il exécute courageusement l'ordre en retournant à proximité du carrefour.

– BMP 2 embusqué à l'ombre, à l'angle gauche du carrefour, le long du mur d'enceinte !

J'en sais suffisamment pour y aller. J'enlève l'obus explosif déjà chargé dans le canon et insère à la place un obus flèche, le plus efficace dont je dispose pour détruire les blindés ennemis. Puis nous débutons le mouvement, prudemment. Je questionne mon tireur :

– Tu le vois, Antoine, tu le vois ?

– Négatif mon lieutenant, toujours rien…

– Merde, moi non plus.

C'est alors que le pilote s'exclame :

– Mon lieutenant, je le vois ! Je le vois !

Mais mon tireur et moi, situés plus haut dans la tourelle, ne distinguons rien :

– Je ne le vois pas putain ! Avance encore, avance encore !

Et puis, finalement, j'aperçois l'avant du blindé ennemi :

– Pilote, halte ! Tireur, tu le vois ?

– Oui je le vois, je le vois !… Pointé !

– Correct !

Le canon claque, la culasse part à l'arrière en éjectant la douille. Nous sommes secoués en même temps par le départ du coup et le souffle de l'explosion du véhicule ennemi. À travers mes épiscopes, j'observe une boule de feu orange puis une épaisse fumée noire qui s'élève sur plusieurs mètres. J'annonce à la radio :

– Alpha 10, BMP détruit !

Mon pilote, sans que je le commande, fait reculer notre char de trente mètres par réflexe, comme on nous l'apprend après chaque tir contre un blindé.

En vue de l'objectif, le palais présidentiel

Il faut maintenant franchir le carrefour. Pourtant, alors que mon cœur tambourine dans ma poitrine, mon intuition me commande de rester prudent. J'ordonne à Boris de reconnaître le carrefour et de me renseigner sur l'axe qui part à gauche, vers la résidence présidentielle. Il y retourne sans hésitation et j'entends rapidement sa voix grésiller dans le haut-parleur de ma radio :

– BMP 2 cent cinquante mètres, sur la droite !

« Fais suer ! » me dis-je.

Mais, avant même que le capitaine ou moi ayons pris la parole, Xavier, dont la Sagaie n'est pas très loin derrière moi, annonce :

– Alpha 12 en mesure de détruire !

Surpris mais soulagé de ne pas avoir à refaire un *hit and go*, j'accepte sa proposition. Son char me double rapidement par la droite, freine brutalement dans l'axe du carrefour et, à peine stabilisé, tire et pulvérise le blindé ennemi. Après la bataille, Xavier m'avouera que la pression lui semblait plus dure à absorber par son équipage en n'étant pas en pointe : il avait besoin de passer en tête pour se battre. J'accepte ensuite que Xavier tienne cette position. Je donne également l'ordre à mon adjoint de relever Boris. Le passage en deuxième échelon nous fait du bien. Nous étions à cran. À ce moment, nous ne sommes plus qu'à trois cents mètres de l'objectif final.

Après ces premiers combats, nous poursuivons notre progression. J'appuie le binôme composé de mon adjoint et du char de Xavier progressant en tête. Je détecte un poste de combat sur le toit d'un bâtiment : plusieurs combattants nous tirent dessus. Je n'ai pas le temps de désigner à mon tireur l'objectif que le poste de combat est pulvérisé, frappé par un obus explosif du char de Xavier. Nous arrivons enfin en vue de l'objectif des FRCI : le palais présidentiel. Le char de Baptiste, qui progressait jusqu'à présent sur un axe secondaire avec l'autre partie de la compagnie, nous rejoint au même moment.

En tête du dispositif dans son secteur, Baptiste a fait preuve d'un grand sang-froid en évitant notamment de détruire des véhicules qui transportaient des combattants d'Alassane Ouattara et avaient déboulé dans son champ de vision par un itinéraire parallèle. Il a également détruit un poste de combat adverse qui bloquait sa progression. En ouvrant le feu à l'obus explosif, il ne leur a laissé aucune chance.

Les trois Sagaie sont désormais réunies sur une sorte de place triangulaire dont la base mesure à peine soixante mètres. Elle a une profondeur maximale de quatre-vingts mètres. C'est donc sur cette zone très étroite que nous nous retrouvons. Xavier est posté sur un terre-plein. Il prend en compte le secteur le plus à l'est. Baptiste, à partir de la rue du Bélier d'où il vient, surveille face au portail principal. Posté plus à gauche, j'observe vers l'ouest et assure la liaison avec les FRCI nous ayant rejoints.

Le capitaine Erwan, qui subit une forte pression de l'échelon supérieur, m'ordonne à la radio d'appuyer l'assaut final des combattants de Ouattara. Je prends le temps d'observer mon environnement. Les soldats d'Alassane Ouattara avancent prudemment. Ils ne sont d'abord qu'une vingtaine à s'aventurer dans le palais présidentiel. J'entends quelques coups de feu, puis je les vois ressortir précipitamment, en désordre. « Ce n'est pas possible ! me dis-je. On n'a pas fait tout ça pour échouer si près du but... » Je suis alors à cinquante mètres de l'entrée, je sais que la zone reste dangereuse, mais qu'importe : j'ouvre le volet de ma tourelle, enlève mon casque et sors jusqu'à la taille. J'avise un groupe de combattants nordistes en leur faisant de grands signes :

– Allez-y, entrez ! Il est à l'intérieur[1] ! Ne quittez pas la zone !

Un de leurs chefs se rapproche de mon char. Je lui redis :

– Restez là, ne partez pas, il est à votre merci !

Il appelle alors ses hommes qui le rejoignent, puis ils se dirigent ensemble vers la résidence. Ils entrent d'abord prudemment, puis c'est ensuite un flot continu de combattants nordistes qui s'engouffre derrière eux. Je pense : « Ça y est. C'est fait ! Les FRCI sont dans la place. »

1. En réalité, je ne sais pas, à ce moment-là, si Laurent Gbagbo se trouve bien dans le palais présidentiel.

Je rends compte à la radio.

Nous recevons ensuite l'ordre de rester sur place toute la nuit pour protéger la résidence des pillages jusqu'à l'arrivée des troupes de l'ONU.

La mission produit ses résultats politiques

Les cris se sont dissipés et le calme est revenu sur le champ de bataille. La mission est accomplie et, par chance, nous n'avons pas eu de perte. Je vais voir mes soldats et nous discutons. Je remarque les cicatrices des combats sur les véhicules du peloton. Xavier me montre l'impact d'une roquette ayant fracassé son épiscope central. Mon adjoint m'indique trois marques de balles sur son volet. L'antenne de son blindé a également été sectionnée. Je comprends que la chance a été avec nous.

Je réalise aussi que l'action de force que nous venons d'accomplir avec succès est en train de produire le résultat stratégique voulu[1]. Nous avons fait notre devoir à notre niveau. Était-ce une bonne décision politique ? Comment puis-je le savoir ? L'avenir nous le dira peut-être.

Mes cuirassiers et moi sommes encore sous pression, nous avons besoin de parler et de nous confier. Nous nous racontons notre combat et nous plaisantons. Je suis heureux, je profite de l'instant. Arrive une patrouille de mon escadron commandée par l'adjudant Michel. Il stoppe son véhicule à mon niveau.

– Alors mon adjudant, comment ça s'est passé pour vous ?

– Oh, rien de spécial, on a juste récupéré une cinquantaine de prisonniers qui se sont rendus après votre passage sur le boulevard de France. Sinon, dans notre secteur, c'était plutôt calme, et vous ?

– Je vous raconterai au camp…

1. Le 4 mai 2011, le Conseil constitutionnel ivoirien proclamera Alassane Ouattara président de la République.

Lorsque je rentre sur la base le lendemain soir, après avoir donné les ordres et pris une douche de fortune – une bouteille d'eau percée –, je me couche dans mon lit, épuisé. Dans la chambre, il fait bon et je suis enfin allongé. À peine ai-je fermé les yeux que je revis les combats et revois chaque scène. J'ai vraiment peur. Je suis surpris par ma réaction. Pourtant, nous ne sommes plus le 11 avril au matin, sous le feu, dans mon char. Nous sommes le 12 avril au soir, au calme, dans ma chambre. Je sors prendre l'air. Mon adjoint, assis, fume.

– Vous n'êtes pas fatigué, chef ?

– Si, mon lieutenant, je suis crevé, c'est juste que je n'arrive pas à dormir.

– Dans ce cas, je pense qu'on peut aller voir les mecs, chef.

Nous les rejoignons alors dans leur chambrée ; aucun ne dort. Nous discutons tous ensemble de la bataille jusqu'à tard dans la nuit.

OPÉRATION SERVAL
Mali

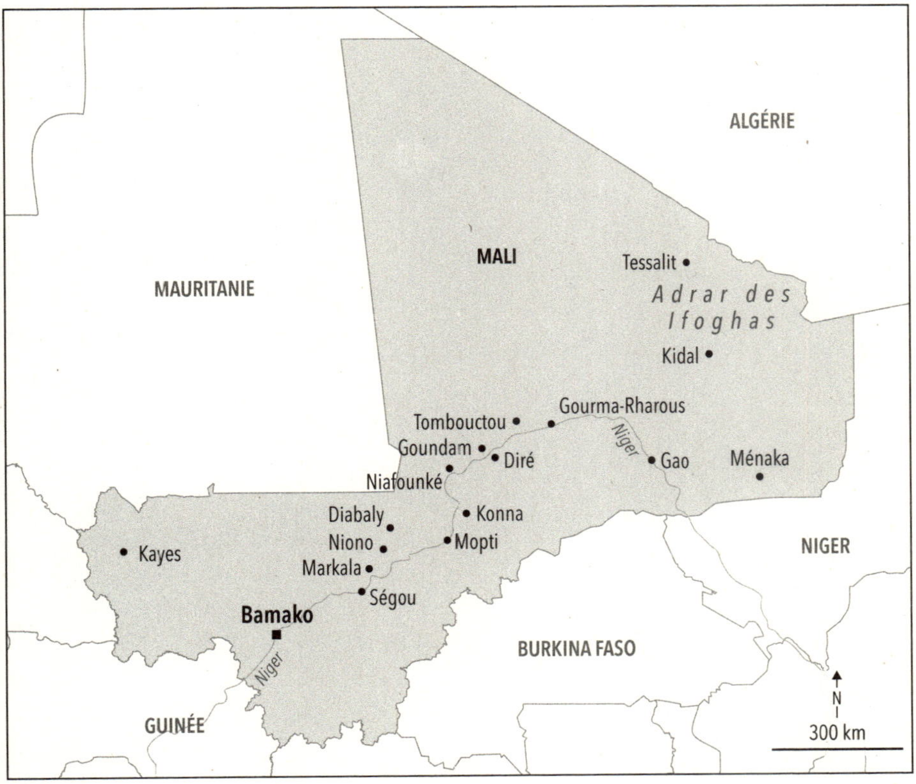

Défendez Bamako, libérez Tombouctou !

Par Antoine Durteste

« Ce qui est simple est toujours faux.
Ce qui ne l'est pas est inutilisable. »

Paul Valéry, *Mauvaises pensées et autres*

Le 11 janvier 2013, les autorités maliennes demandent l'appui de la France pour stopper la dangereuse avancée de groupes terroristes en direction de Bamako. En quelques heures, hommes et blindés français se portent en appui des FAMA. La plupart d'entre eux étaient en alerte en France, l'arme au pied, prêts à partir. D'autres se trouvaient au Tchad et ont vu leur mission changer du jour au lendemain.*

Nous sommes le mardi 27 janvier 2013, il est cinq heures et demie. Un soleil pâle se lève sur la piste encombrée de carcasses d'avions et d'engins de service aéroportuaire. Nous nous trouvons aux portes d'un désert de sable parsemé de bosquets de xérophytes. L'atmosphère est étrangement humide. Il fait presque froid. Il a même plu quelques gouttes la nuit précédente, les premières depuis près de quatre mois. Les quelques légionnaires de mon escadron, autour de moi, ont les traits tirés et le visage maculé d'une épaisse couche de poussière. Elle n'épargne pas les officiers du centre opérations ni le général, tout juste arrivés eux aussi. La semaine qui s'achève a été longue, sans beaucoup de sommeil, toujours en alerte, le plus souvent en mouvement. Derrière moi, un bâtiment déjà délabré et usé par le vent et le sable avec, à son sommet, des lettres violettes – elles étaient probablement bleues le jour de son inauguration. Une lettre manque pour former le nom de l'aéroport : *TOMB UCTOU*.

Enfin, nous y sommes ! Mais quelle étrange succession d'événements m'a conduit jusque-là ! À cet instant, je suis trop fatigué pour réfléchir. Je sais aujourd'hui que se mêlaient alors l'étonnement et le soulagement après la saisie d'un objectif sans résistance acharnée, une inquiétude sur la réaction de notre ennemi après cette action stratégique, une certaine fierté d'être là, mais aussi cette pointe de déception qui me suit, depuis mon départ de N'Djamena, de ne plus avoir tous mes légionnaires sous mon commandement.

« Vous commanderez l'escadron du Rif »

30 avril 2012, fête de Camerone. Ce moment est important dans la vie du Royal-Étranger, le régiment des cavaliers légionnaires. Décrets de naturalisation, galons et décorations sont alors remis lors d'une cérémonie impressionnante, au cœur du théâtre antique d'Orange, lieu qui porte l'imagination vers les légionnaires romains, lointains aïeux de nos soldats. Ce temps fort de la vie du régiment est aussi l'occasion cette année, pour notre colonel, de faire quelques annonces lourdes de sens aux trois jeunes officiers que nous sommes, sortant à peine du cours des capitaines de Saumur. Louis-Marie commandera le premier escadron, les « Romains » ; François, le quatrième escadron « Messifre et Rachaya », unité d'éclairage de la brigade ; et enfin, pour moi,

ce sera le troisième, l'« escadron du Rif », qui m'a formé aux us et coutumes du 1er régiment étranger de cavalerie et au sein duquel j'ai déjà vécu deux belles missions. Cet escadron a hérité son nom de la campagne marocaine de 1923 au cours de laquelle il s'est illustré. Mon enthousiasme et ma joie sont immenses, même si je m'y attendais un peu : depuis plusieurs mois, je scrute avec envie la programmation du régiment et les horizons lointains qui s'y rattachent. L'escadron doit partir pour le Tchad en octobre.

Ma prise de commandement marque le début de l'entraînement avant cette mission lointaine et les premiers contacts avec le 21e RIMa*, sous les ordres de qui l'escadron sera placé. L'unité, rompue à ces départs vers l'Afrique, s'approprie rapidement les plans de défense de l'aéroport de N'Djamena et les procédures spécifiques à ce pays. Dans la région de Fréjus, pour un exercice, nous sommes accueillis par le colonel Paul accompagné de son chef opérations. Dans son entourage, j'ai la joie de retrouver Pascal, un capitaine avec qui j'ai passé trois belles années à Saint-Cyr. Emmanuel aussi est de notre promotion. « Trois Saint-Cyriens... », ainsi débute le chant traditionnel du « Pékin de bahut » chanté par les élèves officiers de Saint-Cyr. Ce sont trois Saint-Cyriens... qui partent ensemble en Opex, heureux comme des rois. Très vite, le style du 21e RIMa et les activités sportives de cohésion nous font sentir que ce quatre-vingt-sixième mandat Épervier (c'est le nom de l'opération) sera un bon cru. Les regards défiants entre légionnaires et marsouins disparaissent autour du pot organisé en fin d'exercice. L'affaire est conclue, le GTIA* du colonel Paul est ainsi formé.

Le temps du départ est vite arrivé, la relève sera rapide. C'est une « relève tarmac » : l'avion qui nous dépose à N'Djamena redécollera le lendemain avec à son bord l'unité que nous remplaçons. Avant de partir, le général commandant notre brigade nous informe que cette mission sera probablement difficile tant les ressorts de l'instabilité dans la région sont comprimés. Il y a la menace permanente de rezzou (raid) de tribus dissidentes qui pourraient provenir des marches de la Libye ou du Soudan (l'opération Harmattan, en Libye en 2011, et les événements au Darfour sont récents). Surtout, la situation en République centrafricaine (RCA) préoccupe les états-majors parisiens du centre de planification et de conduite des opérations. L'alerte sera permanente et nous astreindra à la plus grande rigueur. Pour nous, c'est une grande nouvelle : on ignore ce qui va se passer, mais ça sent l'action. Le colonel Paul nous offre une coupe de champagne pour célébrer notre départ. Ce n'est pas de l'insouciance, ni un hymne au combat, mais la satisfaction de partir servir aux avant-postes, là où la France a besoin de nous.

Épervier, la meilleure des préparations

Arrivés en territoire tchadien à l'automne 2012, les premières sorties du quartier sont planifiées. Les pelotons vont s'approprier le terrain, en reconnaissant tous les points de rassemblement pour être capables de mener une opération d'évacuation de ressortissants si nécessaire. Les patrouilles se succèdent, avec des véhicules légers, les P4*. C'est, après la jeep Willis, l'une des bêtes de somme de l'armée de Terre française, un petit véhicule tout-terrain, sans blindage, entré dans la légende en 1988 lorsqu'Ari Vatanen l'utilisa au sein de son équipage du Paris-Dakar. Les légionnaires partent d'abord vers le Kanem et la région de Mao. Début octobre, une colonne de près de quatre-vingts véhicules quitte N'Djamena en direction du nord-est avec une mission : reconnaître la praticabilité des pistes et l'état des puits. Ils ont une contrainte majeure : prendre soin de leur matériel. Cette disponibilité est suivie de près, semaine après semaine, depuis Paris. Nos engins blindés, les ERC 90 Sagaie, sont des bêtes fatiguées et les cavaliers que nous sommes savent combien il faut savoir ménager sa monture au combat. Nous avons le devoir de pouvoir agir n'importe où, sur court préavis.

À peine plus d'une heure après le départ, j'observe la perte de signal sur mon téléphone portable. Je ne suis plus relié à la civilisation. Enfin ! Instant de joie simple d'un chef atteignant la plénitude de ses responsabilités. Nous reprenons quand même chaque soir, au bivouac, une liaison sur les ondes courtes pour envoyer nos rapports quotidiens. Pendant près de dix jours, l'escadron devient nomade. Le camp de base se déplace, escorté par un peloton pendant qu'un autre reconnaît le tronçon d'itinéraire suivant avant de s'établir en contrôle de zone.

Les habitudes de vie dans ces plaines de savane, au nord du lac Tchad, deviennent vite des réflexes : en moins de trente minutes, le bivouac est monté. Le pays est magnifique et les rencontres avec la faune sauvage font la joie du photographe amateur que je suis. Les dik-diks (une espèce de gazelle) sont effrayés et courent plus vite que notre convoi. Nous croisons deux ânes gris montés par des enfants près des huttes sphériques des tribus nomades. Plus tard, nous découvrons des caravanes de dromadaires, lourdement chargés, parfois surmontés de drôles de cabines abritant femmes et enfants qui ne peuvent marcher. Le soir, après avoir partagé nos rations, les plus anciens, poussés dans leurs retranchements par les plus jeunes et le simple plaisir d'une bière fraîche, égrènent leurs souvenirs de vie militaire à la Légion étrangère ou dans leur pays d'origine. Les accents se mélangent, témoignant de leurs origines lointaines.

Peu avant Noël, une idée fixe m'anime. L'équipe de l'armée de l'Air présente au camp Kosseï de N'Djamena est très motivée pour travailler avec les légionnaires. Je demande donc à Julien, mon adjoint, d'organiser un entraînement au « poser d'assaut » avec nos Sagaie. Après quelques négociations, les avions sont équipés et les spécialistes entraînent les légionnaires à la manœuvre délicate qu'est l'embarquement d'un véhicule blindé dans une carlingue d'aéronef. Au moindre coup de volant de travers, la masse anguleuse du blindé pourrait déchirer la paroi de l'avion.

Les fêtes de Noël et de la nouvelle année marquent un temps dans notre mission. Il est important de conserver des repères temporels en opération car, sous des cieux lointains et différents, il est facile de perdre le fil. Pendant que nous sommes là, la vie continue en France. Les enfants grandissent, les parents vieillissent, les épouses connaissent toutes sortes de joies et de difficultés que nous ne pouvons pas accompagner autrement que par la pensée. Le décalage sera encore prégnant cette année. Les points de situation du centre opérations nous alertent sur une instabilité grandissante en République centrafricaine. Entre les concours de crèches et les préparatifs des agapes, nous étudions les possibilités d'un déploiement vers Bangui. Deux options principales s'offrent à nous : par la terre ou par les airs. Je me doute que ce sera probablement les deux. Nous avons démontré pendant ces premiers mois que nous étions capables de mener ce raid par la route. Nous pourrions facilement investir l'aéroport après un poser d'assaut. Mais ce soir, c'est Noël.

La France au secours du Mali, « c'est pour nous ! »

Début janvier 2013, le vent a tourné. Ce n'est plus en Centrafrique mais bien au Mali que la situation se dégrade. La rébellion touarègue, portée par un front islamiste, a lancé une offensive d'une rare envergure. Plusieurs centaines de pick-up se ruent vers Bamako, la capitale. Toutes les forces se mettent en alerte. Alors, tant pis pour les reconnaissances prévues au nord du Tchad. Tant pis pour les plans d'intervention en RCA. Tant pis pour la garde de l'aéroport. Nous laissons tout de côté et réorientons notre attention vers l'ouest. Jour après jour, la pression monte. L'état-major suit de près les vols de reconnaissance. Une activité dense règne au poste de commandement. Les visioconférences avec Paris se multiplient. Une opération aérienne est déjà prête. Dès le 11 janvier, de nouveaux appareils se posent à N'Djamena. Le premier raid a eu lieu dans la nuit depuis la métropole. Nous sommes réveillés par les réacteurs des Rafales. Nous apprenons à la télévision l'appel à l'aide du président du Mali adressé à la France, la réponse du président François Hollande relayée lors de sa conférence aux ambassadeurs, le début d'une grande solidarité. Face à nos écrans, nous, les légionnaires cavaliers, regardons le spectacle d'un pays au bord de l'effondrement. Nous sommes des forces prépositionnées, aux avant-postes.

Nous sommes prêts…

Une crainte nous ronge cependant : voir partir le Guépard*, le dispositif d'alerte de métropole, ou encore les forces déjà présentes en Côte d'Ivoire. Pas question de rester là, sur le carreau, à suivre la guerre par procuration. Finalement, le colonel convoque les commandants d'unité, l'air grave et déterminé. Ce soir, Paris demande à mettre en œuvre un dispositif d'évacuation des ressortissants français à Bamako. Mais c'est la compagnie d'infanterie qui est désignée. Avant que j'aie le temps de le proposer, le colonel précise que le renfort d'un peloton blindé lui sera indispensable pour tenir l'aéroport pendant l'évacuation. La demande partira vers Paris mais ce n'est pas encore gagné. Quelques milliers de kilomètres nous séparent de Bamako ; seule la voie aérienne est possible pour rejoindre la capitale. L'état-major, sous-dimensionné, aura aussi besoin de renforts. Je quitte la réunion un peu abattu : après tout le mal que se sont donné mes légionnaires, c'est la compagnie qui part et nous allons rester ici, passant de l'avant-poste à la base arrière.

Mais je ne m'avoue pas encore vaincu. Je convoque mes chefs de peloton et déclenche le dispositif d'alerte. Je demande au lieutenant Hadrien de parer ses engins et d'aligner sa colonne de véhicules devant le poste de commandement interarmées de théâtre. Ce signal ostensible montrera à l'état-major que les légionnaires se sont préparés à combattre.

Nous sommes prêts…

La réponse arrive rapidement. Un de nos pelotons partira avec ses blindés. Je passe de longues heures avec les officiers en charge du pont aérien. Le peloton sera fractionné sur quatre vols pour mettre en place ses trois ERC 90 et trois blindés légers (VBL). La manœuvre est audacieuse et presque inédite. Les ordres sont donnés, la colonne se dirige vers l'aéroport pour s'envoler vers le Mali. Avant de leur dire un dernier mot, au pied de l'avion, je demande au lieutenant Ilya de préparer son peloton et de prendre la place de la colonne d'Hadrien devant l'état-major.

Nous sommes prêts…

Le colonel s'adresse à la troupe dans le hangar avant le décollage.

– Le Mali a besoin d'aide, la France est au rendez-vous, nous avons travaillé sans relâche depuis trois mois pour être prêts, et cette fois c'est pour nous !

Parmi le détachement quittant le Tchad, en plus du peloton d'Hadrien, une trentaine de mes soldats partent en renfort : un groupe de combat complet dans une section d'infanterie, un renfort au centre opérations, presque tout le peloton de l'adjudant Olivier. Je donne à mon adjoint, détaché au centre opérations, une mission particulière : préparer l'arrivée du reste de l'unité. On ne sait jamais. Quant à moi, je dois diriger les opérations de la base arrière. La mission au départ de N'Djamena est claire : défendre l'aéroport et évacuer les ressortissants si besoin.

Le ballet des raids aériens continue dans la nuit du 17 janvier. La situation devient critique alors que la colonne djihadiste progresse toujours vers Bamako. La génération de force se poursuit en France. L'échelon national d'urgence va rejoindre le Mali avec un volume rarement déployé. Le GTIA du colonel Paul doit être renforcé. Les troupes françaises basées en République de Côte d'Ivoire sont déjà en route. Le capitaine Sayfa progresse vers le nord. Le capitaine Grégory part de métropole avec ses fantassins. Nous sommes peu de cavaliers. Mes deux pelotons Sagaie sont seuls pour faire face à la marée de pick-up djihadistes. Attentif au cours des événements, je passe de longues heures à discuter au poste de commandement de l'opération Épervier. Les moteurs des ERC du lieutenant Ilya tournent régulièrement sous les fenêtres de l'état-major. Le camouflage des Sagaie est peaufiné.

Nous sommes prêts…

Les points de situation avec Paris s'égrènent, la possibilité de fournir un peloton supplémentaire est étudiée. Nous proposons aussi d'envoyer des mortiers, utiles si cela dégénère. Un avion Antonov d'une grande contenance fera escale à N'Djamena pour embarquer les véhicules dont la compagnie a déjà besoin à Bamako. Il reste de la place… C'est le moment ou jamais.

Après une dernière négociation, c'est gagné : un peloton supplémentaire est engagé ! Au Tchad, la base arrière de l'escadron blindé est désormais réduite à un peloton ; je prends le temps de finaliser un plan de défense de l'aéroport de N'Djamena adapté à ces nouvelles conditions, mais mon esprit est au Mali, avec mes légionnaires partis se battre. Alors que les derniers engins embarquent dans l'Antonov, je fais remarquer au chef des opérations que le centre de gravité de mon escadron a basculé au Mali : il ne reste plus que 20 % de mon effectif au Tchad. Le général n'est pas facile à convaincre. Il compte sur moi pour commander les forces d'Épervier au Tchad. Mais rassuré par la perspective d'une relève prochaine déjà prête, il finit par donner l'ordre de me faire embarquer.

Je saute dans l'avion et rejoins mon escadron au Mali.

Le vol vers Bamako me donne le temps de réfléchir aux événements. Les questions se bousculent. Qu'ai-je fait de mon commandement ? Dans quelle aventure ai-je engagé l'escadron ? Tout le monde rentrera-t-il à Orange ? C'est le moment de la prise de conscience. Pour chasser ces préoccupations, je me remets au travail. Il faut maintenant reformer l'unité. Je torture mon carnet dans tous les sens, dessinant page après page les symboles tactiques. Mais je suis confiant. L'étoile du Rif veille sur l'escadron.

La tranche arrière de l'avion s'ouvre sur la piste de Bamako. Je donne l'ordre à mes légionnaires de mettre le sac au dos et de se diriger en bon ordre, béret dans la poche, vers le hangar où nous attend le colonel. Voyant la colonne que forme le détachement, une poignée de journalistes, avides de montrer l'arrivée de la force, se met en travers de ma route. Un caméraman se poste, accroupi devant moi, pour forcer la colonne à passer de part et d'autre. Ses images seront belles mais je suis furieux, j'ai l'impression d'une intrusion dans notre mission. Et pourtant, il faudra s'y habituer, la présence de médias sera une constante des prochaines semaines.

Direction le fleuve Niger, pour arrêter l'ennemi

Nos précurseurs ont parcouru Bamako pour tenter d'équiper les forces au mieux. Mais la situation évolue vite. Le GTIA a reçu une nouvelle mission : il faut désormais défendre Bamako. La colonne des djihadistes ne doit pas pénétrer en ville, les institutions en déroute tomberaient probablement très rapidement. Les premières reconnaissances de la périphérie doivent être réalisées dans la journée.

– J'ai besoin d'un officier pour conduire ces reconnaissances, qui est disponible ? demande le chef des opérations.

Je suis le dernier arrivé, mes sacs ne sont pas défaits, les autres sont déjà occupés. En avant !

La compagnie a récupéré ses VAB. Désormais motorisée, elle se prépare à nous ouvrir la route. Le véhicule dans lequel j'embarque a rallié Bamako dans la nuit avec la colonne venue d'Abidjan. J'ouvre une main courante pour y consigner les événements chronologiques de la mission, j'installe une carte et bricole quelques outils pour pouvoir suivre les combats depuis ce poste de commandement mobile.

La colonne tarde à s'élancer, et pour cause : les ordres sont une nouvelle fois en train d'évoluer. La situation tactique se dégrade. La garnison de Konna est tombée. Cette défaite majeure de l'armée malienne ouvre la route de Bamako aux djihadistes. Paris ordonne d'arrêter l'ennemi sur les rives du fleuve Niger. Il faut gagner du temps pour permettre à la force qui ne s'appelle pas encore Serval de se déployer. Nous quittons Bamako avec l'ensemble des fantassins, appuyés par le peloton d'Hadrien.

Nous partons au combat.

La nuit tombe, je n'aurai même pas vu la ville. Nous sortons en bon ordre des faubourgs de Bamako. Une grosse trentaine de blindés se suivent tous feux allumés dans la pénombre de cette cité inquiète. Nous ne cherchons pas la discrétion. Au contraire, ce premier déploiement doit être un signe fort de notre détermination. Les kilomètres s'ajoutent au compteur de nos vieux blindés fatigués. Les VAB et Sagaie ont près de trente ans, presque mon âge. Je finis par somnoler à l'arrière du VAB, chahuté par les cahots de la route. Le port du casque est de rigueur à l'intérieur du blindé, je me cogne régulièrement contre ses parois.

Nous devons à tout prix devancer l'ennemi sur le fleuve Niger pour nous y installer, placer des mortiers et préparer le terrain pour compenser notre infériorité numérique. Nous dépassons le verrou de Ségou et arrivons à Markala au lever du jour. Nous sommes partis à cent cinquante mais seuls quatre-vingts marsouins et légionnaires atteignent le Niger cette nuit, les autres devant résoudre des incidents mécaniques. L'ennemi est à quelques heures, au mieux une journée de route de notre position. La journée qui suit est comme une veillée d'armes. Malgré la fatigue d'une nuit blanche, tous s'activent à établir et renforcer nos positions de défense. Les trous de combat sont creusés avec une détermination rarement atteinte dans nos camps d'entraînement. Les mitrailleuses sont ancrées sur leurs affûts. Les mortiers orientés pour des tirs préparés. Les plans de feu sont contrôlés.

Ils ne passeront pas !

Le peloton Sagaie est sur l'autre rive, deux kilomètres en avant du fleuve sur le seul axe qui mène au pont de Markala. Sa mission : freiner les éléments de tête avant de rompre le contact et de franchir la structure métallique du pont. Les patrouilles sur Sagaie et P4 sont installées à intervalle régulier sur l'itinéraire. Elles ont chacune reconnu une position de repli. Ma plus grande crainte est que l'une d'elles n'ait pas le temps de quitter sa position de tir avant d'être contournée par les pick-up djihadistes. Il m'est difficile de trouver les mots qui vont aider mon lieutenant et mes légionnaires. À l'heure du combat, le doute grandit. Sommes-nous vraiment prêts ? Ai-je bien préparé mes hommes ? Au fil de la journée, les pannes sont réparées et le SGTIA se reconstitue à Markala avec l'arrivée rassurante des deux sections perdues dans la nuit.

L'armée malienne est là avec nous. Je me rends à leur état-major et y rencontre des officiers désemparés. Ils n'ont qu'une connaissance vague de la situation tactique. Difficile de savoir sur quels renforts compter et comment nous coordonner. Le besoin immédiat pour nos fantassins est un appui du génie. Nous trouvons un caporal malien, conducteur d'engins de travaux, qui accepte de mettre ses compétences et son bulldozer à notre disposition. La journée se passe sans rencontre avec l'ennemi. Une nouvelle nuit arrive et nous apprenons qu'un raid aérien a détruit la colonne de pick-up que nous devions intercepter.

L'ennemi s'est arrêté pour panser ses plaies.

Scènes de chaos à Diabaly

Depuis notre PC installé dans une petite pièce ouverte sur une cour, au rez-de-chaussée d'un bâtiment administratif, nous préparons la mission suivante. Il faut exploiter le coup d'arrêt porté à Ansar Dine[1]. Nous reprenons donc la progression vers le nord, de l'autre côté du fleuve Niger. L'objectif est Niono, abandonnée par les djihadistes, puis Diabaly. Nous menons une

1. Groupe armé djihadiste apparu au Mali au début de l'année 2012.

première reconnaissance pour rencontrer le maire de Niono qui doit nous renseigner avant que nous ne marquions un coup médiatique fort : nous emparer de la dernière ville tombée aux mains des djihadistes.

Nous recevons le renfort d'une section malienne qui progresse en tête. Ils devront être les premiers libérateurs de leur territoire, nous nous efforcerons de rester en seconde position. La progression vers Diabaly débute au milieu de la nuit pour en saisir les abords avant l'aube. La ville est traversée par un canal qui devient vite un problème tactique : la largeur des ponts n'est pas conforme à nos prévisions. Il faut aller vite, Paris attend avant le Conseil des ministres la photographie de la poignée de main des militaires français et maliens devant le panneau d'entrée de la ville. Deux blindés maliens calcinés nous accueillent. Les corps brûlés de leurs équipages gisent là depuis plusieurs jours. La population locale est restée enfermée, sous la terreur des djihadistes, et n'a pas osé donner une sépulture à ces malheureux soldats maliens. Il nous faudra les enterrer nous-mêmes avant de pouvoir installer un poste de combat à cet emplacement incontournable.

La progression continue. À mesure que le détachement monte vers le nord, nous retrouvons les stigmates des frappes aériennes. Je suis impressionné par la précision des tirs : une maison occupée par les djihadistes est entièrement détruite ; la maison voisine, elle, est intacte. Au bord de cette scène de chaos, nous retrouvons des poches de transfusion et des bandages ensanglantés, vestiges des soins prodigués par les combattants. La fouille de la ville débute. Les positions occupées par l'ennemi sont inspectées, à la recherche de pièges. Les équipes du renseignement prennent le relais. Le détachement a saisi quelques documents en langue arabe, des papiers d'identité qui seront analysés au plus vite. Nous sommes à nouveau très proches de l'ennemi. Les récits des habitants et les traces retrouvées nous confirment sa retraite il y a moins de vingt-quatre heures. Les frappes aériennes l'ont mis en déroute et l'offensive terrestre l'empêche de se rétablir en position de défense.

La mission a pris un nouvel aspect, les ordres se précisent. Malgré notre équipement obsolète, nous allons poursuivre l'offensive : nous maintiendrons la pression au plus près de l'ennemi, suffisamment proche pour qu'il reste en mouvement mais à bonne distance pour ne pas engager le combat et ne pas arrêter son repli. L'objectif est maintenant Tombouctou.

Pour planifier cette nouvelle mission, le lieutenant-colonel Frédéric rejoint le chef de corps à Bamako, j'assure la suppléance du commandement. Une partie des forces françaises de Côte d'Ivoire nous a rejoints. Un plot de soutien du bataillon d'hélicoptères est installé. Pendant cette première étape de l'offensive franco-malienne, le Guépard a continué son déploiement depuis la France. Hélicoptères et blindés se rassemblent à Bamako. Mon deuxième peloton et mon officier adjoint sont engagés dans un autre fuseau. Une colonne placée sous les ordres du capitaine Sayfa progresse vers Mopti. Je ne les retrouverai que quelques semaines plus tard.

Veillée d'armes avant l'offensive sur Tombouctou

Le reste du poste de commandement ne tarde pas à nous rejoindre par la route. La saisie de la ville sera combinée avec une opération aéroportée du 2e REP*, le régiment des légionnaires parachutistes de Calvi. Ils sont arrivés à Abidjan et attendent notre approche pour que l'assaut sur l'aéroport et leur saut soient coordonnés. La progression a repris, nous empruntons l'itinéraire de Joffre plus d'un siècle après la conquête de Tombouctou. Mes légionnaires sont concentrés, attendant l'ordre pour manœuvrer. Dans les villages que nous traversons, l'accueil est toujours le même : les habitants se massent sur notre passage, brandissant des drapeaux français et maliens, des banderoles à la gloire de la

France et de son président, *Merci François*, *Merci papa Hollande*. D'autres mentionnent *Honneur à Damien Boiteux*, nous rappelant la mort de ce pilote d'hélicoptère dans les toutes premières heures de l'intervention française. Cet hommage spontané nous empêche d'être grisés par l'euphorie de la libération du Mali. Il reste du chemin et la mission est dangereuse. Nous n'oublions pas que nos véhicules sont anciens et peu voire pas blindés, que l'ennemi est bien armé et nous attend peut-être au prochain village.

Les journées se suivent et se ressemblent, ponctuées par le bivouac. La garde est montée avec zèle, les nuits sont courtes. Après la halte, nous faisons le point de la journée. Je prends note des ordres du chef, les rédige et les imprime avant de les distribuer aux unités. L'itinéraire est difficile pour les éléments de tête qui cherchent la route mais aussi pour notre logistique qui nous a rejoints à Diabaly avec ses poids lourds, citernes et véhicules en tout genre. Nous bénéficions de l'appui des hélicoptères qui nous guident depuis le ciel, distinguant au plus loin les méandres du fleuve et les marais qui le bordent.

La progression a repris. La cavalerie est en tête tandis que la logistique se regroupe à Niafunké. Des téléphones satellites sont répartis sur la colonne pour garder la liaison. Nous voici à Goundam pour l'ultime veillée d'armes avant l'opération de libération de Tombouctou. Le poste de commandement s'installe dans une maison proche de la piste d'aviation. Il pleut et, pour la première fois depuis plus de trois mois, nous avons froid. Nous préparons les derniers détails de la saisie de l'aéroport de Tombouctou. Le capitaine Pascal, en tête, placera un appui pour permettre aux marsouins de Grégory de donner l'assaut sur la piste. Le commandant de la brigade Serval est arrivé en hélicoptère. Il assiste au briefing au milieu de ses capitaines et s'adresse à nous tous. Nous avons besoin d'entendre la voix de notre chef et de sentir sa confiance dans notre capacité à remplir la mission qu'il nous a confiée. L'assaut se déroulera à vingt-trois heures ; nous partirons peu de temps après la tombée de la nuit.

Les marsouins et légionnaires s'affairent autour de leurs engins. Les pleins sont faits, les munitions contrôlées. Les indications sont rares concernant la présence de l'ennemi et ses zones d'installation. Encore une fois, les cartes nous font défaut. Les rares GPS « perso » achetés avant le départ dans des magasins de randonnée sont des bouées de secours. Les coordonnées des points clés sont enregistrées à la hâte, il va bientôt falloir y aller. Cette fois, peu de temps pour réfléchir, la fatigue et la concentration sur la mission ont raison de l'angoisse de cette courte veillée, au moins pour un temps.

Après deux heures de progression, les hommes se déploient, le poste de commandement s'installe sommairement à quelques kilomètres derrière. Nous sommes suivis de très près par le blindé du général, seul véhicule équipé d'appareils de transmissions satellitaires. Il est en liaison directe avec Paris qui dispose de moyens de renseignement braqués sur Tombouctou. L'« œil de Moscou » nous suit en temps réel :

– Le peloton de tête est un kilomètre trop loin au nord !

– Reçu…

L'appui aérien n'est pas loin, les positions amies doivent être clairement définies pour éviter les tirs fratricides. La coordination est essentielle pour que la tenaille fonctionne entre notre unité au sud et les paras fermant la porte du désert au nord. L'ennemi ne se dévoile toujours pas. La tension est à son comble. Toute silhouette de véhicule aperçue sur la piste est déclarée hostile jusqu'à avoir la certitude que ce n'est qu'une carcasse.

Les parachutistes sautent, les blindés donnent l'assaut

Vingt-trois heures.

Enfin, c'est le feu vert. Les parachutistes sautent à cinq kilomètres devant nous. L'assaut est donné par les blindés qui circulent difficilement dans le sable et rencontrent des obstacles imprévus, après une étude du terrain faite à la hâte et sans carte. Une fois l'objectif « coiffé » (dépassé), les unités fouillent l'aéroport. L'ennemi s'est volatilisé. Il a quitté ses positions après un sabotage systématique du matériel restant. Les échelles de débarquement et les chariots de bagages sont à l'abandon sur la piste. Un vieil aéronef, hors d'âge, a été tracté au milieu du tarmac pour empêcher un poser d'assaut. Le génie inspecte la zone, découvre un piège au pied de la tour de contrôle : deux cents kilos d'explosif prêts à réduire en poussière tout imprudent trop curieux. Il faudra rester vigilants.

La zone est sécurisée, le PC fait mouvement vers le terminal et s'installe dans la salle d'embarquement.

Deux heures du matin. La porte arrière de mon VAB s'ouvre. Je découvre le tarmac encombré. Je suis épuisé et reçois l'ordre de dormir. Je m'écroule.

Je suis réveillé quelques heures plus tard par le ronronnement régulier d'un moteur d'avion volant à basse altitude. Une première passe lui permet de repérer la zone et, dans la suivante, l'appareil largue ses colis. Une charge énorme descend silencieusement du ciel sous une myriade de voiles dans un lent ballet aérien. C'est un bulldozer. Les sapeurs parachutistes s'affairent immédiatement à le libérer de ses toiles pour pouvoir dégager la piste. L'aéroport est le point d'appui logistique essentiel à la suite de l'opération. Après la conquête, il faudra le tenir.

Enfin, la jonction est faite entre les deux unités : les marsouins et légionnaires venus par la route et les parachutistes fonçant depuis le ciel. Le colonel Paul entre triomphalement dans la ville à bord d'un VBL. L'émotion et l'excitation de la population nous rappellent les images et récits de la libération de Paris. Après tout, n'est-ce pas la colonne blindée de Leclerc qui a foncé sur la capitale en août 1944 ? Les cavaliers que nous sommes mesurent à ce moment ce qu'ont pu vivre nos anciens dans la tourmente de cet été de guerre. Mais aujourd'hui, à Tombouctou, une autre image contraste avec la joie qui nous égaie. *Vous êtes en terre d'Islam, ici s'applique la charia* : ces lettres blanches sur fond noir, accompagnées du monogramme de la profession de foi islamique, sont peintes sur de grands panneaux de trois mètres sur deux. Certainement les vestiges de publicités bannies par les groupes armés djihadistes et désormais supports de leur propagande. Un va-et-vient assourdissant d'hélicoptères marque nos premiers jours à Tombouctou. Deux Tigre et deux Gazelle viennent occuper la piste. Les reconnaissances aériennes se poursuivent, l'ennemi s'est dissous dans les sables sahéliens.

Au sol, nos patrouilles relèvent les traces de présence des groupes armés islamistes. Le sac des tombes séculaires de la ville sainte est poignant, tout comme la destruction des manuscrits de la grande mosquée. Nous en retrouverons quelques-uns, sauvés par la population. Nous découvrirons aussi de nombreux documents, passeports, données logistiques, téléphones mobiles et satellitaires abandonnés par l'ennemi dans la hâte de sa fuite. Cette accalmie dans notre longue chevauchée sera de courte durée. L'action est rapidement relancée vers Gao. Les marsouins de Grégory nous quittent, nous sommes relevés quelques jours plus tard par les hommes d'Aurélien, un autre camarade de promotion qui se trouvera ensuite bien seul à la tête de son escadron, isolé à plusieurs centaines de kilomètre des autres postes français.

Qu'est devenu le chameau de François Hollande ?

Après des permissions bien méritées, l'escadron a repris son entraînement au quartier. De nombreux cadres et légionnaires sont déjà repartis sur des formations qui égrènent la carrière militaire. Le régiment arme le deuxième mandat de Serval avec deux escadrons : Louis-Marie et François sont aux commandes, cette fois je reste en base arrière.

Je suis installé à mon bureau quand mon téléphone sonne. C'est le cabinet du chef d'état-major de l'armée de Terre, donc un sujet de la première importance, jamais bon pour un jeune capitaine… Le sujet est finalement plutôt léger, même s'il est pris avec le plus grand sérieux. Les conseillers diplomatiques du président sont affolés, le chameau que François Hollande s'était vu offrir lors de sa visite triomphale à Tombouctou le 2 février a disparu. Tout doit être mis en œuvre pour éclaircir la situation avant le prochain entretien entre les chefs d'État français et malien. L'officier du cabinet militaire remonte le fil de l'histoire de ce camélidé : il a déjà appelé le 21e RIMa et retrouvé la selle magnifique que portait l'animal, mais ce dernier reste introuvable. Je convoque en urgence Jacques, mon adjudant d'unité, qui a occupé pendant quelques jours le rôle de major de camp de l'aéroport de Tombouctou.

– Mon adjudant, les marsouins pensent que les légionnaires l'ont mangé…

La réalité est un peu différente. Après l'assaut de l'aéroport, le propriétaire d'un terrain adjacent est venu se plaindre de la traversée d'un peloton blindé qui a ruiné son champ. En guise de compensation, nous lui avons cédé le chameau. L'Histoire retiendra donc que ce somptueux cadeau présidentiel, plutôt que de finir dans un zoo, passera son existence dans une famille malienne.

La réputation des légionnaires n'est plus à faire. Retenons surtout qu'ils étaient prêts.

Ascalon

Par Guillaume Leuenberger

« Lui regarde en avant : je regarde en arrière,
Nos chevaux galopaient à travers la clairière ;
Le vent nous apportait de lointains angélus ;
Il dit : je songe à ceux que l'existence afflige,
À ceux qui sont, à ceux qui vivent. Moi, lui dis-je,
Je pense à ceux qui ne sont plus ! »

Victor Hugo, *À quoi songeaient les deux cavaliers*

Un an après le déclenchement de l'opération Serval, dans le nord du Mali, les cavaliers doivent éviter les obstacles semés par un ennemi fuyant mais destructeur. Les traditions et la cohésion sont des repères pour tenir bon dans leur traversée du désert.

Varces, quartier chef de bataillon de Reyniès, janvier 2014

– J'ai discuté aujourd'hui avec le colonel, nous devons trouver un nouvel indicatif radio pour notre escadron.

Le commandant d'unité arbore comme à son habitude un grand sourire en me lançant ces quelques mots alors qu'il entre dans la chambre. Nous sommes réunis pour un dernier exercice de préparation avant notre départ au Mali. Le capitaine mène depuis le mois de septembre l'entraînement et la formation de ses soldats. Son escadron (l'EAE* du 4e régiment de chasseurs de Gap) a une grande expérience : nombre de ses membres reviennent d'Afghanistan et les plus anciens ont participé à plusieurs opérations en République de Côte d'Ivoire. Il s'agit, cette fois, de tester ses procédures avec l'état-major du 7e bataillon de chasseurs alpins et d'officialiser la création du GTD* Vercors, qui va devenir notre unité pour les prochains mois.

Après avoir passé la journée à réfléchir à des cas concrets de prise de décision auxquels nos prédécesseurs ont récemment été confrontés, nous nous retrouvons dans notre chambre. Nous logeons à l'étage d'un des bâtiments du bataillon, dans une pièce sobre mais confortable au regard des nuits rustiques que nous nous apprêtons à passer en Afrique. Pour seul mobilier, une table et deux chaises posées sur le carrelage beige viennent compléter les lits en fer, chacun recouvert d'une couverture en laine marron.

Allongé sur mon matelas, j'écoute mon chef me demander mon avis sur notre nouveau nom de guerre. Il est de tradition dans la cavalerie de donner un nom de couleur à chacun des escadrons. Le premier est généralement « Bleu », le deuxième « Rouge », le troisième « Vert », et le quatrième (en l'occurrence, le nôtre) s'appelle « Azur ». Ces couleurs sont un symbole de ralliement pour les chasseurs servant au sein de ces unités. Elles deviennent un signe de reconnaissance bien au-delà des murs du régiment. Malgré ces traditions bien ancrées, nous avons aujourd'hui l'opportunité d'innover. Une forme de paresse intellectuelle dicte pourtant ma première réponse :

– Vraiment ? N'a-t-on rien d'autre à faire à un mois du départ que de savoir comment on va s'appeler ?

Le capitaine me regarde sans se départir de son sourire. Je regrette immédiatement mon mauvais esprit et comprends l'enjeu de la demande. Alors, nous commençons à réfléchir ensemble.

L'escadron sera la seule unité de cavalerie du groupement, aussi semble-t-il important de lui donner un nom incarnant cette identité. Nous puisons dans nos souvenirs et effectuons quelques recherches sur Internet, mais ne trouvons rien de bien probant. C'est alors que je me souviens d'un sermon récemment prononcé par l'aumônier de Saumur dans lequel il était question d'une lance. Celle de saint Georges, le protecteur des cavaliers. Cette lance avait un nom : Ascalon. Je me jette à l'eau :

– Que dirais-tu d'Ascalon ? C'est la lance de saint Georges.

– C'est trop prétentieux, me répond le capitaine. Nous ne sommes ni des saints, ni des chevaliers.

Il marque une pause puis reprend, l'air sérieux :

– Nous partons dans le désert malien pour combattre des terroristes. Il ne s'agit pas d'un pèlerinage.

– Pourtant c'est un symbole fort, nous serons les seuls cavaliers de Vercors. La lance dont disposera le colonel, c'est toi. Nous irons plus vite et plus loin que la compagnie d'infanterie. Ce nom incarnera ce que l'escadron a toujours été : la pointe du dispositif.

– Tu vois bien que c'est prétentieux !

– Non, c'est réaliste. Tes chasseurs sont entraînés pour être devant et renseigner le bataillon. C'est ce que tu fais avec eux depuis le mois de septembre et c'est bien ce qui nous a été rappelé aujourd'hui. C'est ce que le colonel attend de nous.

La discussion se poursuit ensuite sans aboutir à une solution concrète. La soirée commence et l'on entend par la fenêtre une compagnie de chasseurs alpins marchant au pas pour se rendre à l'ordinaire. Les soldats avancent, cadencés par le chant entonné de leurs voix graves :

« La montagne était si belle,
Que j'ai voulu la revoir.
Quand descend le soir,
Laissez-moi chanter
La chanson du souvenir. »

Nous comprenons que bientôt cette chère montagne nous manquera à nous aussi.

Le lendemain, durant le trajet retour vers Gap, le capitaine me dit simplement :

– Ok, ce sera Ascalon. Il nous faut maintenant un insigne. Au boulot.

Dans les environs de Tessalit, 3 avril 2014

Sylvain a quitté Gao depuis deux semaines. Chef de patrouille expérimenté, c'est un soldat passionné. Rompu aux manœuvres en blindé, il s'est illustré lors des campagnes de tir au missile avec son peloton à Canjuers. Toujours à l'affût de la meilleure position d'observation, il met son honneur à dominer le terrain qu'il parcourt nuit et jour avec ses chasseurs. Je le considère comme le meilleur de nos chefs de patrouille et ai une confiance aveugle dans son jugement tactique.

Il est parti depuis deux semaines et vit quotidiennement dans son véhicule. Cavalier nomade des temps modernes, sa caravane ressemble peu à celle de ses aînés méharistes du siècle précédent. Parcourant le désert à la recherche d'indices de présence ennemie, il bivouaque avec ses hommes entre deux zones de reconnaissance. Leur blindé léger, monture indispensable au succès de leur entreprise, a été transformé pour pouvoir accueillir dans la durée les hommes, les vivres et les munitions. Avec ses caisses soudées sur les côtés pour augmenter la capacité de stockage, il ne ressemble plus guère au véhicule d'origine. Les organismes et les matériels supportent difficilement la chaleur qui transforme chaque journée en une longue course contre le temps. Sylvain boit cinq litres par jour. Le goût de l'eau lui semble monotone, alors il fait infuser du thé dans les bouteilles en plastique que transporte son VBL. Un chèche humidifié autour du cou lui permet de faire baisser de quelques degrés la température ressentie. La fraîcheur nocturne contraste avec la fournaise quotidienne et, chaque soir, Sylvain se couvre pour ne pas prendre froid. Au sein de sa patrouille, les manteaux de laine autrefois portés par les méharistes ont été remplacés par des duvets synthétiques et des couvertures polaires. La nuit, il n'est pas rare de voir un chasseur arborer un bonnet en coton ou un autre se réchauffer les mains en serrant son quart de café brûlant.

Dans le désert, la lance semble brisée

Il est parti depuis deux semaines et, au cours de cette itinérance, il a souvent pesté contre les aléas de sa mission. La fougueuse impatience du sous-officier de vingt-six ans s'est confrontée à la réalité des manœuvres dans les immenses plateaux désertiques encerclant Tessalit. Les innombrables cailloux à arêtes vives enchâssés dans l'argile usent et liment, jour après jour, les pneumatiques des engins blindés. Le terrain incite à la prudence, la patience, et parfois la lenteur. C'est cette lenteur que refuse Sylvain, lui, le jeune cavalier entraîné pour le mouvement, le dynamisme et l'allonge. Le nom de guerre de son escadron n'est-il pas celui d'une certaine lance qui, un jour, aurait terrassé un dragon ? Mais dans le désert, la lance semble s'être brisée à plusieurs reprises. Les blindés souffrent du sable s'immisçant dans des mécaniques ayant pour la plupart déjà longtemps servi en Afghanistan. Il a notamment fallu retarder l'avancée de l'escadron vers Tessalit car le moteur du véhicule du contrôleur aérien avancé (JTAC) n'est plus en état de fonctionner. La lenteur est aussi celle de la logistique. À chaque fois qu'il passe avec ses hommes faire le plein de carburant sur le TC1*, Sylvain s'interroge sur l'utilité de ces nombreux camions. Pourtant, le terrain rugueux, le besoin d'eau et de vivres nécessitent l'emport de nombreux matériels : deux dépanneuses, deux véhicules de santé, une citerne de dix mille litres d'essence, six camions d'allégement, de munitions et de pneus de rechange suivent les pelotons dans leur itinérance nomade.

Au cours de ces deux semaines, il s'est aussi confronté à la difficulté de sa mission. L'escadron a été bercé du souvenir des anciens d'Afghanistan et du récit des combats de janvier 2013 à l'endroit même où il se trouve. Il s'est préparé à des chocs durs et à combattre face à un ennemi coriace. Or, de cet adversaire, nulle trace depuis leur départ. Il vit reclus dans la montagne et vient s'approvisionner dans les villages alentour si nécessaire. C'est là le rôle de la patrouille de Sylvain : renseigner sur les agissements des terroristes, maintenir une présence pour les forcer à se dévoiler et mettre la pression sur leurs bases logistiques. La mission est complexe car, au quotidien, sa patrouille et lui rencontrent peu de signes du danger. L'ennemi est loin. Certaines journées ne sont rythmées que par les pannes mécaniques des véhicules. Le risque s'estompe peu à peu. Les hommes s'enhardissent face à l'évanescence de leur adversaire. Pourtant, la menace est bien là, et Sylvain le sait. Les motos sillonnant les pistes ensablées autour des pelotons français rappellent régulièrement la présence d'observateurs informant les terroristes des agissements de l'escadron. Sylvain veille sur ses hommes et il met son honneur à ce que ceux-ci ne se relâchent pas. Dans cette patrouille, il est le chef.

Il est parti depuis deux semaines, et ce matin il se lève pour une nouvelle journée d'opération. Assis sur son lit de camp, les pieds dans le sable froid, il a ouvert sa moustiquaire. Après avoir enfilé sa doudoune couleur sable pour se protéger du vent, il s'assure que ses hommes sont également mis en mouvement. Le soleil n'a pas encore entamé son ascension et Sylvain ne distingue pas le visage de ses camarades dans la pénombre. Pourtant, ils connaissent l'emplacement de chacun après s'être mutuellement veillés durant la nuit. Personne ne parle. Les esprits sont encore engourdis. Ils ont dormi quelques heures entrecoupées de tours de garde ou de surveillance nocturne. Sylvain fait tourner sa cuillère dans un sachet de muesli lyophilisé qu'il a sorti de sa ration quotidienne. L'odeur du café chaud monte du quart en métal posé au pied de sa musette de combat. Dans le VBL, la radio grésille. On entend le capitaine donner ses ordres. Il faudra bientôt prendre la route. Il repense aux événements de ces derniers jours. Ses chasseurs ont bien travaillé.

Trois jours plus tôt, l'escadron a atteint les portes de l'Adrar. Le capitaine voulait reconnaître le village de Telakak dans lequel se trouvait le père d'un terroriste récemment neutralisé par une autre unité. Des zones de caches d'armes avaient été identifiées à proximité. Sur la route, de nombreux indices indiquaient aux cavaliers l'imminence d'une zone tenue par l'ennemi. Les armes découvertes à proximité de campements nomades, les munitions cachées sous des rochers, le matériel électronique emballé dans des sacs plastique trouvés par d'autres patrouilles montraient une activité routinière des terroristes sur ce plateau. Sylvain a senti que la lance brisée quelques jours plus tôt allait peut-être finir par percer la cuirasse adverse. L'avancée vers Telakak s'est faite sous escorte aérienne. Sylvain a participé au bouclage du village avec ses blindés. Sur les hauteurs, il a positionné ses hommes pour pouvoir observer et utiliser leurs missiles. Il entendait le bruit continu et rassurant des avions chasseurs volant au-dessus de leurs têtes. Dans l'école du village, la reconnaissance a découvert du matériel appartenant vraisemblablement aux terroristes. La traque s'est poursuivie. Un GPS avec des points enregistrés allant du Niger à la Côte d'Ivoire, des clés USB, de l'armement et des munitions ont été saisis. Il y a visiblement eu du passage dans ce village. Sylvain et les siens ont repris l'ascendant.

Fin de mission explosive

Il est parti depuis deux semaines et aujourd'hui, comme chaque matin, il lève le camp. Les lits sont repliés à la hâte, les sacs bouclés et la sangle des armes ajustée autour du cou. Le soleil s'est levé. On entend le ronronnement des moteurs en train de chauffer. Un chasseur fume une cigarette, son binôme se brosse les dents en tenant une bouteille d'eau à la main. Un autre, enfin, brûle ses déchets dans un trou creusé dans le sable. Une odeur de fumée monte aux narines de Sylvain. Le chef de peloton partage la dernière situation tactique avec ses hommes :

– Hier soir, après avoir rencontré l'escadron, un homme au comportement suspect s'est enfui dans la montagne. Par chance, il a pu être localisé lors de son déplacement et suivi jusqu'au regroupement avec ses camarades. La confirmation de son appartenance à un groupe terroriste a déclenché un raid aérien nocturne, mettant fin à ses agissements et à ceux de quelques-uns de ses proches.

Sylvain a du mal à y croire. Les heures interminables passées à quadriller la zone autour de Tessalit, l'attente continuelle, la lenteur des déplacements au rythme des pannes mécaniques et les contrôles quotidiens des véhicules et campements rencontrés ont fini par payer. Ce combat indirect est décidément difficile à appréhender.

Il est parti depuis deux semaines, et ce matin, il se remet en selle. Le colonel a demandé aux commandos accompagnant les Maliens d'ouvrir la route. Le moral est au plus haut après le bilan nocturne de la force. Surtout, l'objectif du jour est celui du retour au camp de Tessalit. La perspective d'une douche chaude égaie les esprits les plus grincheux. Ce soir, certains pourront brièvement appeler leur famille.

Cinq minutes après son départ, le sang de Sylvain se fige. Une explosion sourde et brève fait trembler l'avant de la colonne.

Il aperçoit l'immense nuage de fumée noire monter lentement de l'autre côté d'une petite colline rocailleuse. À la radio, on entend une voix claire. Elle annonce, calmement :

– Saphir, IED, IED, IED !

L'un des véhicules des commandos, en tête du convoi, vient de rouler sur une mine. Les blindés stoppent leur progression et chacun sécurise son propre périmètre. Assez rapidement, le chef de Saphir poursuit son compte rendu :

– Saphir, aucun blessé, mais le train de roulement du VAB est HS.

C'est un soulagement pour Sylvain d'apprendre que, miraculeusement, tous sont indemnes. La mort rôdait depuis plusieurs jours autour de l'escadron mais personne n'avait eu rendez-vous avec elle jusqu'à aujourd'hui. D'autres n'auront pas cette chance quelques mois plus tard. Sylvain reste lucide sur la situation et le combat n'est pas encore gagné. Le risque d'une seconde attaque étant élevé, sa patrouille se rend sur les lieux pour assurer un périmètre de sécurité assez large autour du blindé détruit, en attendant qu'un véhicule de dépannage puisse l'atteler. Ils découvrent une cachette contenant des vêtements et une batterie de voiture, puis un campement de nomades, cinq cents mètres plus loin. La section de l'armée malienne accompagnant les commandos se rend elle aussi sur place et découvre que l'un des hommes est en lien avec AQMI (Al-Qaïda au Maghreb islamique). Il terminera sa journée à l'arrière d'un pick-up malien avant d'être transféré aux autorités locales. Sylvain boit une gorgée d'eau. Il n'est pas encore dix heures et le liquide est déjà chaud. Un tourbillon de sable grésille, éphémère manifestation naturelle entre les VBL. Sylvain se dit que la journée va être longue.

Il est parti depuis deux semaines et il avance sur la piste, le nez au vent, debout sur le siège de son VBL, à l'affût derrière sa mitrailleuse de 7,62 mm. Il reste cent kilomètres à parcourir pour rentrer à Tessalit et le VAB détruit quelques heures plus tôt est tracté par un autre blindé. La progression sera lente, mais il s'en moque. Sylvain assure la protection du convoi, il est concentré.

Il est parti depuis deux semaines et il est toujours aux avant-postes.

Aujourd'hui, Ascalon, c'est lui.

Gao, 23 avril 2014

Peu de temps après notre retour de Tessalit, le capitaine réunit l'escadron pour un moment de cohésion. Les hommes en ont besoin après les semaines difficiles passées dans le désert. L'absence de ceux restés en arrière pour assurer la sécurité du camp a laissé des traces. La programmation des activités et une subtile négociation avec l'état-major permettent exceptionnellement de décaler d'une journée le départ pour une nouvelle opération dans le Gourma.

La Saint-Georges aura bien lieu à Gao cette année !

L'intérêt de la cérémonie est double : affirmer l'identité des cavaliers présents dans le camp en les rassemblant autour de l'escadron et permettre aux chasseurs de s'unir moralement à leur régiment, qui au même moment, en métropole, reçoit un nouvel insigne de béret. Le heaume de cavalerie laissera désormais sa place sur leurs « tartes[1] » à un cor de chasse surmonté du chiffre 4. Il s'agit pour le régiment d'un retour à un insigne historique qui s'était perdu au fil des ans. Encore un symbole important pour les chasseurs, y compris ici, en terre africaine.

En haut du mât peint en blanc flottent les couleurs de la France et du Mali. Les hommes sont rassemblés en carré autour de ce pylône, symbole d'amitié entre deux nations combattantes. Des blindés occupent les quatre coins de cette place

1. Nom donné au béret alpin porté dans les troupes de montagne.

d'armes de circonstance. On entend le grondement tonitruant de deux blindés maliens venant rejoindre, eux aussi, leur emplacement. La fraternité est à son comble. Sur les rangs, on distingue des hussards, spécialistes du renseignement, et des officiers d'état-major, pour partie venus de Bamako. Certains arborent le béret azur des soldats de l'ONU. Bien sûr, l'escadron Ascalon est présent au centre du dispositif. Les chasseurs pensent à ceux qui les ont précédés, ici au Mali, quelques mois plus tôt. Certains ont rencontré la mort. Leurs noms sont inscrits en lettres d'or au pied du mât des couleurs. L'instant est au recueillement.

À l'exemple du combat héroïque de saint Georges

Le capitaine profite de cette cérémonie pour mettre à l'honneur deux de nos chasseurs promus au grade supérieur. Florian et Michaël vont devenir brigadiers-chefs, symbole de leur réussite et de leur reconnaissance par leurs aînés. Florian est son pilote. Soldat de valeur, il a fait ses armes au troisième escadron avant de rejoindre Ascalon. Doté d'un caractère affirmé, il bénéficie d'une aura impressionnante qui lui permettra, quelques années plus tard, de devenir le représentant des militaires du rang du régiment. Michael est adjoint de patrouille. Très pragmatique, il s'est déjà illustré au cours d'un précédent déploiement en Afghanistan. Sa vaste culture générale lui permet souvent d'alimenter de longues conversations le soir à la popote. Mais c'est sur le terrain qu'il se révèle être le meilleur. Au cours des patrouilles, il n'est pas rare de le voir bondir de son VBL, équipé de son gilet pare-balles, son casque et son masque de combat, hurlant ses ordres à son équipage tandis qu'il part reconnaître un point particulier. Ils sont tous deux des hommes d'exception. Je suis confiant lorsqu'ils se trouvent dans les parages.

Le général, venu de Bamako pour l'occasion, passe les troupes en revue. Au garde-à-vous, la tête haute, les cavaliers montrent leur détermination le temps d'un regard, les yeux dans les yeux avec leur chef. La musique joue « La montagne… » et nous nous remémorons le chant de ces soldats entendus quelques mois plus tôt. En fermant les yeux, nous pouvons imaginer les sommets haut-alpins entourant notre régiment. Mais aujourd'hui, pas de pic de Charance ni de Ceüze à l'horizon. Pas non plus de senteurs de mélèzes ni de myrrhe. L'air est sec à Gao en cette matinée de printemps. Nous ne sentons que l'odeur du sable chaud en écoutant l'ordre du jour :

« Le combat héroïque de saint Georges, officier de l'armée romaine, pour terrasser le dragon terrorisant la population, doit vous inviter à cultiver trois vertus fondamentales :

Le courage d'abord, d'appartenir à ces hommes et à ces femmes ayant fait le choix, librement consenti, de servir votre pays par les armes, y compris au péril de votre vie ;

La force ensuite, fruit d'un entraînement dans la durée, impérativement nourrie d'une réflexion pour que vos combats ne se résument pas à une succession de violences aussi inutiles qu'injustes ;

La générosité enfin, tant que nous savons que la fraternité d'armes et le sens du collectif, incarnés par l'esprit d'équipage donnent du sens à l'action et en décuplent l'efficacité. »

Nous ne nous en doutons pas encore mais, du courage, de la force et de la générosité, nous en aurons besoin jusqu'aux derniers jours de notre mission au Mali.

Après ces moments solennels, nous nous dirigeons vers la popote du camp où Franck, l'adjudant d'unité, a réussi par des moyens dont lui seul a le secret, à organiser un repas amélioré pour l'escadron et ses invités. Loin du panache déployé pour ce genre d'occasion en métropole, l'instant se veut sobre mais élégant, à l'image des cavaliers que nous sommes. Pour l'occasion, cédant à leurs habitudes facétieuses, les lieutenants ont organisé une visite du camp originale pour le général. Ils ont en effet emprunté (nul ne saura jamais comment) des motos rutilantes, ressemblant à des Harley-Davidson, et entreprennent d'offrir quelques minutes de chevauchée à notre chef.

Le soir, une fois les autorités reparties vers Bamako, l'escadron au complet se retrouve dans la zone vie du troisième peloton où l'adjudant Nicolas a organisé un karaoké géant : soirée de décompression salvatrice. Demain, peut-être combattrons-nous dans le Gourma aux côtés de nos frères maliens. Peu importent les risques, nous les accepterons.

Peu importe ce qui se passera dans les prochains jours. Ce soir, Ascalon chante.

OPÉRATION ÉPERVIER
Tchad

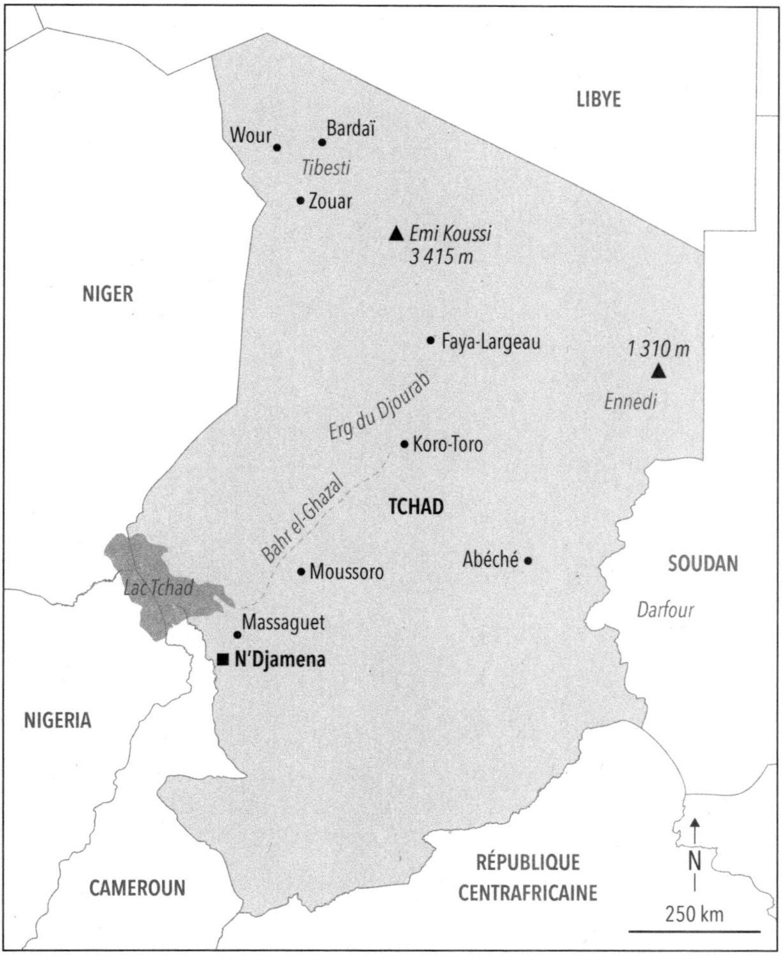

Sur les traces de Leclerc dans le Tibesti

Par Cyrille Clément

« Après le Tchad, l'Angleterre et la France
Le long chemin qui mène vers Paris
Le cœur joyeux tout gonflé d'espérance
Ils ont suivi la gloire qui les conduit.
Sur une France, une croix de Lorraine,
Écusson d'or, qu'on porte fièrement,
C'est le joyau que veulent nos marraines,
C'est le flambeau de tous nos régiments. »

André Ledur, *Marche de la 2e division blindée*

Une des plus anciennes opérations extérieures à laquelle participe la cavalerie est celle qui consiste à apporter aux autorités tchadiennes l'appui de la France, et qui s'est concrétisée, au fil des ans, par diverses missions. Elle portait jusqu'en 2014 le nom d'Épervier. C'est dans ce contexte que le 3e escadron du 1er régiment de spahis a cantonné à N'Djamena de juin à octobre 2013 pour une mission tout aussi surprenante qu'enrichissante.

Nous nous étions initialement préparés à partir au combat en Afghanistan. L'escadron devait renforcer un groupement formé par le 1er régiment de tirailleurs, dans le district de Surobi[1]. Je connaissais cette partie du monde pour y avoir servi au sein d'une équipe de liaison et d'appui intégrée à un bataillon de l'ANA. La dureté de notre entraînement était adaptée aux enseignements des escadrons récemment rentrés du combat et les spahis travaillaient avec ardeur, appliquant le principe selon lequel « la sueur épargne le sang ». Las, le retrait des forces françaises du théâtre afghan en 2012 vint rapidement mettre un terme à l'espérance d'une nouvelle expérience en terre pachtoune.

En janvier 2013, tandis que l'escadron, finalement désigné pour un départ au Tchad, s'entraînait à Mailly-le-Camp, dans l'Aube, par des températures si froides que les locaux s'en excusaient auprès des soldats frigorifiés dans leurs blindés, la poudre parlait à nouveau sous d'autres cieux. L'opération Serval venait en effet d'être déclenchée au Mali, et la cavalerie y tenait toute sa place, multipliant les raids blindés sur des milliers de kilomètres, manœuvrant sur un terrain taillé pour elle et combattant face à un ennemi sinon accrocheur, du moins déterminé. Tandis que la moitié de l'Afrique bruissait du grondement des colonnes blindées qui, parties de Dakar, Abidjan et N'Djamena, fonçaient vers Bamako, Gao, Tombouctou et Kidal, les spahis disputaient farouchement à un ennemi d'entraînement la suprématie sur la côte de l'Oranger et le village de l'Ormet, lieux stratégiques du terrain militaire aubois. Ce fut en marge de ces batailles d'entraînement que mon chef de corps m'ordonna de préparer l'escadron à assurer la prochaine relève des troupes en action au Mali. Mes jeunes chefs de peloton, les lieutenants Guillaume et Romain,

1. Ce district limitrophe de ceux de Kaboul (à l'ouest) et de Kapisa (au Nord) avait été le théâtre, le 18 août 2008, d'une sanglante embuscade au cours de laquelle dix soldats français avaient été tués, dans la vallée d'Uzbeen.

les adjudants Franck, Christophe et Hervé, n'en avaient pas terminé avec leur ascenseur émotionnel. La déception de notre faux départ pour l'Afghanistan devint un lointain souvenir, et les sourires illuminèrent les visages des spahis, pour qui la cruelle morsure du froid était tout à coup redevenue supportable. Au milieu de l'hiver, ils avaient retrouvé, au fond d'eux-mêmes, un invincible été.

Moins de six mois plus tard, le 1er juin, nous atterrissions donc… au Tchad ! La perspective de notre mission au Mali n'avait pas passé le printemps. Mon adjoint, Philippe, avait inlassablement modifié et réorganisé notre préparation, aidant nos pelotons à changer trois fois de monture en quelques mois. La faculté d'adaptation – qui selon André Gide caractérise l'intelligence – fut mise à rude épreuve, et les capacités de réversibilité des cavaliers, tant vantées à Saumur, furent employées non sans quelques difficultés et grincements de dents.

Une kyrielle de foyers de violence dormants

En débarquant à N'Djamena, dans la chaleur écrasante du printemps africain, je saisis pleinement l'enjeu de notre mission. Les quatre mois que l'escadron va passer dans ce pays ne seront certainement pas aussi monotones que j'ai pu le craindre. La situation sécuritaire dans la région reste fragile et nous nous trouvons au cœur d'une kyrielle de foyers de violence encore dormants mais susceptibles de devenir brûlants à la moindre étincelle. Au Mali, les opérations peuvent à tout instant nécessiter l'envoi de renforts. En République centrafricaine, la dégradation de la situation sécuritaire va également nous tenir en haleine, au rythme de l'avancée des milices rebelles Sélékas vers la capitale, Bangui. Quant à la force Épervier, du fait de la détermination française à lutter contre les groupes armés djihadistes dans tout le Sahel et de la relative stabilité du Tchad lui-même, elle s'apprête à réorienter son action vers le nord du pays. À l'ouest, enfin, les prises d'otages d'Occidentaux sont récurrentes au Niger et au Cameroun, tandis que l'Est est le théâtre d'un regain de tension et d'importants déplacements de populations de l'autre côté de la frontière soudanaise. Si le Tchad semble momentanément apaisé, nous nous trouvons bien aux avant-postes de toutes ces crises.

Avant toute chose, il nous faut mettre à profit les dernières semaines de la saison sèche pour appréhender notre nouvel environnement. Un mandat Épervier offre en effet l'opportunité, en plus de pratiquer le métier de cavalier dans des milieux variés – et notamment désertiques –, de s'entraîner à l'emploi combiné des forces terrestres et aériennes.

Après une brève prise en main de nos nouvelles montures, l'évidence nous apparaît. Limpide. Implacable. Cruelle. Le déploiement de l'escadron blindé Épervier au Mali aux premiers jours de l'opération Serval, six mois plus tôt, ne sera pas sans conséquences sur notre mandat. Les véhicules, hors d'âge pour la plupart, ont, malgré leur robustesse, beaucoup souffert de cette projection, et les efforts redoublés de nos camarades mécaniciens n'ont pas encore permis de tous les remettre en état. Les ressources de notre parc automobile doivent donc être gérées au plus serré, alors que nous menons, de front et à marche forcée, les indispensables reconnaissances de la plateforme aéroportuaire (dont la protection, le cas échéant, nous échoira) et les premières sorties visant à permettre l'acclimatation des hommes au combat dans le désert. Les spahis manquent de temps pour parfaire leur technique de pilotage sur piste, maîtriser la topographie en milieu aride, vérifier les moyens de coordination sol-air – indispensable en cas de blessé nécessitant une prise en charge médicale rapide, ou d'un besoin urgent de ravitaillement par voie aérienne. Et se préparer, tout simplement, à une vie en campagne éprouvante, dans un milieu d'exception.

Objectif : l'oasis de Faya-Largeau, mille kilomètres au nord

Les heures chaudes du mois de juin s'égrènent. Mes spahis s'aguerrissent au désert lorsque la pluie arrive. Pierre Loti aurait décrit comment « il faut avoir habité le pays de la soif pour comprendre les délices de cette première pluie, le bonheur qu'on éprouve à se faire mouiller par les larges gouttes de cette première ondée d'orage ». Mais cet événement qui annonce la fin de la sécheresse nous prépare aussi à de sérieuses difficultés. Les pistes autour de la capitale, et tous nos terrains de jeu favoris, à Farcha comme à Massaguet, deviennent vite impraticables. La végétation pousse d'un coup, transformant la prairie désolée en un luxuriant marécage fatal à la moindre velléité hors des routes. Il est donc temps de mettre cap au nord, pour pousser nos reconnaissances jusqu'aux marches septentrionales du territoire tchadien. Opération Guelta[1] : c'est ainsi que notre mission est baptisée.

Aux petites heures de la matinée, le 18 juillet, la colonne de cinquante-six véhicules dont on m'a confié le commandement s'ébranle au camp Kosseï. Ma mission : reconnaître l'itinéraire jusqu'à l'oasis de Faya-Largeau, mille kilomètres plus au nord, puis, après y avoir fait la jonction avec une colonne d'artilleurs de marine venus d'Abéché, et m'y être ravitaillé en vivres, eau et carburants, poursuivre cap au nord-ouest jusqu'à Zouar, que je dois avoir atteint au plus tard le 30 pour y préparer l'accueil d'une compagnie de tirailleurs. Renforcée de mon adjoint et d'un de mes pelotons, cette dernière mènera avec les moyens que j'aurai acheminés, et avec l'indispensable appui d'une section de sapeurs parachutistes arrivée par avion de métropole, diverses missions

1. Les gueltas, dépressions où l'eau s'est accumulée, font partie des zones humides des milieux désertiques, comme le chott, la daya et la sebkha. La guelta d'Archei, au Tchad, est l'une des plus importantes du Sahara.

de reconnaissance, d'investigation, de surveillance, d'assistance et de contrôle.

Dès le deuxième jour de route, au milieu du Bahr el-Gazal, une tempête de sable survient, suivie d'un orage apocalyptique. Dans un ciel figé, un dôme sombre monte de l'horizon. Nous accélérons – vaine tentative d'échapper aux éléments, alors que la vague submerge la moitié du convoi. La colonne se trouve stoppée dans un oued ; le ton est donné. Ceux qui s'étaient imaginé une croisière en sont pour leurs frais ! Lorsque le déluge cesse, les camions sont enlisés, les roues des blindés disparaissent sous d'épaisses couches de sable et de boue. Les hommes creusent frénétiquement pendant cinq heures pour les dégager. J'avais scindé ma colonne en deux détachements. Le second, aux ordres d'un capitaine de tirailleurs, Jean-Marc, a su garder les pieds au sec, mais il est cerné par les eaux, devenant gouverneur éphémère de son petit îlot ! Il devra attendre la décrue pendant toute une journée, et ne nous rattrapera que le lendemain. Paumés mais groupés !

Au deuxième jour de route, dans la région de Koro-Toro, les derniers arbres disparaissent du paysage, et le sable commence à s'affiner. Nous roulons sans le savoir dans l'un des berceaux de l'humanité, mais nous sommes davantage concentrés sur la pression de nos pneumatiques et les variations de couleur des grains au sol, à la recherche du moindre indice nous permettant d'éviter l'éclatement ou l'ensablement. Le sable superficiel masque des arêtes tranchantes qui déchirent nos roues à un rythme effréné.

Au loin vers l'ouest, tel un mirage dans la chaleur du jour, nous apercevons les contours flottants du pénitencier de Koro-Toro. Dans cette immensité désertique, les conditions climatiques laissaient peu de chance de réussite aux tentatives de grande évasion. Un système de sécurité à moindre coût.

Le lendemain, nous abordons l'erg du Djourab, succession de dunes dans laquelle nous ne pouvons parcourir, tant bien que mal, plus de quarante kilomètres par jour. La progression est si difficile que les caravanes de dromadaires doublées le matin nous rattrapent le soir. Spahis et tirailleurs apprennent à bondir comme des diables de leurs véhicules dès que ceux-ci semblent sur le point de s'ensabler, et creusent à n'en plus pouvoir, des heures durant, par des températures dépassant les cinquante degrés. Mais chaque soir et chaque matin, la nature sublime leur offre le spectacle inoubliable d'aubes et de crépuscules d'une beauté à couper le souffle.

Le 25, enfin, fourbus mais soulagés, nous sortons des dunes en direction de la palmeraie de Faya, tache verte dans l'immensité ocre d'un espace aride, où nous arrivons finalement deux jours plus tard, à l'issue d'un premier périple de mille kilomètres. Sable orange, murs blanchis, palmiers-dattiers : le fortin français au pied des monts du Tibesti n'a pas changé depuis sa conquête par le colonel Étienne Fargeau en 1913. Verrou du nord entre la Libye, les montagnes du Tibesti et le désert du Tchad, nous le trouvons sûrement tel qu'il a accueilli le colonel Leclerc sur la route qui le menait en Libye, à Koufra – à l'exception des chameaux, trop souvent remplacés par les pick-up. L'oasis semble tout droit sortie d'un dessin à la ligne claire d'Hergé ou d'une aquarelle d'Hugo Pratt, havre de fraîcheur et d'ombre au milieu des reliefs gréseux tailladés par l'érosion des vents du Sahara.

Avant de nous reposer, nous devons remettre en condition les matériels déjà bien éprouvés. Pour la première fois depuis le départ, nous pouvons déguster des boissons à moins de trente degrés ! Ajoutée à ce luxe, une douche de campagne enlève le sable et la poussière de nos visages encrassés.

Le rond-point Charles-de-Gaulle, le fortin de Massu…

Le lendemain, 28 juillet, la colonne augmentée de la section de bigors* venue d'Abéché reprend sa marche vers Zouar, quatre cents kilomètres plus au nord-ouest. Les horizons déchiquetés se dévoilent en arrière-plan de paysages torturés. Nous sommes sur les routes ancestrales du territoire du peuple des Toubous, nomades du Sahara central qui trouvèrent refuge dans les massifs volcaniques de l'Ennedi. Sur les rochers, quelques gravures rupestres témoignent des apports culturels de la Nubie et du Soudan. Plus au nord, d'autres incisions attestent de la vie au IVe millénaire avant J.-C. et de la richesse de la flore et de la faune : girafe, antilope, hippopotame, éléphant, rhinocéros. Puis, en chemin – curiosité architecturale au milieu du désert –, un carrefour de pistes nommé « rond-point Charles-de-Gaulle » rappelle l'histoire de cette région… Les véhicules souffrent et les pannes se succèdent, forçant nos mécaniciens à multiplier les exploits et à sacrifier leurs nuits. Par des températures toujours plus élevées, nous progressons désormais au milieu de vestiges de combats entre Tchadiens et Libyens : carcasses noircies de chars T55, lance-roquettes à la rampe dressée vers le ciel et blindés de fabrication soviétique jalonnent la piste bordée de pléthore de munitions non explosées.

Le 30, nous atteignons Zouarke. Pour continuer vers notre but, nous fonçons droit sur la muraille rocheuse du massif du Tibesti, dans laquelle, au dernier instant, une faille apparaît ; nous nous engouffrons alors dans le canyon de Zouar, dédale de roches creusé par une rivière asséchée, les vents et le sable. À partir de ce point, plus question de quitter la piste : les bords en sont minés. Nous comptons les carcasses de chars et de blindés par dizaines ; les combats qui ont eu lieu ici ont été sans aucun doute acharnés. La colonne s'étale sur des kilomètres, chaque pilote scrutant avec attention les ornières de son prédécesseur.

À la sortie du canyon, nous touchons au but : le village de Zouar, où trône le fortin tenu par le capitaine Massu jusqu'à son départ dans la colonne Leclerc. Quelques bâtiments rudimentaires en pierre et en boue, rien de plus. Le capitaine Massu, le lieutenant Eggenspiller, les sous-officiers Bloquet et Bourrat, et cinq tirailleurs sénégalais du Tchad représentaient là la France libre. Le 1er mai 1941, Massu recevait le général de Gaulle dans son « vaisseau du désert[1] », essentiel aux actions d'éclat qui les mèneraient de Koufra à Strasbourg. Notre ambition est bien plus modeste. À quelques encablures de là, le « garage » de la colonne Leclerc conserve certains vestiges de l'épopée. Des carcasses de camion brûlées par le soleil et quelques bidons frappés de l'aigle et du svastika pris à l'ennemi jonchent le sol. Nous installons notre campement près d'une piste d'atterrissage sommaire. Nous ne sommes apparemment pas les premiers soldats à séjourner ici. Nos cousins de la coloniale ont marqué leur territoire d'une immense ancre de marine faite de cailloux peints en blanc.

Avec leurs moyens dérisoires, comment nos anciens ont-ils parcouru de telles distances et résisté à la soif et à la chaleur ? Dans un modeste cimetière s'alignent trente-trois tombes anonymes, ainsi que celles du sergent Jean Gouaillard, mort à l'ennemi le 15 février 1914, et de l'adjudant d'aviation René Weil, tombé en Libye lors de la deuxième campagne du Fezzan le 26 décembre 1942. La première activité du détachement sera de désensabler ce cimetière et de nettoyer les tombes de nos prédécesseurs. Avec les moyens de communication de l'époque, au bout de combien de temps les familles ont-elles appris la nouvelle ? Aujourd'hui, tout semble plus simple. Ce jour-là, la liaison satellitaire avec N'Djamena m'apporte un message transmis par mon adjoint. En plein désert, j'ai la joie d'apprendre au brigadier-chef Raphaël la naissance de sa fille, là-bas, en France.

L'attente de la relève sera vaine

Le 2 août, l'avion qui devait acheminer les renforts de tirailleurs, spahis et sapeurs parachutistes chargés de la deuxième

1. « Vaisseaux du désert » est l'appellation des dromadaires des troupes méharistes. Il s'agit ici de caractériser les casemates de Zouar où de Gaulle a été reçu.

partie de la mission est cloué au sol par une avarie. Nous lançons donc sans attendre les premières reconnaissances en pays Toubou. D'abord aux abords de notre camp, puis vers les anciens postes français de Wour et de Bardaï. Enfin, les pistes menant à la Libye et au Niger livrent les unes après les autres leurs secrets. C'est l'occasion pour les lieutenants Guillaume et Stanislas de partir en autonomie pendant trois jours avec leurs spahis et tirailleurs pour glaner du renseignement. Leur présence, proche de la bande d'Aouzou, perturbe les groupes terroristes transitant entre le sud de la Libye, le nord du Tchad et le Niger. On se rêve à croire à un peu d'action, mais les groupes armés nous évitent habilement, empruntant des pistes connues d'eux seuls et jouant avec les dépressions du désert pour masquer leur progression.

L'absence de sapeurs finit par entraver notre action, et l'avion ne décollant toujours pas, il nous faut bientôt trouver d'autres occupations. Nous mettons alors sur pied un détachement d'instruction opérationnelle avec nos camarades tchadiens pour les initier à nos techniques de tir et de sauvetage au combat. Entre deux séances de sport ou d'instruction, on joue aux cartes ; une bibliothèque improvisée ouvre ses portes. Parfois, les tempêtes de sable et les orages nous condamnent à l'inactivité. La violence des vents nous force à nous réfugier dans les véhicules et à boucher les aérations. Le sable fin s'infiltre partout, dans nos oreilles, nos narines et crisse sous la dent.

De retards en annulations, l'avion de la relève ne décollera finalement jamais. Nous étions partis, le 18 juillet, pour deux semaines de piste, et nous sommes déjà le 10 août. Décision est prise de retourner à Faya, au grand soulagement de tous ; les cavaliers préfèrent être en mouvement, et sur la route, le temps passe plus vite ! De nouvelles pistes sont empruntées, le maréchal des logis Bertrand prend la tête du convoi, chèche au vent, cheveux ensablés. Les spahis reprennent leur aise, en vitesse sur les axes après avoir souffert de l'inaction. Rond-point Charles-de-Gaulle, pistes, puis les premiers palmiers de l'oasis de Faya. La verdure et la végétation tranchent avec les couleurs brûlantes du désert et des rochers chauffés à blanc.

Le 13 août, de retour à la palmeraie, et une fois le camp de base à nouveau monté, nous accueillons enfin les premiers soldats chargés de ramener les véhicules encore roulants à N'Djamena et Abéché. Le 21, mes derniers spahis décollent enfin vers la capitale, après trente-cinq jours passés au désert. Dans l'avion qui nous transporte vers N'Djamena, nous nous regardons : étiques, le teint hâlé, heureux. Le lieutenant Guillaume sourit, les joues creuses, en montrant son pantalon flottant. Le brigadier Thibaut semble avoir rétréci dans son treillis, il est affolé par la perte de quatorze kilos. Les spahis sont fiers de leur aventure et d'avoir su faire face[1] !

Les yeux se ferment pour quelques minutes dans la chaleur de l'intérieur du Transall*. Certains s'endorment en pensant à l'épopée de Leclerc. Tous ont en tête le dernier couplet de la marche de la 2e division blindée :

« Au coin du feu dans la paix radieuse,
Très fièrement auprès de leurs enfants
Ils conteront l'histoire merveilleuse
Des bataillons de notre régiment
Gars de Leclerc sera le mot de passe
Qui groupera la poignée de Français
Disant "malgré" quand la défaite passe
Restant debout, ne se rendant jamais. »

---

1. « Faire face » est la devise du 1er régiment de spahis et de son 3e escadron.

OPÉRATION SANGARIS

République centrafricaine

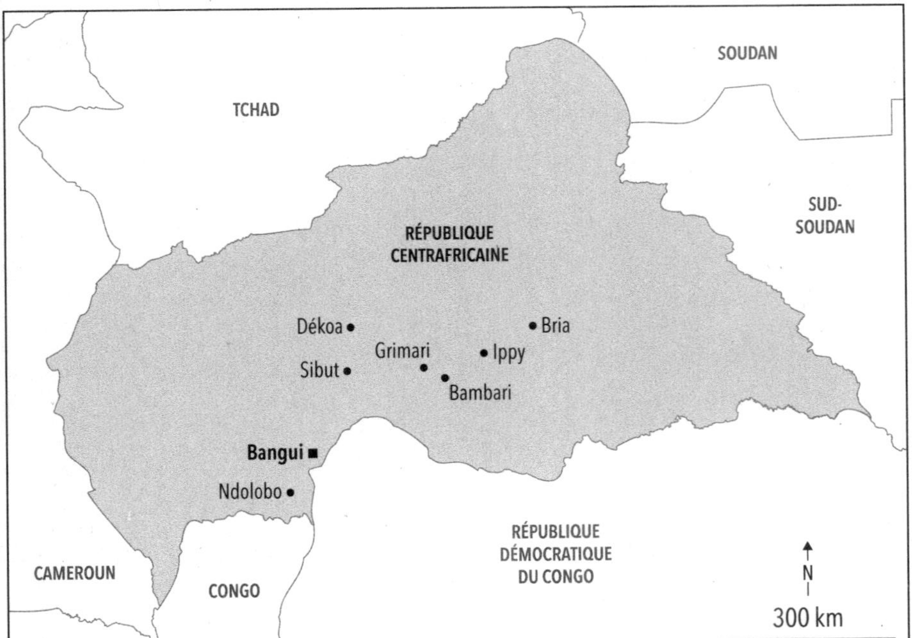

Sur le fil de l'arête

Par Nicolas Job

« L'histoire de la vie, c'est l'histoire
de la violence invaincue, insurmontable. »

Vassili Grossman, *Tout passe*

En 2013, la République centrafricaine est en proie à de violents affrontements intercommunautaires, entre rebelles du nord alliés un temps dans la Séléka[1] *et milices d'autodéfense anti-balakas*[2]*. Face au risque de génocide, le Conseil de sécurité des Nations unies vote en décembre 2013 une résolution pour déployer la Misca*. La mission française d'appui à cette force de l'ONU est appelée Sangaris. En mars 2014, ses cavaliers participent à l'installation de la Misca dans l'est du pays.*

1. La Séléka est une coalition de groupes rebelles commandés par Djotodia. Ces derniers renversèrent le président Bozizé fin 2013. Elle est dissoute en 2013 mais continuera de contrôler le terrain avant d'éclater en plusieurs factions à la fin de l'année 2014.
2. Groupes d'autodéfense mis en place par des paysans pour s'opposer aux ex-Sélékas.

Encordés

Les paupières à demi closes, les cerveaux encore endormis, il est trois heures et demie du matin lorsque nous quittons la chaleur rassurante de nos sacs de couchage. Le matériel a été préparé la veille après le peaufinage de notre itinéraire de progression sur la carte et la constitution des cordées pour la journée. En ouvrant la lourde porte de bois du refuge, le vent glacial, rappelant la dureté de la haute montagne dans laquelle ils ont pénétré, gifle le visage des chasseurs qui s'apprêtent à partir pour l'ascension du mont Pelvoux. Nous sommes le 25 juin 2013 et nous nous élançons pour la dernière course du camp d'entraînement en montagne de notre escadron. La pleine lune luit sur la roche et se reflète sur les névés des contreforts des arêtes de Sialouze quand la longue colonne se dirige vers une première barre rocheuse à franchir. Les membres sont encore engourdis mais les gestes restent précis, les pas mesurés.

L'itinéraire a été reconnu la veille par une petite équipe en charge de guider l'escadron jusqu'au pied du couloir Coolidge. Comme au combat, les éclaireurs partent en avance pour permettre au gros de la troupe de franchir les passages délicats. Mais aujourd'hui, ils ne chercheront pas à localiser l'ennemi. Cette équipe fera la trace, balisant l'itinéraire, taillant de petites marches dans la neige et positionnant s'il le faut des cordes pour aider les plus faibles à s'élever vers le sommet. En traversant le torrent du Clot de l'Homme, nous sommes attentifs aux chutes de séracs qui pourraient mettre fin de manière dramatique à notre épopée nocturne. Les névés s'enchaînent, les bras poussent sur les bâtons pour s'équilibrer sur la neige dure. La couche de regel est une très bonne nouvelle pour notre progression mais elle nous invite à chausser nos crampons et nos casques. La luminosité permet d'éteindre nos lampes frontales, et après une lente procession sur le glacier de Sialouze, nous nous arrêtons au pied du long couloir vertical, langue de diamant entourée de piliers granitiques, pour accomplir le premier geste de tout montagnard, geste simple mais bouleversant tant il engage ceux qui le réalisent.

Nous nous encordons.

Les soldats de Clermont-Prince[1] ont troqué ce matin la protection métallique de leurs véhicules blindés contre quelques mètres de nylon multicolore tenus de leurs mains gantées. Quelle marque de confiance pour ces hommes prêts à se battre demain pour la France que de remettre, ici, leur vie entre les mains de leur binôme ! Esprit d'équipage et esprit de cordée s'entremêlent au cœur du massif des Écrins, à plus de trois mille mètres d'altitude. Il y a quelques mois, certains d'entre nous combattaient dans la poussière et la rocaille d'Afghanistan. Le vacarme des combats et des moteurs de blindés créait au quotidien une cacophonie assourdissante. En cette matinée de printemps, le calme et la quiétude règnent sur les cordées. Quel contraste ! La verticalité forge les âmes en confrontant les individus au vide, au risque et au danger. Elle forme les soldats au combat en leur apprenant le goût de l'effort, le dépassement de soi et l'humilité nécessaire pour ne pas foncer tête baissée dans l'action. Dans cette paroi de neige et de glace, les chefs de cordée s'assurent que leurs seconds marchent dans leur trace, en conservant la corde tendue entre eux, seule assurance en cas de chute.

Après deux heures d'ascension, les premières cordées plantent leurs piolets pour franchir le ressaut vertical puis atteignent la pointe Puiseux. L'escadron se regroupe, minuscule tache dans l'immensité de ce massif millénaire. Le soleil levant éclaire derrière nous la Meije et la face sud de la barre des Écrins. Mais la mission n'est pas terminée : il faut encore redescendre et traverser le très tourmenté glacier des Violettes.

1. En référence aux volontaires de Clermont-Prince ayant servi à créer le 4e régiment de chasseurs en 1779.

Puis, lorsque les odeurs de la vallée se rappellent à nos narines engourdies par le froid, nous rentrons à Gap avec le sentiment qu'après un tel effort collectif, plus rien ne peut nous arriver. Nous avions tort.

Premières patrouilles dans les quartiers de Bangui

Mi-octobre, vers 6 heures 30, mon téléphone sonne.

– Nicolas, c'est le colonel.

– Mes respect, mon colonel.

– L'état-major planche sur la projection d'un escadron blindé en Centrafrique. C'est pour le mois de mars. Ce ne sera pas avec vos AMX10-RC, mais plutôt dans un format d'EAE. On a besoin de trois pelotons VBL et un autre sur VAB. Je veux que tu me fasses une étude pour ce soir et que tu me la présentes quand je rentrerai de Mailly.

Première chose à faire en raccrochant : ne pas s'emballer. Il ne s'agit que d'une étude, et même si la première pensée qui me vient à l'esprit est cette injonction du maréchal Leclerc : « Pour le succès des armes de la France, ne me dites pas que c'est impossible », il faut rester lucide et objectif. Non seulement l'escadron devra dompter de nouveaux engins avant de partir au combat quelques mois plus tard, mais l'effectif nécessaire pour une telle entreprise est important, bien plus que celui dont je dispose habituellement. Je consulte mon adjoint avant de commencer à réfléchir. Il ne suffira pas de remplir quelques tableaux avec des noms : il faudra aussi penser aux formations à prévoir et aux matériels à acquérir. Cette mission m'a tout l'air d'un bon panier de crabes.

L'escadron débarque à Bangui le 15 mars 2014. Si nombre d'entre nous avons déjà combattu en Afrique, l'opération Sangaris à laquelle nous prenons part semble très particulière. Première surprise : notre escadron est intégré dans un regroupement disparate incluant nos cavaliers des cimes, des fantassins du 92e RI* (basé à Clermont-Ferrand) et un poste de commandement issu du 5e régiment interarmes d'Outre-Mer (basé à Djibouti). Nous n'avons jamais travaillé ensemble, et nous allons pourtant devoir remplir de concert une mission rigoureuse de quatre mois au sein du groupement Scorpion.

Le colonel fixe le cadre de la mission le premier soir :

– Il faut réaliser l'ouverture vers l'est. Autrement dit, après une phase de reconnaissance, il faudra déployer un dispositif pour sécuriser une partie de la zone nord-est de la Centrafrique. Cette zone s'étend sur quatre cents kilomètres d'ouest en est, allant de Sibut à Bria, en passant par Grimari, Ippy et Bambari sur cent kilomètres du nord au sud. La ville de Bria revêt un caractère particulier puisqu'elle abrite de nombreux soldats ex-Sélékas, notamment quelques responsables considérés comme radicaux.

Les deux premières semaines à Bangui, nous apprenons à nous connaître tout en préparant notre mission. Les pelotons des lieutenants Thierry, Olivier et Pierre ainsi que celui de l'adjudant Laurent effectuent des reconnaissances et des patrouilles dans les quartiers de la capitale, allant de PK 0 à PK 10[1] ou dans des zones plus sensibles où des claquements d'armes à feu se font entendre quotidiennement. Il n'y a pas d'attaque directe contre les pelotons, mais à tout instant, la situation peut passer du calme au chaos, avec mouvements de foule ou tirs contre nos patrouilles. Première tension du côté de Laurent, qui lance un appel radio :

– 20, j'entends de nombreux coups de feu dans le secteur du quartier Jean XXIII, ils semblent relativement proches. Je propose de réorienter la reconnaissance pour savoir de quoi il s'agit.

1. PK pour « point kilométrique ». Situés sur le boulevard de l'Indépendance (axe sud-nord), ils donnent des points de repère. Ce baptême de terrain n'est pas propre aux militaires, il apparaît également sur les cartes civiles.

Ce quartier situé au nord-ouest de Bangui est effectivement connu pour abriter des groupes anti-balakas vindicatifs vis-à-vis des ex-Sélékas, mais également envers la force Sangaris. Ils peuvent rassembler une centaine de personnes en un claquement de doigts pour ériger des points de contrôle sauvages ou mobiliser la foule.

Puis, quelques minutes plus tard :

– 20, la situation semble être redevenue calme, la population n'a pas déserté les rues. Je reprends la mission de patrouille initiale.

Fausse alerte.

Ces quinze premiers jours permettent à l'ensemble de l'unité, du chasseur au capitaine, de prendre ses repères face à un ennemi imprévisible et relativement furtif. Nous préparons aussi notre reconnaissance vers le nord-est de la Centrafrique.

À Bria, fief des soldats ex-Sélékas

Au début du mois d'avril, il est temps pour l'escadron de rejoindre sa zone d'opération. Malgré la chaleur et l'humidité, les pelotons sont impatients de se confronter à la dureté du pays, de se mesurer à l'inconnu. Si chaque combattant a déjà l'expérience d'au moins une mission extérieure, aucun n'imaginait il y a quelques mois vivre de tels moments : ils partent en itinérance pour reconnaître et sécuriser de nombreux villages dans lesquels ils ne resteront que deux à trois semaines, sans revenir à Bangui. Ils s'installeront dans des petites emprises autonomes, anciennes écoles ou villas préfectorales abandonnées, dans lesquelles les pelotons devront vivre, se défendre et parfois se détendre.

Le 4 avril, à 6 heures 30, j'annonce le départ en radio après les dernières vérifications matérielles. Quelques minutes plus tard, nous passons le point de contrôle PK 11 au nord de la ville puis mettons le cap vers Sibut pour une reconnaissance de quelques heures sur un axe plutôt roulant. Malgré le calme apparent, chacun reste à l'affût du moindre indice de violence ou d'un risque pouvant entraver le mouvement de notre colonne de véhicules.

Après cinq jours à travers la forêt centrafricaine dont la densité et les pistes cassantes ralentissaient notre allure, les pelotons de combat du lieutenant Pierre (sur VBL) et de l'adjudant Laurent (avec ses VAB équipés de canons de 20 mm) arrivent aux sorties ouest de la ville de Bria, avec le peloton de commandement dans leur sillage. Nous nous installons dans des bâtiments qui devaient servir d'école mais dont la construction s'est arrêtée à l'édification des quatre murs extérieurs. Tandis que mes éléments blindés stationnent à l'extérieur de l'agglomération, le reste du groupement Scorpion, avec le poste de commandement du colonel et une partie de la compagnie d'infanterie, s'installe au cœur de la ville et à l'aéroport. Si la situation se dégrade, les fantassins seront engagés pour protéger les points sensibles, notamment le poste de commandement : l'escadron est donc le seul élément de manœuvre.

Nous sommes bien dans un des fiefs des soldats ex-Sélékas, particulièrement vindicatifs à l'égard de la présence française : il ne faut que deux jours pour que le climat se dégrade. La journée du 10 avril est émaillée d'incidents. Les différents éléments français se trouvent cloisonnés par des mouvements de foule et des obstacles sur la route, empêchés ainsi d'intervenir de manière coordonnée. Des patrouilles en VBL renseignent sur l'évolution de la situation à l'entrée ouest de la ville. En milieu d'après-midi, le chef de peloton rend compte :

– 40, je suis situé à environ cent cinquante mètres du carrefour Charlie 4[1], je vois un rassemblement d'une cinquantaine de personnes. D'attitude plutôt hostile, elles restent sur

1. Nom donné dans le cadre de la mission.

le carrefour mais sont en train de mettre en place un barrage bloquant l'axe.

Je leur réponds de maintenir la position tant qu'il n'y a pas d'imbrication et de poursuivre la surveillance. Rendant compte de la situation au poste de commandement, l'officier de quart m'informe qu'une foule se dirige également vers leur position. Entre-temps, une vingtaine de combattants de la Misca accompagnés par mon adjoint, le capitaine Stanislas, nous ont rejoints depuis la ville de Ippy. Ils ne seront pas de trop pour nous prêter main-forte si la situation dégénère.

Risque d'embuscade au carrefour Charlie 4

Il est environ dix-sept heures lorsqu'un renseignement diffusé à la radio signale un risque d'embuscade sur des éléments français à Bria. Le calme nous paraissait pourtant revenu. Vers dix-huit heures, je reçois l'ordre d'escorter le groupe de la Misca vers le centre de Bria, pour que les soldats puissent rejoindre l'aéroport. Je refais donc le point avec mes chefs de peloton :

– 40, avec une patrouille, vous escorterez le convoi constitué de mon véhicule, de celui de la Misca et du VBL de mon adjoint.

– 20, à partir de la base, vous assurerez l'élément d'intervention sans préavis d'alerte, le personnel sera donc embarqué dans les véhicules, moteur tournant, prêt à partir si ça barde.

– Formation du convoi aux ordres de l'adjoint et départ à 18 heures 30.

Après vérification des dernières mesures de coordination, j'ordonne le mouvement et rappelle le risque d'embuscade. J'ignore pourquoi, mais j'ai l'impression que quelque chose cloche. J'ajoute donc :

– Vigilance accrue au niveau du carrefour Charlie 4.

La nuit est sombre, la colonne entame sa progression. Nous arrivons à vue du carrefour et chacun est aux aguets, en hypervigilance. Le véhicule de tête ne tarde pas à annoncer :

– La barricade est toujours en place, je tente de contourner par la gauche.

Je n'ai pas le temps de répondre. Les coups de feu adverses retentissent. J'ordonne :

– Pour l'ensemble de la colonne, demi-tour et retour sur la place située à quatre cents mètres en arrière. À l'issue, vous me faites un point de situation.

Une fois au lieu de rendez-vous, le groupe congolais de la Misca révèle qu'un soldat est tombé de son véhicule au niveau du carrefour. Le peloton d'alerte venant d'arriver sur notre position, je l'envoie en reconnaissance sur le carrefour pour récupérer le soldat disparu. Après quelques minutes, j'entends à la radio :

– 20, je suis actuellement à quelques dizaines de mètres du carrefour, j'ai engagé des éléments armés et postés autour du carrefour. Je confirme qu'ici, ça ferraille pas mal, mais je n'ai aucun visuel sur un soldat congolais.

Mais où est-il ? Laurent ne pourra pas rester longtemps seul sur le carrefour. Je rends compte de la situation et reçois l'ordre de me désengager. Laurent redéploie donc son peloton en retrait, tout en maintenant une surveillance face au carrefour, en espérant pouvoir recueillir le soldat perdu. Après quelques heures de surveillance, ce dernier finit par rejoindre la zone amie.

Cette journée était notre première rencontre collective avec la violence. Nous n'étions qu'au début du mandat.

La présence française : une provocation pour les ex-Sélékas

Après deux semaines passées à Bria, la situation dans la ville est redevenue calme et l'escadron reçoit l'ordre de rejoindre

Bambari après un très court passage à Grimari. Nous y restons trois semaines et sommes renforcés pour l'occasion d'un peloton blindé avec ses ERC 90 (engins roues canon équipés d'un canon de 90 mm) Sagaie (indicatif Bleu), d'un EO* et ponctuellement d'une section d'infanterie (indicatif Jonquille). Hormis cette dernière, les pelotons sont installés à l'ouest de la ville, sur l'aérodrome, à environ trente minutes du poste de commandement du groupement situé, lui, au centre de Bambari. Le peloton de Pierre est pour sa part resté à Grimari pour y renforcer les patrouilles.

La mission des éléments blindés vise essentiellement à sécuriser la zone située à l'ouest de Bambari. Mais la situation se dégrade de jour en jour. Dans la ville se trouvait l'état-major militaire des ex-Sélékas : la présence française constitue donc une provocation aux yeux de certains de leurs chefs. Le commandement français décide alors de référencer l'armement ex-Sélékas et de procéder à un désarmement partiel. Scorpion en reçoit l'ordre formel le 23 mai. Les deux compagnies d'infanterie doivent en assurer l'exécution, tout en sécurisant le centre-ville, en particulier le pont sur la rivière Ouaka, qui traverse la cité du nord au sud. Quant à l'escadron, il intensifiera ses opérations de sécurisation à l'ouest de la ville, pour assurer un climat de confiance.

De retour à l'aérodrome, je donne mes ordres :

– 10, par des patrouilles en VBL dans les faubourgs ouest, vous sécuriserez la zone afin d'intercepter toute tentative d'infiltration anti-balakas. Bleu, vous sécuriserez la zone extérieure, ouest de la ville, en accordant une attention particulière au point de contrôle ex-Sélékas, sur l'axe principal. 20, à partir de l'aérodrome, vous soutiendrez les éléments déployés en sécurisation, en mesure d'appuyer l'un ou l'autre dans un délai de trente minutes. Pour tous, début de mission le 24 mai à huit heures.

Il est déjà tard, mais malgré la fatigue qui se fait sentir après deux mois de baroud, chaque peloton s'affaire à préparer sa mission.

Le 24 mai à cinq heures du matin, l'opérateur radio vient me chercher en urgence. Le poste de commandement du groupement veut me joindre :

– Vert[1], une réunion d'anti-balakas armés se tient actuellement dans un village situé à environ cinq kilomètres à l'ouest de Bambari. Je vous demande d'aller les intercepter, départ immédiat.

Le village est situé en pleine forêt et n'est pas accessible en véhicule. J'obtiens le renforcement de la section Jonquille qui, avec les éléments juste suffisants, devra tenter de remplir cette mission.

Il est huit heures lorsque les pelotons rendent compte :

– 10, je suis déployé dans ma zone. Trois patrouilles en véhicule sont en cours, rien à signaler.

– Bleu, dispositif en place. Une patrouille est en surveillance à l'entrée ouest de la ville avec un ERC et une P4, au niveau du point de contrôle ex-Sélékas. Cet élément va prendre contact avec le personnel en place.

Trois hommes portés disparus

Au moins, du côté des pelotons, ça se déroule comme prévu. Mais très rapidement, un compte rendu d'une compagnie d'infanterie nous alerte sur la dégradation de la situation :

– Je suis en place au niveau du pont… Je fais face à une foule hostile qui manifeste… Il y a un risque d'imbrication… Je manœuvre…

La voix est rapide mais semble lointaine, signe des difficultés que rencontrent le capitaine et ses hommes.

Quelques minutes plus tard, la détresse s'accentue :

– La foule est de plus en plus hostile… Mon dispositif n'est pas en mesure de la repousser.

1. Indicatif de l'escadron.

Bouche bée, nous écoutons, impuissants, le récit de notre camarade en train de perdre pied :

– La foule tente d'incendier les roues des véhicules blindés.

Et enfin, vers neuf heures et demie :

– Un pick-up avec une trentaine d'ex-Sélékas et armé d'une mitrailleuse de 14,5 mm a forcé le dispositif. Il se dirige vers le point de contrôle à l'ouest de la ville...

Puis, alors que je n'ai pas le temps de retransmettre l'information à l'élément en surveillance sur le point de contrôle :

– Bleu, Contact !!! Je suis pris à partie par un pick-up progressant d'est en ouest...

L'équipage de la P4 (véhicule tout-terrain) ne parvient pas à se désengager avec son véhicule et doit quitter sa position, précipitamment, à pied et sans moyen de communication. Trois de mes hommes sont ainsi temporairement portés disparus : l'attente est angoissante.

Je rappelle la section Jonquille en urgence, alors que ses fantassins étaient déjà bien avancés dans sa reconnaissance à pied, et déclenche un appui du peloton 20. Accompagné de ce dernier et de l'élément d'observation, nous rejoignons en trombe les entrées ouest de Bambari. Les trois VAB équipés de canons de 20 mm se déploient instantanément face à la trentaine de miliciens installés dans les habitations situées aux lisères de la ville. Une grosse centaine de mètres nous sépare d'eux, la végétation est très dense. Nous nous observons dans un silence rompu uniquement par les échanges radio avec le poste de commandement.

Enfin, le bruit du rotor d'un hélicoptère français. L'élément d'observation lui décrit la situation. À cet instant, je dispose pour contrer l'ennemi d'un engin ERC 90, de trois VAB canon de 20 mm et de l'hélicoptère Gazelle armé de missiles. La section Jonquille nous rejoindra vers onze heures et demie.

Vers dix heures, les soldats « disparus » réussissent à rejoindre les positions amies. Quel soulagement ! Mais déjà, la radio résonne de nouveau dans mon blindé :

– Vert, compte tenu de l'agression des miliciens ex-Sélékas, je vous ordonne de vous emparer de leur point de contrôle !

Ainsi s'ouvre l'affrontement. Le combat commence par un tir de missile sur le pick-up armé. Il durera plus de deux heures. Deux heures d'explosions, de choc, de mitraille, de hurlements. Parfois, les projectiles passent à un mètre. Deux volontés se font face, mais la puissance de feu de la cavalerie doit triompher et forcer l'ennemi à se plier aux règles. Ces deux heures résonnent pour toujours dans l'esprit de ceux qui y ont survécu.

Vers midi et demi, nous finissons la reconnaissance de la position. Je réalise une relève complète des pelotons et sections éprouvés après une telle matinée.

La mission continue.

Empêcher que les provocations dégénèrent

Au cours du mois de juin, l'escadron rejoint Sibut. Là – et alors que je pensais terminer le mandat dans cette ville –, le colonel nous renvoie en reconnaissance vers Dékoa, située à une petite centaine de kilomètres au nord. Nous le savons, les tensions entre anti-balakas et ex-Sélékas y sont fortes. La fin du mandat s'annonce intense, dure, et moralement éprouvante.

La reconnaissance faite par le peloton de Pierre appuyé par les hommes de Laurent est relativement calme. Cependant, la présence de forces françaises demeure toujours l'occasion pour anti-balakas ou ex-Sélékas de renforcer leur influence dans certaines zones, provoquant tensions, voire affrontements. Ainsi, alors que, grâce aux patrouilles de sécurisation menées par les pelotons, un subtil équilibre était maintenu, nous n'échappons pas à la provocation d'une des parties. Le 9 juillet en fin de journée, à quelques jours de la relève, une patrouille rend compte :

– 40, à la sortie sud du village, des anti-balakas armés de fusils de chasse mais très probablement sous l'emprise de l'alcool ou d'autres substances ont mis en place un point de contrôle sauvage.

Il faut y mettre fin dans le calme, pour éviter tout incident. Après quelques minutes :

– 40, je suis toujours sur le point de contrôle sauvage. Les anti-balakas ne veulent pas quitter les lieux. Ils souhaitent prendre à partie les ex-Sélékas.

Ces derniers ne l'entendent évidemment pas ainsi. En quelques minutes, environ soixante-dix soldats armés de fusils AK 47, de lance-roquettes RPG 7, de canons 106 SR* et de mortiers se positionnent face aux anti-balakas.

La situation peut basculer à tout instant. Je déploie le peloton de Laurent pour qu'il fasse baisser la pression par sa présence dissuasive et, si besoin, neutralise toute menace. Tandis que le peloton de Pierre est toujours occupé avec les anti-balakas alcoolisés et drogués, je vais dialoguer avec le chef des miliciens. Compte tenu de l'état des uns et des autres, j'ai l'impression de marcher sur une arête rocheuse effilée, au-dessus du vide. Au moindre faux pas, la chute peut être fatale. Qu'arrivera-t-il si l'un des adversaires ouvre le feu ? Un déluge de mitraille entre les deux clans avec des éléments de l'escadron au milieu ? Ou bien une certaine discipline malgré tout ?

Les négociations sont en cours de part et d'autre lorsqu'un coup de feu retentit. Instant de vérité glaçant… Les yeux s'ouvrent, les oreilles se tendent. J'imagine mes chasseurs prêts à en découdre si ça vire au cauchemar, et je prie pour que cela n'arrive pas. Que va-t-il se passer maintenant ?

Finalement, rien.

Chacun rentre dans son campement. L'équilibre instable a tenu. Personne ne saura jamais par quel miracle. Mais cet équilibre ne tiendra que quelques jours puisque, peu de temps après notre relève, de violents combats éclateront de nouveau.

Poursuivre la trace

Quelques années plus tard, le 2 décembre 2022, l'étendard du 4e régiment de chasseurs est décoré de la croix de la Valeur militaire. Notre emblème s'orne d'une palme de bronze venant consacrer notre mission en Centrafrique et de nombreuses autres vécues dans ce pays par les cavaliers des cimes la même année. Quelle joie de retrouver le régiment ! Quel plaisir de revoir nos montagnes parées de leur manteau d'hiver ! Et quelle émotion de recroiser les regards de ces hommes valeureux avec lesquels nous partageons tant de souvenirs !

La cérémonie est belle. Émouvante. Avant de quitter mes anciens camarades de cordée, nous ne résistons pas à l'envie de gravir une nouvelle fois le pic de Charance enneigé. L'effort de nos corps élève une nouvelle fois nos cœurs et, là-haut, en contemplant l'immense croix de bois, nous repensons à ces moments dont l'intensité a forgé nos âmes. Puis, remettant sac au dos, nous poursuivons notre trace dans la neige, toujours sur le fil de l'arête.

En avant, légionnaire de l'Afrique[1]

Par Christian Desrousseaux de Medrano

> « Les légionnaires offrent peut-être l'image la plus parfaite de ce qu'on peut espérer de la liberté sociale. Ils paient d'un seul coup tous leurs impôts à un même guichet : servir jusqu'à la mort. En dehors des exigences de cette obligation, ils sont libres de boire, d'écrire des vers ou de se foutre de tout. »
>
> Pierre Mac Orlan, *Le Figaro*, 1939

En juin 2015, la France réduit son empreinte militaire en Centrafrique et adopte un dispositif de force de réaction rapide au profit des soldats de l'ONU. Les missions s'adaptent à cette nouvelle posture et les légionnaires du 1er régiment étranger de cavalerie opèrent conjointement avec les troupes de la mission de l'ONU, la Minusca ayant succédé à la Misca le 15 septembre 2014.*

1. Titre d'un chant célèbre de la Légion étrangère.

Bangui, octobre 2015

Les fumées noires s'élèvent des faubourgs de l'aéroport, baigné dans une âcre odeur de caoutchouc et de bois brûlé. L'avion qui doit nous ramener en métropole se posera dans quelques heures, si la situation en ville et aux abords de l'aéroport reste sous contrôle de nos camarades marsouins du 1er RIMa ayant pris notre relève il y a quelques jours. La tension qui régnait dans la population il y a quatre mois lors de notre arrivée a de nouveau, ces dernières semaines, dégénéré en affrontements. Quel contraste avec nos premières semaines, plutôt calmes, passées à parcourir le pays, pense l'adjudant-chef Sergei. Et pourtant, quelle mission ! Lui, le légionnaire cavalier venu de Sibérie, possède une riche et solide expérience des opérations extérieures. Il a trouvé ici de quoi s'épanouir : du mouvement, de l'autonomie, parfois de l'action. Alors qu'il boit tranquillement son thé russe sur le tarmac, ses souvenirs, légers ou plus sérieux, se bousculent et nous évoquons ensemble les aventures de ces derniers mois.

« Bambari Tour »

En ce début du mois de juillet 2015, le soir tombe sur la brousse qui s'étend aux abords du camp. Avant que chacun ne vaque à ses occupations, j'ai rassemblé les quelques cadres présents pour débriefer la journée. L'escadron est réparti entre les villes de Bangui, Sibut et Bambari, et ne sont présents à Bambari que deux pelotons et quelques renforts, pour garder l'aérodrome de latérite et assurer la présence de la force Sangaris aux côtés de la Minusca dans les discussions quotidiennes avec les ex-Sélékas et les anti-balakas de la localité. Sergei découvre qu'il y a peu, ses prédécesseurs ont connu ici de violents affrontements, en totale dissonance avec la tranquillité du village qui jouxte le campement.

Le toit d'un camion, en panne depuis des mois, sert de terrasse pour saluer le soleil couchant en dégustant quelques cacahuètes locales et une bière dont la fraîcheur contraste avec la chaleur moite ambiante. Non loin, un légionnaire malgache se lance dans une reprise rythmée du chant de la Légion « La lune est claire » pour accompagner avec sa guitare l'anniversaire de l'un de ses camarades.

« La lune est claire, la ville dort.
J'ai rendez-vous avec, celle que j'adore.
Mais la Légion s'en va,
Oui s'en va. »

– Bangui vient de me prévenir d'une nouvelle visite d'autorité, annoncé-je.

Depuis plusieurs semaines, les visites se succèdent, prenant le pas sur le tempo opérationnel. J'ajoute, narquois :

– Il semble que tout le monde veuille venir à Bambari. La réputation de la Légion et de son sens de l'accueil s'est vite répandue.

En réalité, les enjeux ne manquent pas. La ville est le fief d'Ali Darass, puissant chef de l'Unité pour la paix en Centrafrique, actuellement au centre de toutes les attentions, alors que le gouvernement et la Minusca ont lancé un processus de désarmement des groupes armés et que se préparent les élections présidentielles. Je précise :

– Il s'agit du COMANFOR [le général commandant Sangaris], de l'ambassadeur de France et de trois ministres centrafricains, dont un particulièrement important. Nous devrons les escorter avec la Minusca pour un « Bambari Tour » et assurer leur protection pendant les réunions. Ils déjeuneront sur place avant de repartir.

J'expose l'organisation de la journée, puis clos la réunion avec le traditionnel : « Des questions ? »

– Oui mon capitaine, lance placidement l'adjudant-chef Sergei. C'est clair pour le déroulé de la journée, mais pour le déjeuner, que voulez-vous qu'on leur prépare ?

– C'est vrai qu'avec toutes ces visites, pas moyen d'être tranquilles plus de deux jours. On va finir par ouvrir un restaurant.

Sur le ton de la plaisanterie, Sergei conclut :

– On n'a qu'à leur faire de la choucroute !

Depuis plusieurs semaines, un important stock de conserves de choucroute livrées en amélioration des repas restait intouché et faisait l'objet de railleries au sein du peloton de commandement. Après les journées de patrouille sous une chaleur constante, elles avaient moins de succès que les raviolis ou l'effiloché de canard.

Une montagne de choucroute sera donc proposée à la délégation ministérielle. Exclamations de surprise de l'ambassadeur et du ministre, regard dubitatif du COMANFOR... Ce faux air d'Alsace en pleine Afrique est finalement accueilli avec enthousiasme. Séduits par le plat tout autant que par la fraîcheur des bières ou du vin de Puyloubier, les invités ne quitteront la table qu'à regret.

– Ce que j'aime avec la Légion, c'est qu'on n'est jamais déçu ! conclut l'ambassadeur avant de prendre congé.

Séances de cinéma pour les orphelins de Sibut

Mi-juillet, l'ordre est donné de quitter Bambari direction Sibut, où se trouve le reste de l'escadron. Après plus d'un mois d'opération, il était temps de retrouver nos camarades et de reformer l'unité. Dernière prise d'armes pour confier le camp à une unité de la Minusca. Le drapeau onusien entame son ascension au mât des couleurs, croisant le drapeau français qui le quitte. Dernier salut aussi au gigantesque insigne de l'escadron et à la flamme de la Légion, réalisés en ciment au pied du mât par quelques légionnaires artistes sous l'œil expert de l'adjudant d'unité. Leur couleur blanche tranche avec le rouge carmin de la latérite africaine.

La Légion est passée…

Le capitaine Clément, officier adjoint, accueille l'escadron en maître des lieux dans un camp parfaitement tenu et organisé par l'adjudant-chef Manuel, dont la voix chantante et le fort accent chilien font régner une bonne humeur perpétuelle. Débute alors une nouvelle phase de renseignement et de contrôle de zone, ponctuée de patrouilles de longue durée en direction des points clés conduisant à la capitale. C'est l'occasion pour les pelotons de mener des reconnaissances de plusieurs jours dans des zones qui n'ont pas pu être visitées depuis longtemps. Autonomes, les légionnaires cavaliers profitent de cette liberté bienvenue. Sur le camp, la vie s'organise entre la garde, les rencontres d'autorités locales et les challenges sportifs. L'orphelinat voisin a rapidement réveillé la fibre généreuse des légionnaires qui s'investissent au profit des enfants en menant quelques travaux ou en organisant goûters et séances de cinéma.

« Tu veux de l'or ? » : deal et criminalité

Mi-août, l'escadron part en autonomie complète pour dix jours d'opération dans le sud-ouest du pays. Augusta (du nom d'une célèbre légion romaine) vise à recueillir un maximum de renseignements et à mener des patrouilles communes avec les détachements de la Minusca en poste dans les villes traversées. Sur l'itinéraire, une panne opportune immobilisant la colonne permet à chacun de découvrir le palais de Bokassa 1er, squatté par des soldats démobilisés et sans solde, qui survivent comme ils peuvent en cultivant des légumes dans les anciens jardins de l'empereur. Le palais est en ruine, pillé de fond en comble et envahi par la végétation. Au-dessus de la grille monumentale, l'aigle noir qui trônait au centre d'une étoile dorée a perdu de sa splendeur. Le brigadier Lukasz prend une dernière photo au pied de l'imposante statue de Bokassa et de son mausolée. Il est déjà temps de repartir.

Le soir, au village de Ndolobo qui sera notre lieu de bivouac pour les deux jours à venir, les gendarmes locaux, enthousiastes, nous renseignent sur la situation de la région. Depuis longtemps, le risque ici n'est plus lié aux affrontements intercommunautaires mais à la criminalité. Les seigneurs de guerre profitent de l'absence de l'État et imposent leur loi, s'arrogeant comme partout ailleurs l'exploitation des mines d'or. Le lieutenant de gendarmerie déplore ce pillage et la corruption de ses hommes chargés de veiller sur les gisements. Il n'ose plus se rendre sur un site en particulier, devenu plaque centrale du trafic.

– Mon capitaine, c'est sur la route de notre reco prévue demain... On y va ? me demande Clément.

Le poste de commandement ayant donné son accord, décision est prise de pousser la reconnaissance sur ce point et de permettre à la gendarmerie centrafricaine de s'y réaffirmer. Le gros du convoi restera en contrôle de zone au village de Ndolobo, et un élément de reconnaissance se rendra à la mine d'or. La carte n'indique aucune route dans cette direction ; pourtant, les blindés roulent sur une piste parfaitement entretenue et – fait rare dans la région – sur laquelle deux camions pourraient se croiser sans problème. L'axe est sillonné par des jeunes chevauchant des motos rutilantes, l'air hautain, rivalisant d'accessoires originaux pour se distinguer : colliers, triples paires de lunettes, débardeurs de joueurs de basket, casquettes brillantes...

Enfin, nos blindés légers (VBL) sortant de la forêt se trouvent face à une gigantesque cuvette au centre de laquelle une friche industrielle semble avoir retrouvé vie. La route est ici bordée de bidonvilles et d'échoppes où les ouvriers se sont installés. Un comité d'accueil nous attend et des centaines de personnes nous accompagnent le long de la route, mi-hostiles mi-amusées, nous traitant de « voleurs de diamants » ou de « voleurs d'or », mais surtout impressionnées par nos véhicules. Nous arrivons enfin devant une ancienne scierie où nous devons rencontrer le responsable de la mine : Rodrigue, dit « le Boss ». L'homme est jeune, se veut neutre mais ne parvient pas à cacher une certaine fébrilité. Son bouc fin et ses favoris rasés de près jurent avec l'allure de ses acolytes, de même que son survêtement bleu brillant, visiblement neuf, et ses chaussures immaculées. Seule sa kalachnikov n'est pas plus soignée que celles des autres. Il ne nous inspire guère confiance, de même que ses gardes du corps, à commencer par les deux gendarmes chargés d'assurer ici l'autorité de l'État centrafricain, qui servent en réalité de caution intéressée au système mafieux local. Ce sont eux dont le lieutenant se plaignait la veille. Ils semblent désagréablement surpris que leur chef ose venir les contrôler. L'ambiance est pesante. Nous nous sommes discrètement placés de façon à surveiller l'ensemble de la scène et empêcher toute mauvaise surprise.

La discussion avec les « responsables » est un dialogue de sourds. Tous sont manifestement persuadés que les légionnaires sont là pour mettre la main sur la mine. Nous répétons inlassablement que la mission Sangaris ne s'intéresse pas aux ressources centrafricaines mais vient aider à restaurer la stabilité et l'ordre en pleine guerre civile. Rodrigue, de son côté, assure que tout l'or extrait ici est scrupuleusement contrôlé par le ministère des Mines et que la corruption est une gangrène qu'il faut bien sûr éradiquer. Au moment de prendre congé, il me prend à part, d'un air de conspirateur ou de dealer, sort un petit paquet et me glisse à l'oreille :

– Tu veux de l'or ?

Quelques jours plus tard, l'opération est écourtée, ordre est donné de rentrer en urgence sur la base avancée de Sibut. La tension monte à Bangui, avec une recrudescence des affrontements entre groupes armés. En province, des groupes ex-Sélékas et anti-balakas menacent de reprendre le combat et cherchent à rejoindre la capitale. De rassurante, la posture des légionnaires devient dissuasive. Les choses sérieuses commencent.

Depuis Sibut, notre escadron mène des missions de réassurance avec la Minusca, dans les directions où des mouvements rebelles sont annoncés. Les escarmouches entre groupes armés rythment désormais le quotidien.

Embuscade au cœur de Bangui

À Bangui, les patrouilles du 2e régiment étranger d'infanterie sont systématiquement prises à partie par des tirs isolés. « Vert 30 », le PRI* qui les renforce, est commandé par le lieutenant Charles. Ce 27 septembre 2015, il doit escorter deux autorités françaises qui travaillent au sein de la Minusca. Depuis quelques jours, des barricades ont été installées sur les axes majeurs de la capitale, notamment sur l'axe « Juliette », à quelques centaines de mètres du camp français, pour empêcher la force Sangaris de rejoindre le centre-ville. Le peloton de Charles a pu passer tout à l'heure, mais la tension est montée d'un cran et la route qu'il doit emprunter pour son itinéraire de retour est désormais verrouillée par une foule hostile. Une centaine d'émeutiers se dressent sur les barricades, certains arborant ostensiblement des kalachnikovs et des grenades. Un hélicoptère Tigre décolle pour guider le peloton et les autorités qu'il escorte par un itinéraire moins dangereux.

Sur « Juliette », les barricades sont toujours en place, mais elles ne sont plus tenues. Vert 30 s'y engage, suivi de loin par une partie de la foule qui garde encore ses distances. Alors que les VBL ouvrent un passage sur une barricade, le 4x4 blindé des autorités s'accroche sur l'obstacle et s'immobilise. La scène n'a pas échappé aux émeutiers. Leurs intentions ne font plus de doute, ils vont passer à l'attaque. Sans hésiter, le maréchal des logis-chef

Bruno, sous-officier adjoint, bondit de son VBL. Il accroche son câble au 4x4 et le tracte sur quelques mètres pour le désengager. À peine a-t-il rembarqué que le déluge commence.

– Vert 30, contact ! annonce Charles à la radio.

Les tirs s'intensifient en direction des VBL. Le peloton est désormais pris à partie des deux côtés, et depuis les toits des maisons, par des tirs nourris de kalachnikov mais aussi de mitrailleuses lourdes. Les légionnaires ripostent avec toutes leurs armes. Le chef Bruno et le maréchal des logis Martin se démènent comme des lions pour placer leurs équipages à l'abri et appuyer le désengagement du véhicule des autorités. Les épaules à peine sorties de la trappe de leur VBL, ils tirent sans relâche tout en donnant leurs ordres.

– Pablo, attention à droite !

Le légionnaire a juste le temps de se tourner : il abat à quelques mètres un homme qui s'élançait vers lui, une grenade à la main, prête à exploser. Chen, son pilote, a la face ensanglantée. Une balle a percé le bord de la trappe située au-dessus de sa tête. En s'écrasant sur le bord du blindage, elle a volé en éclats qui lui ont criblé le visage et les bras. Par miracle, il n'a rien pris dans les yeux et manœuvre toujours son VBL, comme si de rien n'était.

Derrière eux, le brigadier-chef Jocelyn retient un juron : une balle vient de percuter sa mitrailleuse, le blessant à la main. Calme, sa mitrailleuse hors service, il sort son Famas* et continue à tirer pour montrer sa détermination.

– Intensification des feux ! commande Charles.

Le peloton parvient à se désengager et fonce maintenant vers le camp de M'Poko[1], alors que la nuit a envahi les rues. Ses VBL portent les stigmates de ce baptême du feu, tous ont été touchés par des tirs. Les impacts sont nombreux.

---

1. Camp militaire où stationnent les unités françaises, baptisé du nom de la rivière coulant à Bangui.

Son peloton étant sorti d'affaire, Jocelyn peut enfin bander sa main sanguinolente.

Durant ce même après-midi, sur le poste isolé de Sibut, le SGTIA Vert a récupéré l'ensemble de sa logistique et nous sommes en route pour rejoindre la capitale. Après avoir parcouru l'essentiel de la distance nous séparant de Bangui, notre colonne retrouve la liaison radio avec le PC et nous apprenons la nouvelle de l'accrochage de Vert 30. Le seul axe permettant de rentrer dans la ville est lui aussi couvert de barricades. Or notre colonne compte de nombreux véhicules vulnérables aux tirs ou qui pourraient se retrouver immobilisés au milieu de la foule.

Les blindés à l'assaut des barricades

Notre convoi s'arrête à une dizaine de kilomètres de la ville. Je fais un point de situation en radio :

– Vert 30 a été violemment pris à partie cet après-midi. L'axe que nous devons emprunter est bloqué par la foule et une succession de barricades. Nous allons stationner ici en attendant la nuit, puis nous pénétrerons dans la ville pour rejoindre le camp de M'Poko.

Aussitôt, un dispositif de sûreté est mis en place, visant à empêcher toute surprise par des anti-balakas qui circuleraient sur l'axe. L'attente est longue. Nous sommes suspendus à notre radio pour suivre les informations de Bangui sur l'évolution de la situation. Un hélicoptère de l'armée de l'Air survole les abords de la ville et dénombre treize barricades sur notre route. Au fil des heures, les comptes rendus annoncent que la foule s'est dispersée : des petits groupes de rebelles gardent maintenant les barricades, auxquelles ils ont mis le feu. Vers minuit, de brèves rafales éclatent à une centaine de mètres de nous. Le compte rendu fuse immédiatement, faisant grésiller les haut-parleurs des blindés, puis quelques instants après :

– J'ai intercepté un pick-up avec trois hommes armés à bord, le véhicule a fait demi-tour et les personnels qui étaient dessus se sont enfuis dans la forêt.

Le lieu où se trouvait le véhicule et les abords de la route sont ratissés. Les rebelles se sont enfuis en abandonnant des gris-gris ainsi que plusieurs armes blanches. « Ça commence… » pense Lukasz, non sans excitation, tandis qu'il termine son café en veillant la radio. Comme lui, nous redoublons d'attention, dans l'attente de l'ordre de reprendre la route vers Bangui.

Enfin, à quatre heures, le silence est rompu par la radio qui crépite :

– Vert, en avant, reprise de la progression vers Bangui.

Je donne les dernières consignes et partage les derniers renseignements : les barricades sont toujours en place mais les rues se sont vidées.

Sans bulldozer pour dégager l'axe de ses barricades, le peloton qui ouvrait la marche laisse la place aux VBCI, les véhicules blindés de combat de la section d'infanterie. Leur blindage et leur capacité de franchissement feront l'affaire. Suivront les VBL en escorte des véhicules « mous ». Le Fennec* de l'armée de l'Air a redécollé pour guider notre colonne à travers les rues les moins encombrées. Sans freiner, elle arrive à hauteur du premier check-point rebelle. Le VBCI de tête fait voler la barricade et ouvre une brèche dans laquelle s'engouffrent les véhicules qui le suivent. Quelques anti-balakas s'enfuient dans les artères adjacentes. Au fil des rues, les barricades sont écrasées les unes après les autres. Lukasz ne perd pas une miette de ce spectacle surréaliste. Il voit des obstacles en feu broyés sous les roues des véhicules qui le précèdent et des hommes qui s'enfuient. Le ventre des VBL et des P4 (tout-terrain) du convoi racle les morceaux de métal qui jonchent le sol, des planches et des meubles éclatent sous le poids des engins. Le maréchal des logis Rabii surveille chaque rue tout en faisant tourner le tourelleau de sa mitrailleuse. Quelques détonations se font entendre. Certaines barricades ont été piégées avec des grenades qui explosent au passage des VBCI, heureusement sans autres dégâts que des pneus crevés.

Enfin, la colonne atteint le camp de M'Poko. Pas un véhicule n'a été stoppé par les barricades et nous sommes au complet. Tandis que les véhicules rejoignent leur zone de stationnement, je me rends au PC où le chef de corps et le chef des opérations m'ont attendu toute la nuit.

– Bienvenue à Bangui ! La nuit a été longue…

– Beau comité d'accueil, en effet, mon colonel. Heureusement, tout s'est bien passé. L'escadron sera prêt à repartir dans quelques heures, il faudrait quand même pouvoir laisser un peu de repos aux pilotes.

– Oui, bien sûr, vous aurez la matinée pour vous remettre en condition. C'est plutôt l'heure d'un café, mais exceptionnellement, on va débriefer la journée autour d'une bière, vous l'avez bien mérité…

Combats de rue et défense du camp

Les barricades ont été réinstallées sur les axes majeurs de Bangui. Hier, 28 septembre, les pelotons se sont relayés pour les démanteler, sans autre incident que des tirs lointains. L'obstacle le plus important a été reconstitué sur l'axe « Juliette » à quelques centaines de mètres du camp français. Quelques patrouilles ont pu passer ce matin en le contournant, mais la tension est montée d'un cran et l'axe est désormais verrouillé par les agitateurs. Un convoi gabonais de la Minusca est chargé de le démolir, mais il progresse difficilement en raison des obstacles et de la foule hostile.

Le peloton de Charles est en alerte. Alors que la Minusca demande l'aide de Sangaris pour ouvrir l'axe, le lieutenant est envoyé sur la barricade pour y escorter des sapeurs qui la démantèleront. À treize heures, ce petit détachement quitte le camp de M'Poko. Aussitôt à vue de la barricade, Charles déploie ses patrouilles en appui du génie. L'obstacle est plus important que ceux des derniers jours. Des carcasses de voiture bloquent tout passage, et une trentaine de rebelles s'agitent aux abords de la barricade. Rapidement, une foule de jeunes Centrafricains rejoint les émeutiers. Certains portent des bâtons ou des machettes, mais aucune arme à feu n'est visible. Alors que le génie se prépare à forcer le passage et à ouvrir la barricade, une rafale part des maisons bordant la rue. En une fraction de seconde, la population a disparu, mais la trentaine de rebelles s'est mise à l'abri de la barricade et sur ses abords, prêts à en découdre.

À nouveau, les légionnaires essuient des tirs de mitrailleuse et quelques jets de grenade. Dans son tourelleau, le brigadier Slobodan fait cracher sa 12,7 pour riposter. Plusieurs rebelles sont fauchés par les balles tandis que d'autres continuent à monter sur la barricade pourtant arrosée par les tirs.

À M'Poko, nous écoutons tous attentivement la radio, en nous préparant à sortir pour rétablir la situation. Deux sections d'infanterie de légion se dirigent avec le peloton Sagaie vers l'entrée du camp. Le groupement de commandos parachutistes est également alerté.

– Vert 30, tirs d'armes lourdes dans notre direction.

Si Charles dit vrai, la situation devient critique. Les VBL ne résisteront pas à des tirs de 12,7 ou de 14,5 mm si les rebelles en ont fait venir. Après un moment de doute, nous comprenons qu'il s'agit du convoi de la Minusca remontant l'axe par l'autre côté et tirant lui aussi à la mitrailleuse sur ses assaillants. Pour appuyer Vert 30 et avoir une vision claire du champ de bataille, un hélicoptère Tigre a décollé et survole la zone autour de l'aéroport. Le peloton poursuit son désengagement mais le Tigre a détecté un rassemblement d'une trentaine de rebelles dans une rue parallèle. S'ils décidaient de prendre les pelotons à revers, Charles ne pourrait pas les en empêcher et la nasse se refermerait sur ses légionnaires. Les hommes étant clairement identifiés comme armés et hostiles, le Tigre reçoit l'autorisation d'ouvrir le feu. Sur le carrefour où ils s'étaient rassemblés, plusieurs corps jonchent désormais le sol, tandis que les survivants fuient ou se réfugient dans les maisons.

– Vert 30, le peloton s'est désengagé, je rejoins M'Poko avec 100 % de mon détachement.

Alors que le peloton de Charles s'est réarticulé à l'abri des tirs ennemis, il laisse la place aux VBCI et aux ERC 90 Sagaie : nous fonçons vers la zone des combats. Le Tigre rend toujours compte d'une cinquantaine de combattants épars dans le secteur. Les rafales sourdes et lentes des canons de 25 mm des VBCI résonnent sur le carrefour et se mêlent aux claquements plus secs et rapides des Famas et des mitrailleuses lourdes. Les Sagaie se sont postées face aux avenues bordant l'axe pour bloquer toute tentative de débordement par l'ennemi. Le colonel a rejoint la position et il reprend la main sur la manœuvre. À l'abri des VBCI et de son véhicule, il fait le point avec les chefs de détachement avant qu'ils ne donnent leurs ordres. À quelques mètres, des balles viennent sporadiquement fouetter le sable. Pourtant, nous sommes tous sereins. Ces mois d'opération ont développé une confiance mutuelle et totale entre nous. L'esprit d'équipage prime plus que jamais. Nous nous efforçons de ne pas tomber dans l'imprudence. Un vieillard, visiblement peu ému par les événements, n'a pas cette précaution et longe tranquillement les trottoirs, un sac de légumes à la main. Il feint de ne pas comprendre nos avertissements et rejoint tranquillement sa maison.

Alors que notre groupement reprend le contrôle de la rue principale, le Tigre continue d'ouvrir le feu sur les combattants qui cherchent à se regrouper, à l'abri dans le dédale des rues du quartier. Les derniers d'entre eux cachent leurs armes et se mêlent à la population qui fuit les combats, les bras levés.

Simultanément, Vert 40 a annoncé qu'il était au contact. C'est le peloton du lieutenant Thibault, qui est de garde aujourd'hui sur les miradors du camp. Des combattants se sont infiltrés aux abords de l'enceinte pendant les combats en ville. Profitant des hautes herbes pour se dissimuler, quelques tireurs embusqués se sont attaqués aux postes de garde de la Minusca, régulièrement renforcés par les légionnaires. Dans son mirador, le brigadier Jonier est brutalement contraint de se mettre à l'abri par des tirs qui viennent se ficher dans les sacs à terre sur lesquels il était appuyé. L'arrivée de quelques camarades en renfort permet de repérer le tireur et de le neutraliser. Tous les postes sont renforcés, le lieutenant et son adjoint courent de position en position, portant l'effort là où l'ennemi cherche à s'infiltrer. Après quelques pertes, une vingtaine de combattants épars seront mis en déroute. Ce n'est pas encore Camerone, mais les légionnaires cavaliers défendent leur *hacienda* du jour avec une efficacité redoutable.

Après quatre heures de combat, l'ennemi a abandonné le terrain. Femmes et enfants réapparaissent dans les rues et les échoppes rouvrent aussi vite qu'elles avaient fermé. Les casques bleus de la Minusca ont fait jonction avec les bérets verts de Sangaris, l'axe est rouvert et sous contrôle. Les patrouilles, les accrochages et les affrontements intercommunautaires se poursuivront encore longtemps.

« C'est comme ça », pense Sergei, un brin désabusé.

Il a fini son thé. Refermant sa musette, il ne pense déjà plus à Bangui. Après quelques jours de repos avec ses camarades en Crète, il se posera bientôt à Istres, rentrera au régiment, puis retrouvera sa femme et ses enfants à qui il dira simplement : « Tout s'est bien passé. »

D'une cuirasse à l'autre

Par Romain Coponat

« La meilleure, la véritable prière est d'accomplir
au mieux le destin pour lequel
un homme a été jeté sur terre. »

Joseph Kessel, *Les Cavaliers*

En mars 2016, l'investiture du président Faustin-Archange Touadéra marque en Centrafrique la fin de la période de transition et concrétise les effets de l'action de l'opération Sangaris. Les cavaliers du 12ᵉ régiment de cuirassiers ont vécu ces moments historiques permettant d'acter le retrait des troupes françaises et l'autonomisation des dix mille casques bleus de la Minusca.

Camp militaire de Mourmelon, octobre 2015

– Mon capitaine, votre escadron est-il prêt ? me demande mon chef de corps lors d'un bref appel téléphonique.

– Toujours et plus que jamais, mon colonel !

– Dans ce cas, laissez vos cuirassiers à votre adjoint, vous rentrez ce soir à Orléans, rendez-vous demain matin dans mon bureau, il faut qu'on parle…

2015, c'était l'année du déclenchement de l'opération Sentinelle. Comme une bonne partie de l'armée de Terre, l'escadron avait été mobilisé dès le lendemain de l'attentat contre *Charlie Hebdo* pour participer au dispositif national de lutte antiterroriste. De janvier à septembre, nous avions déjà effectué quatre missions sur le territoire national, représentant dix-neuf semaines de déploiement. Après toutes ces patrouilles à pied, au gré des rues de Paris ou des avenues en régions, les savoir-faire de nos cuirassiers étaient rouillés.

Nous venions donc de passer trois semaines dans le camp de Mourmelon, dans la Marne, pour retrouver l'entraînement à la manœuvre et au tir avec nos blindés, chars Leclerc et véhicules blindés légers (VBL). L'ardeur des équipages à peaufiner leurs engins et celle des pelotons à ajuster leurs procédures faisaient plaisir à voir. Les cuirassiers n'étaient plus des « cuir'à pieds[1] » mais étaient redevenus des tankistes ! Le crissement des chenilles, le sifflement de la turbomachine, la vitesse des actions offensives avaient un effet charnellement grisant et immergeaient les équipages dans la simulation du combat. L'escadron renouait avec le mouvement et la profondeur, deux principes fondamentaux de l'emploi de la cavalerie. Oui, cela faisait trois semaines supplémentaires loin des familles après cette année particulièrement dense, mais la saveur de cette nouvelle absence était beaucoup plus douce pour les soldats.

1. Vieille appellation de la Grande Guerre redevenue d'actualité avec les patrouilles de l'opération Sentinelle.

Quartier Valmy, Olivet, octobre 2015

Quittant donc prématurément l'escadron, je rejoins à la hâte le quartier du Dauphin Cavalerie* (12e régiment de cuirassiers) où le chef de corps lève le voile sur son appel énigmatique. En Centrafrique, le désengagement de la force Sangaris, initié au printemps en parallèle de la montée en puissance de l'opération onusienne de la Minusca, ne se passe pas comme prévu. Des combats ont éclaté dans la capitale en septembre et l'état-major des Armées a décidé de suspendre la décroissance des effectifs pour sécuriser le processus électoral jusqu'à son terme au printemps suivant. L'unité blindée qui devait définitivement rentrer en France sera finalement relevée en février. Le 1er escadron a été choisi pour honorer cette mission.

Quelle nouvelle inattendue ! Déjà projeté seize mois auparavant dans ce même pays avec notre chef de corps, l'escadron n'était pas dans la priorité du cycle opérationnel du régiment cette année. Les autres unités avaient déjà reçu leurs missions et nous nous préparions à disloquer nos pelotons pour les renforcer. Cette annonce est donc une formidable opportunité de garder les Salamandres* (cuirassiers du 1er escadron) unies et de les récompenser pour le travail fourni durant cette année particulièrement dense.

– Ça c'est le côté agréable de la surprise, tient à préciser le chef de corps. Le côté qui l'est moins, c'est que vous partez dans trois mois avec une organisation que vous ne maîtrisez pas. En clair, il y a beaucoup de travail et peu de temps pour le réaliser.

– Mon colonel, vous pouvez compter sur les Salamandres pour relever ce défi et faire honneur à la confiance que vous nous accordez.

– Eh bien dans ce cas, à cheval !

Après avoir revissé sur ma tête mon béret orné de la grenade argentée des cuirassiers puis salué l'officier et l'étendard du régiment, j'exécute un demi-tour réglementaire et sens les battements de mon cœur s'accélérer au moment de sortir de la pièce.

L'excitation de l'aventure qui s'invite par surprise

Je pars m'isoler dans mon bureau pour digérer le coup et mettre de l'ordre dans mes idées. La première des choses à faire est de répondre à la question que le général prussien Von Verdy du Vernois s'est posée en arrivant sur le champ de bataille de Gitschin en 1866 : « Après tout, de quoi s'agit-il ? » L'unité blindée que nous allons armer est un EAE. Il est composé de deux pelotons de reconnaissance sur VBL, un peloton sur ERC 90 (engins roues canon équipés d'un canon de 90 mm) Sagaie et un peloton d'appui direct sur VAB équipés de canons de 20 mm. En effet, il y aura du travail. Ce format n'a rien à voir avec une unité de chars Leclerc ! Mais les cavaliers sont habitués à changer de monture en fonction de la mission. Certains de mes cuirassiers étaient partis en Leclerc au Liban, d'autres en Sagaie au Tchad, d'autres avaient connus l'AMX10-RC (le blindé roues-canon de classe médiane) et le VBL en Afghanistan. Nous retirions beaucoup de richesse de ces changements fréquents : ils brisaient la routine et nous maintenaient alertes. Et, au travers de ces formats différents, l'esprit cavalier demeurait.

À ce constat « organique » s'ajoute une subtilité que m'apprend plus tard le chef des opérations du régiment. Contrairement aux modules de progression classiques, notre désignation tardive ne nous permettra pas de suivre une préparation avant la projection. Rejoignant le reste du contingent qui se prépare intensivement depuis le mois de septembre, l'escadron va commencer sa mise en condition par une évaluation collective au CENZUB*. Les préparatifs et formations individuels n'auront lieu qu'après. Il va falloir s'adapter !

Je dois faire vite. L'escadron rentre demain et part aussitôt pour une semaine de permissions. Je prépare donc soigneusement mon annonce, qui va chambouler nos familles déjà fortement sollicitées. Il faut à la fois susciter d'emblée la motivation de la troupe et donner une poignée d'ordres pour éviter que les esprits ne vagabondent. L'escadron est rassemblé, je m'adresse à eux et lâche le morceau : en récompense pour cette année particulièrement mouvementée, l'escadron se voit attribuer sa propre mission, sur un des théâtres les plus sensibles du moment ! Les regards s'illuminent. Il n'y a pas de plus grande excitation pour un soldat que lorsque l'aventure s'invite par surprise. Au fur et à mesure que j'énumère les défis qui nous attendent dans les semaines à venir pour être prêts à monter dans l'avion, l'intérêt des cuirassiers grandit. Plus les obstacles sont nombreux, plus la mission est belle. Rapidement, je fixe les devoirs de vacances : la troupe se repose, les chefs de peloton se plongent dans les manuels de tactique. Au cri de « *Semper Primus*[1] ! » plus enflammé que jamais, l'escadron se disperse en permissions.

De mon côté, je me concentre sur l'articulation de mon futur SGTIA. Ma ressource humaine est trop limitée pour armer tous les postes. Nous serons donc renforcés d'un peloton d'un autre escadron du régiment et d'une section d'un bataillon d'infanterie pour constituer le peloton d'appui direct. La seule occasion pour tous nous réunir avant le départ et apprendre à travailler ensemble sera notre passage au CENZUB au mois de novembre.

CENZUB, Sissone, novembre 2015

Nous voici donc rassemblés au camp de Sissonne (Aisne), un des plus grands centres de combat en zone urbaine d'Europe,

1. Devise de l'unité servant de cri de ralliement.

où un régiment entier est dédié à tester les unités *via* une force adverse simulée (la Forad*). Nous retrouvons le groupement tactique qui se prépare depuis deux mois à la mission avec ses fantassins, sapeurs et artilleurs. L'accueil est chaleureux, tout est fait pour que nous puissions rattraper notre retard.

Après de longues heures d'entraînement, la dernière semaine est consacrée à la synthèse finale : quatre-vingt-seize heures de combat contre les unités de la Forad. Un scénario s'inspirant de la crise centrafricaine permet de nous entraîner aux particularités de cette opération : population manipulée contre la force, extrême volatilité de la situation sécuritaire, multiplicité des acteurs... Nous sommes tous conscients que ces quatre jours seront déterminants pour assoir notre légitimité au sein du groupement.

Au CENZUB, un entraînement en conditions réelles

Hommes et engins bardés de lasers, nous nous lançons dans une bataille simulée dans un environnement quant à lui bien réel et plutôt rugueux : la ville de combat. Chaque bâtiment et chaque ruelle sont conçus pour poser un problème tactique différent. Des trous dans les murs et des souterrains permettent de traverser des quartiers entiers sans passer par la rue. Les axes routiers sont systématiquement battus par les feux. Rugueux également sont les premiers contacts avec la Forad. Ses hommes sont partout. Comme nous n'avons pas les effectifs suffisants pour tenir les bâtiments que nous fouillons, ils les réinvestissent systématiquement, nous contraignant à un combat à trois cent soixante degrés. S'inspirant des retours d'expérience des premiers mandats de l'opération Sangaris, ils utilisent la foule pour nous immobiliser, et il n'y a rien de plus vulnérable qu'un blindé à l'arrêt. L'ennemi est très volatil et nos règles d'engagement sont strictes car nous devons faire baisser la tension sécuritaire, pas la faire exploser. Difficile, donc, de reprendre le dessus dans ces circonstances.

Notre amour-propre est atteint lors du débriefing du premier jour. Mais nous sommes là pour apprendre. Même si la plupart de nos missions nous jettent dans les bras de la foule, il faut impérativement trouver un moyen de redonner du mouvement et de la profondeur. En somme, revenir à une manœuvre de cavalier. Après quelques tentatives mitigées, le pli est pris et nous commençons à engranger des succès. L'autre grande difficulté de ce scénario est l'enchaînement soutenu et la variété extrême des missions qui nous sont confiées, allant de la très basse à la haute intensité et s'inscrivant dans la pensée du maréchal Lyautey : « Tous les officiers savent s'emparer d'un village à l'aube ; moi, je veux des officiers qui sachent s'emparer d'un village à l'aube, et y ouvrir le marché à midi. »

Lors du bouquet final le quatrième jour, nous sommes rodés. Les esprits sont conditionnés, nous agissons comme un seul homme. Nous terminons cette séquence avec les honneurs. Mais au-delà d'un bon score, c'est bien la confiance que nous gagnons.

Bangui, février 2016

Avant même de poser le pied sur la terre centrafricaine, nous subissons notre premier choc. Notre avion va devoir atterrir au milieu d'un camp de réfugiés ayant envahi l'enceinte de l'aéroport international. Cette image se grave dans nos esprits comme le symbole du chaos régnant dans le pays. C'est ensuite le choc thermique. Le thermomètre n'atteint pas les quarante degrés mais le taux d'humidité rend la chaleur difficilement supportable. Quant au décor, la latérite recouvre toutes les surfaces. La végétation est rouge, les hommes eux-mêmes sont repeints en rouge au premier coup de vent.

Mon vieux camarade Louis-Aymar m'accueille à la sortie de l'aéroport. Même lycée militaire, même promotion à Saint-Cyr, même école d'application et même colocation pendant un an à Saumur. Nous avons été militairement éduqués ensemble et nos chemins se sont éloignés lors de notre arrivée en régiment. Mais là, à la tête de nos escadrons respectifs, nous nous retrouvons comme si nous ne nous étions jamais quittés. Louis-Aymar et ses marsouins nous racontent leur mandat à l'intensité assez décousue. Après une première partie particulièrement violente, la visite du pape en novembre semble avoir pacifié la ville. Depuis, la situation est globalement calme et le premier tour de l'élection présidentielle s'est déroulé sans heurts. Le camp français de M'Poko jouxte l'aéroport. La force Sangaris reste importante deux ans après sa création, avec ses trois SGTIA et son détachement d'hélicoptères. Un sentiment de puissance se dégage de cette concentration de moyens : parmi eux, outre les hélicoptères Tigre et les VBCI, les Sagaie avec leurs canons de 90 mm. D'ailleurs, certains cuirassiers, déjà engagés à Bangui en 2014 dans les premiers mois de l'opération, reconnaissent avec étonnement et fierté leurs blindés de l'époque, ceux qu'ils ont eux-mêmes convoyés depuis le Tchad et avec lesquels ils ont fait le coup de feu en province. Deux ans et dix mille kilomètres plus tard, ces engins sont toujours opérationnels malgré le climat, le terrain et le nombre de missions remplies. Pour des véhicules âgés de plus de trente ans, c'est une belle performance !

À l'approche des élections, ébullition à Bangui

Nous débutons les patrouilles dans la capitale et retrouvons l'ambiance chaleureuse des villes africaines où tout se vit dehors.

Les couleurs et les senteurs des marchés, l'animation des bars et restaurants, les chargements délirants des véhicules, tout semble normal. Et puis brusquement, au détour d'une rue nous pénétrons dans un *no man's land*, un quartier dévasté aux maisons calcinées et aux carcasses de voitures enchevêtrées. Cette zone, entre le troisième et le cinquième arrondissement, était le principal lieu d'affrontements entre les différentes factions. Malgré l'accalmie, la population n'est pas revenue. Et au carrefour suivant, la vie normale reprend ses droits, le contraste est saisissant. Nous rentrons au camp au crépuscule. L'odeur âpre des feux de poubelles imprègne l'air.

En mars, Bangui est en effervescence. Les Centrafricains doivent retourner aux urnes pour le second tour des élections présidentielle et législatives. Sangaris et la Minusca jouent leur crédibilité dans la sécurisation de ces scrutins, qui doivent achever le plan de transition démocratique. Si la situation reste maîtrisée en apparence, la pression est décuplée par les rumeurs d'intimidations, de sabotages, d'attentats voire d'attaques en règle. Les foules sont en ébullition, à la fois excitées par les perspectives de paix que pourraient offrir ces élections et inquiètes de toutes ces menaces.

Travaillant de plus en plus conjointement avec les casques bleus de la Minusca, nous les laissons s'installer autour des bureaux de vote et restons en retrait avec un dispositif mobile de surveillance. Mettant en œuvre les leçons apprises au CENZUB, nous faisons tout pour éviter de nous faire immobiliser par les mouvements de foule et rester imprévisibles. De nuit, nous concevons une technique d'infiltration avec les hélicoptères qui nous permet de traverser la ville en toute discrétion.

Finalement, les deux scrutins et la proclamation des résultats se tiennent sans incident. À la fin du mois de mars, le nouveau président, Faustin-Archange Touadéra, est officiellement investi, la paix semble acquise, le pays est en liesse. Le ministre français de la Défense, Jean-Yves Le Drian, venu pour l'occasion, annonce la fin de l'opération Sangaris dans l'année, sa mission étant accomplie. L'état-major planifie alors le retrait progressif avec pour objectif de réduire de deux tiers les effectifs français d'ici au 1er juillet. Progressif, mais à un rythme très soutenu, au vu des quantités de matériels entassées depuis deux ans et surtout de l'enclavement du pays. J'apprends rapidement que notre escadron sera bientôt la seule unité de combat subsistante. Les hélicoptères sont rapatriés eux aussi, excepté le Fennec de l'armée de l'Air.

Notre escadron a été choisi pour le panel élargi de ses capacités alliant mobilité avec les VBL, puissance de feu avec les Sagaie et empreinte sur le terrain avec les fantassins. En complément du contrôle de zone de Bangui et de l'assistance à la Minusca, il faut désormais sécuriser le désengagement de l'avant-poste de Sibut, escorter une partie des convois logistiques et assurer seul la garde du camp de M'Poko. Bientôt, notre zone d'action se restreint à la capitale et ses alentours. La fin est proche.

Camp M'Poko, mai 2016

Au début du mois de mai, je réunis mes chefs de peloton pour leur présenter une mission assez particulière.

– Messieurs, notre président a décidé de nous rendre visite dans une dizaine de jours. Nous allons participer à la sécurisation de son déplacement qui, comme par hasard, passe par l'endroit le plus chaud de la capitale, le carrefour PK5 dans le troisième arrondissement. Si tout se passe bien, personne ne s'apercevra de notre présence. En revanche, en cas de pépin, nous entrerons dans l'Histoire par la mauvaise porte…

– Mon capitaine, souligne un lieutenant, dans cette zone, les mouvements de foule vont se compter en milliers de personnes.

Nous serons moins d'une centaine sur le terrain. N'est-ce pas un peu trop risqué pour quelques poignées de main ?

– C'est très précisément l'intention du chef. Montrer au monde que le principal lieu d'affrontements de Bangui est désormais sûr et mettre la pression aux locaux pour qu'il en reste ainsi pour les années à venir. Mais rassurez-vous, nous n'y allons pas seuls ! Sangaris fait « tapis » et engage tous ses moyens. Nous aurons l'hélicoptère et les commandos. Les gardes du corps du président, le GSPR, débarquent deux jours avant pour caler les derniers détails avec nous et coordonner nos dispositifs. Notre mission est de boucler la zone entre PK5 et le marché du troisième arrondissement. Le GSPR s'occupe de la sécurité rapprochée, les commandos du cordon intérieur et nous du cordon extérieur. La police centrafricaine va doubler ses patrouilles et la Minusca va investir tous les carrefours importants.

– Mon capitaine, ça fait beaucoup de monde sur la fréquence. Pas mal d'acteurs différents qui n'ont pas l'habitude de travailler ensemble. Finalement, gérer la population ne sera peut-être pas notre principal souci.

– Effectivement, la coordination ne sera pas une mince affaire. Mais chacun va travailler à son niveau. Votre boulot, c'est que ça se passe bien dans votre secteur ! Regardons ce que ça donne sur la carte.

Je répartis les missions et les secteurs entre les pelotons. Nous compensons nos faibles effectifs par un dispositif étalé dans la profondeur. En surveillant au plus loin les principaux points d'accès tout en quadrillant régulièrement la zone avec des escouades, nous pourrons détecter au plus tôt le surgissement de toute menace et intervenir en concentrant plus efficacement nos moyens. L'essentiel est de conserver sa liberté de mouvement, et pour cela, il faut se tenir à l'écart de la foule.

La visite à haut risque de François Hollande

Heureusement, les premiers échanges avec les précurseurs du GSPR sont très positifs et nous redonnent confiance. Ce sont tous des gendarmes, notre culture militaire commune facilite la compréhension. Pourtant, quelques heures avant la visite, la responsable de la sécurité du président, aussi crainte que respectée, explose de colère pendant son inspection du dispositif. Les moyens mis en place sur le très sensible carrefour PK5 lui semblent beaucoup trop légers. Elle exige que les effectifs soient au minimum doublés. Pour la calmer, nous obtenons le renfort d'une section de casques bleus, intégrée tant bien que mal au cordon de sécurité.

Au moment du « top départ », un énorme orage s'abat sur la ville, transformant les avenues en marécages et réduisant la visibilité à quelques mètres. Les véhicules d'évacuation s'embourbent... L'orage se dissipe aussi rapidement qu'il est venu mais nous sommes trempés jusqu'aux os.

La population, qui compte bien saluer le cortège présidentiel, s'est massivement mobilisée. Si l'ambiance générale est à la fête, nous nous apercevons rapidement que la plupart des chefs de bande du quartier sont de sortie. De mon côté, ayant établi mon PC à deux ruelles du fameux carrefour PK5, je découvre que le plus redouté d'entre eux est également de la partie. Aussi habile à manipuler les mouvements de foule qu'à dégoupiller des grenades, il est tristement célèbre pour son imprévisibilité. À la tête de trafics en tout genre, il se sert des troubles politiques pour s'imposer comme un notable local. Aujourd'hui, il se promène joyeusement avec un grand drapeau français dans le dos. Lorsque nous prenons contact avec lui, il nous annonce qu'il veut serrer la main du président français pour le remercier de son action. En clair, il veut « être sur la photo » pour être reconnu *de facto* comme une autorité publique. Je le signale au GSPR et ordonne à mon chef de peloton de le « marquer ». Devant sa surprise, je dois insister :

– Vert 40, correct, vous marquez l'individu comme au foot ou au rugby. Vous le suivez à la trace sans le tacler, ni le plaquer… enfin, tant qu'il se tient tranquille.

La population s'amasse tranquillement sur le carrefour. Un binôme de cuirassiers postés en hauteur estime la foule entre six et huit cents personnes. Pas de barrières, ni de dispositif au cordeau comme sur les Champs-Élysées, mais seulement une trentaine de militaires français qui essaient de se coordonner avec une trentaine de casques bleus, non francophones, non anglophones. Les abords restent sous contrôle.

Soudain la radio s'excite, le convoi présidentiel est en route. Comme si la foule avait capté nos informations, elle resserre son étau et s'électrise. Un faux mouvement peut changer l'ambiance, transformant la fête en panique. Nous faisons tout pour éviter l'imbrication qui nous rendrait aveugles et impuissants. Les premiers véhicules arrivent avec les commandos qui ouvrent la voie, calmement mais fermement. La voiture blindée parvient au milieu du carrefour. Le président descend et la foule en liesse plonge sur lui.

Ne pouvant contenir cette déferlante, Vert 40 ordonne à ses hommes de se concentrer sur les chefs de bande et de les canaliser au plus loin du président. Mon peloton d'intervention, rejoint par les VAB d'évacuation tout juste désembourbés, se tient prêt à bondir, guettant les signaux d'alarme des gardes du corps et des commandos. Ces cinq minutes de poignées de main et de photos sur le lieu symbolique des affrontements paraissent durer une heure. Enfin, le convoi s'ébroue et poursuit son trajet. La marée humaine se retire, nous laissant quelque peu hébétés.

La mission est un succès à tous les niveaux : politiques et diplomates ont eu leur bain de foule et les militaires n'ont eu aucun débordement à gérer. L'escadron, lui, est soulagé de ne pas être entré dans l'Histoire. Mais après tout, peut-être nous sommes-nous animés pour rien et Bangui a-t-elle renoué avec la paix ?

Le témoin est passé, la mission leur appartient

Finalement, les heurts reprendront, en province comme à Bangui. L'euphorie des élections présidentielles finira par retomber. Néanmoins, le nouveau cadre de notre action nous impose désormais de mettre en avant le rôle sécuritaire de la Minusca. Avec son nouveau format, la force Sangaris est réduite aux patrouilles en ville, à la garde du camp et à l'appui des casques bleus en cas de besoin. L'escadron doit également les aider à établir un plan de défense des accès à la capitale. Cette tâche constitue une excellente occasion de mettre en pratique nos savoir-faire de défense dans la profondeur et de renouer ainsi avec l'allant des manœuvres de cavalerie. Nous devons être capables d'établir un système défensif sur les quinze derniers kilomètres des deux principaux axes routiers venant du nord et de l'ouest avant qu'ils ne pénètrent dans la capitale.

Pour mieux appréhender le terrain, j'organise avec mes chefs de peloton un survol de la zone avec le Fennec. Nous découvrons que les routes sont systématiquement bordées de sentiers dissimulés dans les herbes à éléphants mais praticables à moto. Au sol, la végétation est si luxuriante qu'on n'imagine pas s'écarter des axes carrossables. Et pourtant, c'est en utilisant ces chemins de traverse que les rebelles ont contourné les militaires sud-africains qui défendaient Bangui début 2013. Les Sud-Africains se sont fait surprendre et massacrer : trente-six morts sur un contingent de deux cents. Pour ne pas commettre la même erreur, il faudra se couvrir systématiquement sur les côtés à partir des points hauts et optimiser la portée de nos armes.

Après deux semaines de travail intense à constituer les plans de défense et les tester, nous formons une compagnie de la Minusca.

Nous en profitons pour leur apprendre à coordonner leur action avec les hélicoptères d'attaque sénégalais pour obtenir un appui feu en cas de coup dur. Non sans une certaine gravité, les casques bleus nous remercient pour l'aide apportée, bien conscients que le scénario préparé a de fortes probabilités de se concrétiser. Nous n'étions là que pour quatre mois et seront bientôt partis ; eux restent un an, voire plus. Le témoin est passé. La mission leur appartient désormais.

OPÉRATION DAMAN

Liban

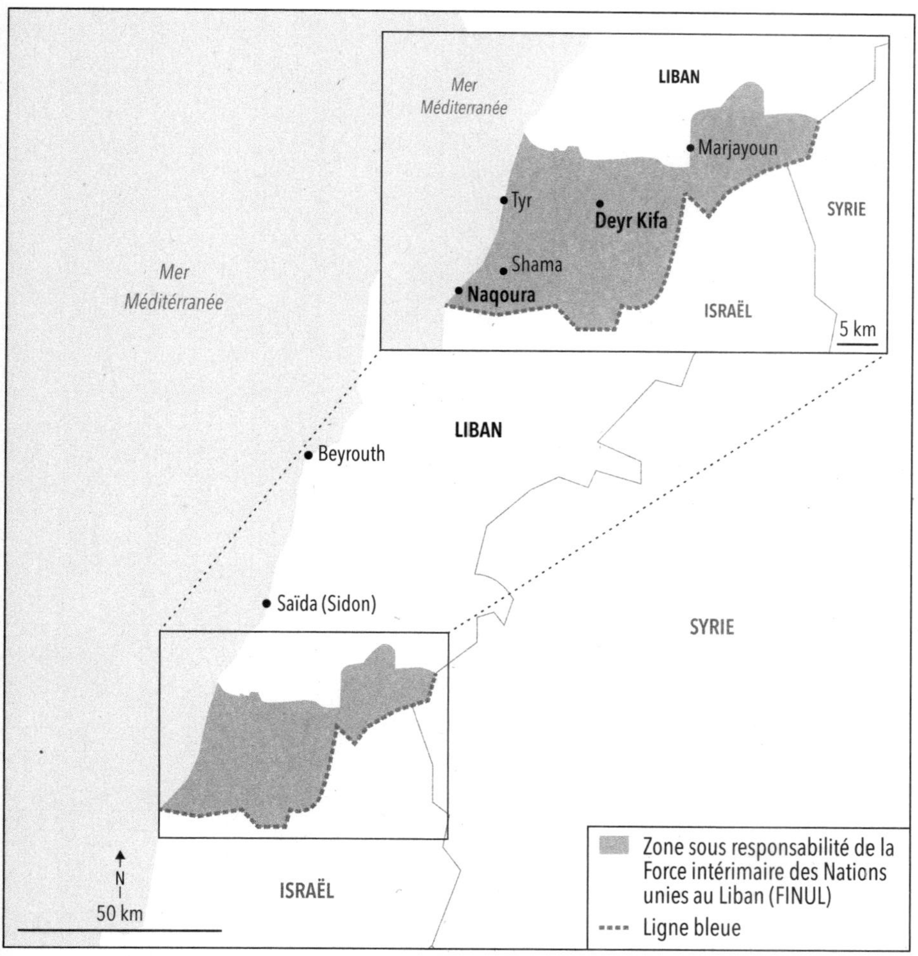

Il n'y a pas de hasard

Par Bruno Camus

« L'expérience, ce n'est pas ce qui arrive à quelqu'un, c'est ce que quelqu'un fait avec ce qui lui arrive. »

Aldous Huxley, *Le Meilleur des Mondes*

Présente depuis 1978 au Liban, la France est l'un des principaux pays contributeurs de la FINUL. Parmi les sept cents soldats de l'opération Daman, les cavaliers effectuent des patrouilles de contrôle de zone au Sud-Liban. En 2015, les hussards de la brigade franco-allemande arment la Force Commander Reserve, pouvant agir rapidement au profit des casques bleus.*

Metz, janvier 2015

– Et vous serez projeté avec votre escadron au Liban, à la mi-septembre…

En sortant du bureau du chef de corps, mes sentiments sont contradictoires. D'abord, il y a l'excitation : j'aurai la chance de partir en opération extérieure à la tête de mon unité. Puis le questionnement : je n'aurai pris le commandement que depuis quelques semaines, aurai-je eu le temps de prendre en main mes soldats ? Serons-nous au niveau ? Et, enfin, une légère déception mâtinée de confiance : nous ne partons pas sur le théâtre d'opérations le plus « chaud » du moment, et c'est en outre un territoire où j'ai déjà servi auparavant ; mais de tous les cadres et hussards de l'escadron, je suis le seul à avoir l'expérience de ce qui nous attend. Je pourrai orienter tout le monde sur le bon axe.

Un départ en opération est un moment particulier dans la vie d'une unité militaire. C'est aussi le cas au 3e régiment de hussards[1] où je sers. Le régiment retrouve peu à peu le rythme opérationnel dense qu'il attendait depuis longtemps et se prépare pour la toute première fois à déployer son état-major sur un territoire dont il n'a pas la mémoire. Seules deux unités l'accompagneront : la mienne et l'escadron de commandement et de logistique. Ceux qui restent auront d'autres missions, en métropole, et serviront si besoin de réservoir de force pour combler les rangs des partants. Dans les mois qui précèdent le déploiement, une opération de lobbying, plus ou moins subtile, s'engage dans ce sens : « Vous penserez à moi, mon capitaine ? », « Si tu as un manque, j'ai un super chef de patrouille pour toi ». Chacun se passait le mot, cette mission allait être unique, il fallait en être.

Objectif : maintenir la paix dans une zone de crise

Je commande l'escadron de reconnaissance du régiment. Cet escadron, enorgueilli par une spécialité antichar qu'il est le seul à maîtriser, aime à vivre en marge du régiment et cultive une identité forte. Je sens qu'il y a là un défi : intégrer ceux qui nous

1. Le 3e régiment de hussards, créé sous la révolution à partir du régiment d'Esterhazy hussards, est stationné à Metz depuis 2011. Unité de cavalerie légère, il appartient à la brigade franco-allemande depuis 1990.

renforceront pour créer un tout cohérent, sans diluer un esprit particulier, indispensable au sentiment d'appartenance des soldats. Les choses sont heureusement bien faites : en participant dès le départ à un maximum d'activités de préparation à la projection, les différents renforts deviennent des membres à part entière de l'unité, sans que ni leur identité ni la nôtre ne s'y perdent, voire ne s'y affrontent. L'excitation et l'impatience du départ, de la découverte d'un pays et d'une mission nouvelle font le reste, et fédèrent les énergies autour de l'objectif commun. À quelques semaines de monter dans l'avion, l'esprit d'équipage prend forme. La confiance règne.

La mienne chute pourtant lorsque mon adjoint, Julien, se blesse sévèrement lors d'une activité sportive. Je perds là une personne compétente et charismatique, et qui connaît bien l'unité, notamment les sous-officiers avec lesquels il travaille quotidiennement. Il va être remplacé au pied levé par un autre officier, Thierry. L'intégration de ce nouvel « étranger », à un poste clé, risque d'être délicate à gérer. Mais passée une phase de rodage, Thierry saura me décharger de nombre de dossiers à traiter, par ses conseils et son tact, notamment dans sa relation avec les sous-officiers.

Le régiment se rassemble avant le départ, au cours d'une prise d'armes pour saluer les escadrons et l'état-major qui partent en opération. Nous portons pour la première fois notre béret bleu ciel flambant neuf, orné de l'insigne métallique de l'ONU. Cette mission sera particulière : nous partons maintenir la paix dans une zone de crise et il faudra savoir s'adapter à des situations pouvant très vite dégénérer. Nous sommes fiers de la place que nous allons occuper, au service de notre pays et de valeurs qui fondent notre engagement. L'indicatif radio de l'escadron durant la mission sera « Azur » : la couleur de nos couvre-chefs. Un clin d'œil ?

Camp de Dayr Kifa, septembre 2015

Arrivés au Liban, nous rejoignons, en convoi, le camp français. Nous faisons désormais partie de la FINUL. Les premiers jours sont intenses : entre l'arrivée sur le théâtre, les prises de consignes auprès de l'unité que nous relevons, l'évaluation du matériel et de notre mission au travers des premières patrouilles, le temps passe vite. Je contemple la quarantaine de blindés peints en blanc que j'aurai sous mon commandement au cours des six prochains mois : ils forment sur le parking une colonne dont l'alignement rigoureux témoigne de l'esprit de corps de l'escadron qui les a préparés. Une nuée de soldats vérifie chaque recoin de ces nouvelles montures.

Il s'agit aussi de s'installer dans ce qui constituera notre « foyer » pendant plusieurs mois. Nous ne sommes pas à plaindre, logés dans des bâtiments préfabriqués, usés par le passage des contingents, mais fonctionnels et en assez bon état. Installés par chambres de trois, les hussards s'approprieront peu à peu leur espace : les murs blancs s'égayeront de photos, dessins ou posters divers. On distingue ici un souvenir de famille, là une épouse, là encore une copine à qui l'on aurait peut-être aimé dire « je t'aime » plus longtemps, ou plus tôt.

Mais il faut se plonger dans la mission. Les forces françaises arment au Liban la réserve du commandement de l'ONU (Force Commander Reserve), susceptible d'être engagée sur un point chaud sous très court préavis. L'alerte est permanente. Un peloton doit être capable de se rendre en une heure sur les lieux d'une crise. En moins de quatre heures, le reste de l'escadron peut être déployé. L'une de nos tâches principales consiste à patrouiller plusieurs fois par jour en soutien de l'armée libanaise dans l'ensemble de la zone d'opération du Sud-Liban. La mission est exigeante et nécessite de connaître la région dans ses moindres détails. Il faut se préparer et être prêt au pire tout en restant au quotidien un modèle de maîtrise, de résilience et de patience.

Tous les chefs de patrouille sont de jeunes cadres du grade de maréchal des logis, avec quelques brigadiers-chefs anciens et expérimentés qui ont gagné, par leur professionnalisme, l'honneur d'occuper un poste plus élevé. Ils sont souvent jeunes et vivent pour la plupart leur première mission extérieure. Ils me présentent la préparation de leur patrouille la veille de la conduire. La situation au Liban est faussement calme. Durant toute notre préparation en France, c'était d'ailleurs une gageure de former les soldats à la sensibilité toute politique de chaque sortie et en même temps de maintenir intacte leur capacité de réagir à l'ensemble des menaces potentielles, toujours réelles même si d'une probabilité faible. Chaque mission doit donc être scrupuleusement préparée : itinéraire, topographie, points particuliers, mais aussi couleur politique des villages traversés et incidents passés, afin d'évaluer le danger et l'intérêt des zones concernées.

Rapidement, j'ai le sentiment que l'unité développe sa connaissance du terrain et que tout le monde progresse. La machine semble bien lancée. Je sens une vraie joie dans les rangs des pelotons à plonger dans cette mission au parfum de cèdre.

« Les voitures noires, c'est toujours le Hezbollah… »

– Mon capitaine, la patrouille est bloquée. Ils disent que c'est le Hezbollah, mais je n'ai plus le contact.

Je me trouve avec les chefs de peloton lorsque le chef de la station radio vient nous interrompre. La stupeur nous frappe. Cela ne fait pas trois semaines que nous sommes arrivés et déjà les ennuis commencent.

– Qui est sur place ? C'est le chef de peloton ou l'adjoint ?

– C'est l'adjudant Nicolas.

Les informations, collectées *via* un réseau radio aux nombreuses zones grises à cause de la nature montagneuse du terrain, sont fragmentaires. Un chef de patrouille a rendu compte qu'il était bloqué par un véhicule, dans un village, entouré d'une petite foule agitée, et qu'il s'agit selon lui du Hezbollah. Cette milice-parti d'obédience chiite est omniprésente au Liban et surtout dans le Sud, son fief qu'elle revendique avoir défendu seule contre l'avancée de l'armée israélienne en 2006. Je suis très tendu, mais par un curieux mécanisme intellectuel, je souris intérieurement : nous y sommes donc, au premier événement de la mission, cette montée en tension qui à nous, militaires habitués à la franchise du claquement des armes, semble fourbe, soudaine, et dont on ne sait jamais où elle s'arrêtera. J'ai en mémoire des événements passés, notamment une patrouille internationale qui a vu, pour avoir pénétré sur un territoire sanctuaire du Hezbollah, ses véhicules se faire enchaîner à des plots de béton. Pas de morts ni de blessés, mais une humiliation et une décrédibilisation qu'il serait impensable, selon les mots de notre colonel, de faire connaître aux soldats français.

Je me suis déplacé dans la station radio, aux murs couverts de cartes sur lesquelles les opérateurs suivent, avec des punaises de couleur, au gré des comptes rendus réguliers, la progression des blindés légers sillonnant le terrain. Ils sont le lien permanent, de jour comme de nuit, avec les soldats de l'unité qui patrouillent hors du camp.

– Et comme par hasard, ça arrive dans une zone où rien ne capte. J'ai essayé le GSM, ça ne passe pas non plus, fulmine le sergent-chef qui commande la station.

Hasard ? Je n'y crois pas. Notre adversaire est chez lui, maîtrise chaque centimètre de son terrain, et si ma patrouille a été bloquée dans un endroit d'où elle ne peut pas nous joindre, c'est délibéré. Je rends compte au centre opérations, avec les maigres informations dont je dispose, et préviens le chef du peloton d'alerte de se tenir prêt à partir. Sans contact radio ni téléphonique, je ne peux guère faire plus. Si Nicolas est bel et bien confronté à une foule hostile téléguidée par le parti chiite, je n'ai d'autre choix, dans l'immédiat, que de me reposer sur ma confiance totale envers ce sous-officier expérimenté.

Les trois véhicules avaient quitté le camp français plus d'une heure auparavant. Ils se rendaient au point de rendez-vous avec la patrouille de l'armée libanaise qui allait les accompagner. Le véhicule blindé léger de Nicolas fermait la marche et lui permettait d'observer ses deux subordonnés devant lui. Selon un schéma immuable, chaque patrouille était décomposée en trois séquences : d'abord, une phase aller, longue de parfois plusieurs heures, pour rejoindre les camarades libanais dans l'un des différents secteurs du Sud-Liban ; ensuite, la patrouille conjointe, d'une durée équivalente ; enfin, le retour jusqu'au camp français. Les patrouilles ne duraient ainsi jamais moins d'une demi-journée. Le terrain était varié, et demandait aux équipages une vigilance de tous les instants. Si la plupart des routes étaient goudronnées, la circulation, parfois anarchique, et leur gabarit peu adapté à celui de nos véhicules blindés pourtant peu imposants exigeaient une réelle compétence de pilotage.

Les trois véhicules roulaient à vitesse réduite. Dans les espaces exigus des blindés, les équipages avaient entassé tout leur matériel de mission ainsi que leur sac d'alerte, toujours prêt pour leur permettre, le cas échéant, de tenir quarante-huit heures en autonomie. La découverte d'un nouvel itinéraire facilitait l'attention des équipages, qui analysaient en permanence leur environnement dont ils observaient les moindres détails. Ils abordaient les lisières d'un important village ; encore quelques kilomètres et ils retrouveraient les soldats libanais pour le début de leur action commune.

La situation avait évolué si vite qu'aucun des trois équipages n'avait eu le temps de réagir. Leur petite colonne vient de s'engager dans la rue principale du village lorsqu'un gros 4x4 noir s'avance pour bloquer leur progression. Presque immédiatement, un second fait de même juste derrière eux, empêchant tout mouvement. L'ambiance change sur-le-champ.

– Ça, c'est le Hezbollah.

L'adjudant Nicolas se souvient de cet avertissement de l'interprète avant le départ : « Les voitures noires, c'est toujours le Hezbollah… » Sortant la tête de son véhicule, il constate que les trottoirs se sont remplis d'un coup : plusieurs dizaines de personnes entourent désormais à courte distance les trois blindés français arrêtés. Ses réflexes jouent à plein : il scanne la foule pour déceler la présence d'armes. Rien. Il a entendu son subordonné rendre compte par radio au camp, mais la liaison est très mauvaise et lui-même ne parvient pas à communiquer. Il commande cependant à ses hommes de rester enfermés dans leurs véhicules. Ce genre de situation a été travaillé lors de la préparation de la mission et Nicolas sait ce qu'il a à faire : identifier un leader, garder son calme, tâcher de parlementer et, par-dessus tout, maintenir au plus bas le risque de dérapage violent – ce qui implique de ne pas réagir aux éventuelles provocations… Tout en ne cédant rien sur l'essentiel : la sécurité de ses hommes et de leur matériel, l'image de la Force Commander Reserve, de l'ONU et celle des armées françaises.

Sans descendre, Nicolas cherche à entamer le dialogue alors que les véhicules français sont maintenant entourés d'hommes et d'adolescents. Certains portent désormais des bâtons. Malheureusement, l'interprète est dans un autre véhicule. Son combiné radio crachote, c'est son maréchal des logis. Il est avec lui, dans le blindé de tête :

– Ils disent que nous n'avons pas le droit d'être ici, et qu'ils veulent nos cartes.

Les cartes. Nous y inscrivons nos itinéraires de mission et parfois des renseignements sur la patrouille. Les livrer au Hezbollah est impensable.

Nicolas refuse.

Cela ne dissuade pas la foule de se rapprocher. Certains hommes commencent à essayer de monter sur les véhicules. À l'intérieur de chaque blindé, trois hommes évaluent leurs possibilités. Les pilotes ne peuvent rien faire et restent enfermés à leur poste. Les chefs de bord, à leur droite, et les tireurs, à l'arrière, ont les épaules sorties par les trappes supérieures et ont empoigné leurs matraques ou tout ce qui peut faire office d'outil de défense. L'usage des armes est réglementé. Les soldats français ont senti qu'il ne fallait pas immédiatement les épauler ou en menacer la foule, sous peine de faire exploser la situation. Là encore, les réflexes conditionnés par la préparation en France prennent leur sens : les hommes de Nicolas conservent leur calme mais cherchent à s'opposer à l'escalade de leurs véhicules. C'est autour du blindé de l'adjudant que la tension se cristallise. Un homme est monté sur le capot avant et glisse son bras par la trappe où se trouve le sous-officier pour tenter de déverrouiller la portière de l'intérieur. Nicolas pose la main sur son pistolet, dans un geste sans équivoque qui, il l'espère, va montrer la limite à ne pas franchir. Pourtant la porte s'ouvre. Une paire de mains l'attrape et il se sent tiré vers l'extérieur.

– Arme ton Famas !

Au commandement de son chef, le soldat posté à l'arrière du blindé saisit son fusil et l'arme d'un claquement sec entendu de tous.

Aussitôt, les mains lâchent l'adjudant. La foule recule légèrement. Nicolas referme son blindé alors que le combiné radio, seul lien entre les équipages dans ces moments de solitude, revient à la vie. C'est à nouveau le véhicule de tête :

– 41, j'en ai frappé un.

Curieusement, la tension retombe. La foule s'écarte un peu plus, et au bout de quelques minutes le SUV noir qui bloquait la patrouille se dégage. Les Français reprennent leur progression, interloqués, mais impatients de se sortir de la situation. À peine les limites du village franchies, la liaison se rétablit avec le camp.

Tester la détermination de nos troupes à notre arrivée

Le débriefing de Nicolas permettra de comprendre les raisons de ce blocage. Sur un itinéraire régulièrement emprunté par les forces de l'ONU, le risque n'était pas important. À quelques semaines de notre arrivée, nous avons en réalité été « testés ». Le Hezbollah procède souvent ainsi lors des relèves de contingent : il éprouve la détermination des troupes qu'il va côtoyer pendant les mois suivants, pour estimer sa propre marge de manœuvre. Les unités françaises sont habituellement épargnées, mais pas cette fois. L'adjudant a réagi avec sang-froid, et une exacte proportionnalité à la menace rencontrée. Si tout s'est finalement bien terminé, il lui a fallu beaucoup de lucidité pour éviter que la situation ne dérape. Garder son calme, résister à la tentation d'ouvrir le feu dans une situation d'extrême tension est un exercice délicat. Mais les soldats ont agi comme les règles de l'ONU leur enjoignaient de le faire. En appliquant le code du soldat français, ils ont montré qui nous étions, et travaillé pour que le reste de la mission se passe bien.

L'incident de l'adjudant Nicolas n'a heureusement eu qu'une valeur d'avertissement et notre mission de six mois se déroulera sans heurt majeur. Presque un regret : six mois peuvent être interminables pour qui effectue des tâches monotones. Il a fallu combattre la routine pour conserver intacte la capacité de réaction des patrouilles.

À l'issue de ces longs mois de mission, il reste un dernier col à franchir. Au lieu de rentrer par la voie des airs, comme c'est habituellement le cas, notre contingent est rapatrié par un bâtiment de la Marine nationale : un porte-hélicoptères amphibie conçu pour le transport de troupes. Plusieurs centaines d'hommes embarquent ainsi pour une traversée d'une grosse semaine, éloignant d'autant le retour chez soi. Et puis un matin, le dernier matin est là. À trois heures, un convoi de bus et de véhicules d'escorte permet à l'escadron de descendre jusqu'à la côte méditerranéenne, où un va-et-vient est organisé avec la batellerie[1] pour prendre pied sur l'immense bâtiment de guerre gris. Les formalités d'embarquement prennent du temps, et il faut patienter longtemps dans les hangars vides du navire. Habitués à la poussière, au vent et à la pluie, nos sens sont déboussolés par le léger tangage et par l'odeur soufrée des émanations marines imprégnant les espaces ouverts. Nous découvrons un monde précis, minuté, où chaque activité a un sens pour la bonne marche du bâtiment qui prend soin de sa cargaison humaine, de ces hussards qui, comme leurs montures de naguère, commencent à piaffer à mesure que leur foyer se rapproche. Ces quelques jours de mer agissent en réalité comme un sas de décompression. Ils permettent à chacun de mettre derrière soi les tensions, la promiscuité, les habitudes opérationnelles, la routine, et laissent l'esprit se préparer aux retrouvailles avec la France d'abord, le régiment ensuite, la famille enfin.

Les hussards s'égaient quelques jours plus tard, la fierté du dernier devoir accompli : le matériel est rangé, nettoyé et au complet. Les chefs de peloton ont donné leurs ordres pour que le retour dans quelques semaines se passe dans de bonnes conditions. Le treillis sera remisé dans une penderie, parfois avec le rasoir, et les esprits libérés pourront se ressourcer. Je mets ce jour-là un point d'honneur à quitter l'escadron en dernier. Une pensée me traverse : finalement, s'il ne s'est rien passé de grave pendant ces six mois, c'est peut-être un peu grâce à nous.

1. La batellerie est constituée de chalands de débarquement qui peuvent entrer dans le radier, l'espace ouvert à l'arrière du porte-hélicoptères qui permet de communiquer directement entre les cales du navire et la mer.

OPÉRATION BARKHANE

Sahel

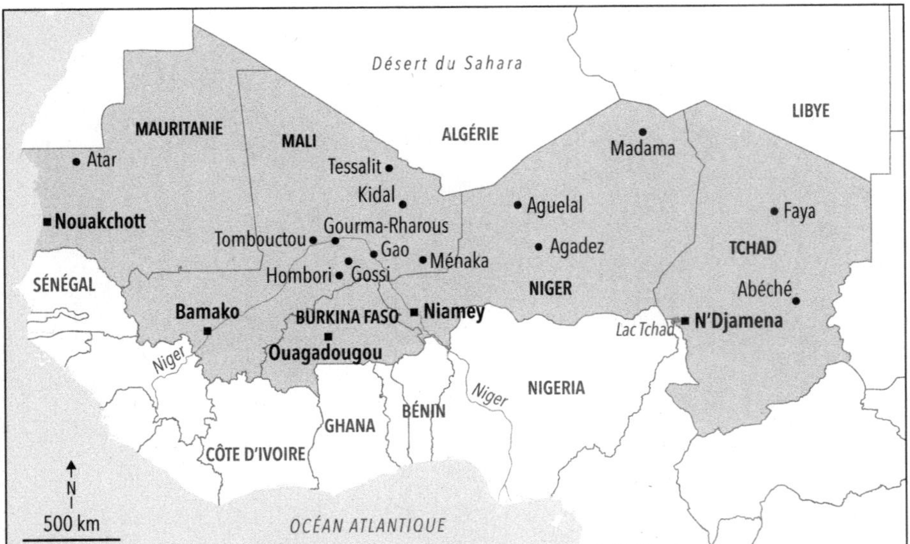

Sursaut dans le désert

Par Nicolas Champeval

« Le silence éternel de ces espaces infinis m'effraie. »

Blaise Pascal, *Les Pensées*

En 2013, la cavalerie se réorganise et crée un escadron supplémentaire dans chaque régiment. Les unités comme le 1er régiment de chasseurs doivent en contrepartie transformer un de leurs escadrons de chars en une unité destinée à la reconnaissance et à l'intervention dans la profondeur. Peu de temps après le lancement de l'opération Barkhane en 2014, le 1er régiment de chasseurs projette une de ces nouvelles unités au Sahel.

« Officiers, sous-officiers, brigadiers-chefs, brigadiers et chasseurs du 1er escadron du 1er régiment de chasseurs, vous reconnaîtrez désormais pour votre chef, et vous lui obéirez, en tout ce qu'il vous commandera, pour le bien du service, l'exécution des règlements militaires, l'observation des lois et le succès des armes de la France » : ces paroles, prononcées le 3 juin 2014 par mon chef de corps lors d'une cérémonie sobre mais empreinte d'émotions devant ma famille et la communauté militaire de Thierville-sur-Meuse (Meuse), resteront gravées dans ma mémoire. Elles marquaient en effet mon installation à la tête d'un escadron que j'allais devoir mener au bout du monde. L'opération Barkhane allait succéder à Serval au Sahel. Je disposais de quatre mois pour finaliser l'entraînement débuté par mon prédécesseur et préparer la projection de mes chasseurs au Mali au sein d'un GTD armé par le 35e RI de Belfort[1]. Aux côtés de nos frères d'armes fantassins, il me faudrait commander trois pelotons de reconnaissance dans le désert malien.

La force d'Achille alliée à la ruse d'Ulysse

On pourra s'interroger sur l'intérêt de l'événement. N'est-ce pas le propre des officiers formés à Saumur que de commander des pelotons blindés ? Probablement. Pourtant, cette opération allait marquer un tournant dans l'histoire de l'escadron, car il s'agissait pour cette unité de la première mission exécutée en qualité d'escadron de reconnaissance et d'intervention, résultant d'une réforme de l'organisation de la cavalerie décidée l'année précédente. Ainsi, quelques semaines avant le début d'un exercice destiné à valider le niveau d'entraînement de mes chasseurs, le 1er escadron « historique », dont la monture principale était le char Leclerc, monstre d'acier, chenillé, de près de soixante tonnes, avait fusionné avec l'EEI* de la 7e brigade blindée, unité légère équipée de VBL et dont la raison d'être était la collecte de renseignement[2]. Il s'agissait d'une révolution dans la culture des chasseurs, entraînés à servir dans une tourelle blindée. Désormais, plus question de choc, de feu ni de raid blindé. Nous allions

1. GTD baptisé « As de trèfle », également surnom du 35e régiment d'infanterie.

2. À la fin des années 1990, l'armée de Terre se dote d'EEI. Aux ordres des brigades, ils sont chargés de déterminer les positions, le volume et les itinéraires d'approche de l'ennemi. En 2009, six EEI sont maintenus. La réforme de 2013 voit leur disparition pour renforcer les structures régimentaires.

être rompus aux missions de reconnaissance, d'infiltrations, voire d'attaques antichars – un comble pour les tankistes que nous avons été !

Grâce à la fusion des deux entités, j'héritais du commandement des meilleurs cadres du régiment. Thibaut, mon adjoint, avait été chef de peloton au sein de l'EEI et était devenu un expert dans l'acquisition de renseignement. J'avais également la chance d'être épaulé, le temps de cette mission, par un second adjoint, le lieutenant Kévin, chargé de l'anticipation et de la conduite de la manœuvre logistique. Ancien sous-officier, il était revenu au régiment après une formation d'une année à Saumur et disposait d'une aura impressionnante. Il était secondé par l'adjudant Allan, sous-officier un brin renfermé, mais remarquablement organisé et d'une efficacité redoutable. Les chefs de peloton étaient la clé de voûte de l'unité. Le lieutenant Cyrille était le premier d'entre eux. Je l'avais connu lorsqu'il était sous-officier et lui avais remis ses galons d'officier. Notre confiance réciproque allait se révéler capitale au cours des mois à venir. Le lieutenant Benoît commandait le deuxième peloton. Nous ne nous connaissions pas mais il m'avait fait une excellente impression durant nos entraînements avant le départ. Il était très motivé et débordait d'énergie, comme tout jeune officier. Enfin, l'adjudant Christophe avait effectué toute sa carrière parmi les éclaireurs de l'EEI. Son expérience opérationnelle et ses qualités humaines l'avaient propulsé à la tête du troisième peloton. Je ne le connaissais guère à l'époque mais les cadres de son ancienne unité ne juraient que par lui. Parangon du combat d'éclairage, il connaissait par cœur les missiles antichars. Le peloton de commandement et de logistique, indispensable au fonctionnement courant de l'escadron, était aux ordres de l'adjudant David, un ancien du 1er escadron « historique ». Son pragmatisme, allié au culte qu'il vouait à l'accomplissement de sa mission, me rendait serein pour la gestion du soutien des pelotons.

Deux escadrons avec de fortes identités ne formaient ainsi plus qu'un seul corps. Au cours de l'histoire de la cavalerie, les unités étaient passées du cheval au char léger puis au char lourd. En un clin d'œil, nous allions retrouver des montures légères et des missions semblables à celles qu'accomplirent nos très grands anciens des régiments de chasseurs à cheval. Il nous revenait l'honneur de transformer ce tournant de l'histoire en aventure humaine extraordinaire. L'alliance de la force d'Achille avec la ruse d'Ulysse : voilà ce qui caractérisait désormais notre unité.

Un contrôle de zone pour « agiter le chiffon »

Après quelques jours de permissions estivales, nous reprîmes, à contre-courant des aoûtiens en quête de repos, le chemin du quartier Maginot de Thierville-sur-Meuse où était implanté notre régiment[1]. Pendant l'évaluation finale des pelotons, je rejoignis l'état-major du GTD pour, durant une dizaine de jours, parfaire nos procédures et développer une connaissance mutuelle avec les officiers du 35e RI. De nombreuses conférences nous permirent de nous mettre dans l'ambiance et de recueillir les enseignements de nos prédécesseurs. Les intervenants insistaient en particulier sur la menace liée aux engins explosifs improvisés lors des déplacements en véhicules. À la vue des images d'engins blindés éventrés après une explosion, je repensai aux heures passées en Afghanistan à nous protéger contre de telles attaques. Au Mali, la menace serait plus diffuse mais resterait omniprésente. J'appris également que notre base serait exposée aux tirs de roquettes ou d'obus.

1. Quartier historique du régiment à l'architecture typique des casernes construites au XIXe siècle. Le nom de Maginot, célèbre combattant de la Grande Guerre devenu ensuite ministre, rappelait l'héroïsme et la ténacité des poilus ayant combattu à Verdun un siècle plus tôt.

La mission reçue par les forces françaises au Mali, je le compris alors, était en train d'évoluer. Il ne s'agissait plus, comme au temps de Serval, de chevaucher dans le désert à la poursuite de groupes terroristes. Face à l'immensité du terrain à couvrir, l'opération Barkhane serait davantage dans une logique de contrôle de zone pour « agiter le chiffon », comme le martelait notre colonel, et faire réagir les terroristes. Nous espérions que cette façon d'opérer permettrait à des unités plus légères comme les commandos parachutistes de neutraliser nos adversaires.

Revenu à l'escadron, j'insistai sur ces éléments auprès de tous mes chasseurs. Je leur rappelai surtout la rigueur qu'il nous faudrait adopter au quotidien malgré la durée de la mission : gare à la lassitude ! Le calme apparent et la stabilité de notre situation ne devaient pas nous faire oublier la menace, susceptible de surgir aussi bien lors de nos déplacements que dans notre camp.

Une fois à Gao, je remets, à l'occasion d'un rassemblement escadron, des galons aux brigadiers et brigadiers-chefs nouvellement promus. La fierté se lit sur leurs visages. Ce sera la première et dernière fois du mandat que je rassemblerai mon escadron. La mission commence enfin !

Le GTD ne disposant que de deux unités élémentaires, la protection des emprises représente une part importante des tâches quotidiennes. Les pelotons qui ne sont pas concernés par la garde doivent armer la réserve prête à sortir en cas d'alerte ou effectuer des patrouilles autour de Gao. Après deux semaines de reconnaissance, nous élargissons notre périmètre au cours d'une première opération avec l'ensemble de l'escadron. La trentaine de kilomètres qui sépare Gao de notre objectif permet de roder nos procédures et de s'habituer aux exigences d'un déplacement dans le désert. Nous sommes loin des pistes boueuses des bords de Meuse et du camp d'entraînement de La Chaume. Ici, tout déplacement est complexe, mais la menace étant élevée, je ne peux pas laisser le terrain entraver davantage ma liberté d'action. Nous sommes par définition aptes à manœuvrer dans de grands espaces et je dois pouvoir rassurer mon colonel sur ma capacité à opérer en tout lieu.

Avec l'armée malienne, rassurer les villageois

À la mi-octobre, l'état-major a planifié l'opération Piana, dans le sud du Gourma. Je dois déployer deux pelotons et une section d'infanterie dans cette région de la boucle du Niger située à deux cent cinquante kilomètres à l'ouest de Gao. L'opération vise à mener des patrouilles avec l'armée malienne autour de Hombori et à rallier les différents villages de la région pour les rassurer et leur indiquer la présence de troupes maliennes et françaises sur le terrain. Les premières reconnaissances en blindé sont difficiles, les crevaisons s'enchaînent et les moteurs souffrent de la chaleur encore pesante à cette période de l'année. Le soir, nous établissons une base opérationnelle avancée où tous les véhicules du convoi se regroupent pour réduire les risques en cas d'attaque. Nous redoutons particulièrement un assaut par un véhicule rempli d'explosif et lancé à vive allure.

Protégés par les sentinelles qui veillent sur notre sécurité, les hommes de David, notre adjudant d'unité, s'occupent du soutien de l'escadron. Chacun développe des talents cachés pour améliorer notre ration quotidienne. Le cliquetis des gamelles dans lesquelles les chasseurs préparent de grands plats collectifs signale la préparation d'un repas plus alléchant que le contenu des boîtes des rations de combat. Les pâtes ou le riz, achetés au marché quelques jours plus tôt, sont volontiers accompagnés de sauces en tout genre et de légumes frais lorsque les approvisionnements l'autorisent. Ce soutien, élémentaire, permet aux hommes de reprendre des forces avant de participer à la longue veille nocturne.

Au gré des patrouilles dans les dunes immaculées de la rive sud du Niger, nos chasseurs prennent goût à la recherche de renseignement, multipliant les échanges informels avec la population pour capter des éléments d'ambiance. Ils apprennent aussi à se jouer des mouvements de terrain pour mieux observer leur secteur tout en restant à l'abri des regards adverses. Les heures passées en tourelle dans les camps d'entraînement et leur participation à d'autres opérations extérieures les ont aguerris. Ils se sont approprié les qualités enseignées par le général de Brack, ancien commandant de l'École de cavalerie de Saumur : « la rapidité et la sûreté du coup d'œil ; le regard qui, de tel côté qu'il aborde le terrain, l'apprécie d'ensemble et dans ses moindres détails ; la promptitude de détermination et d'action ; l'élan qui enlève tout ».

Les relations avec les soldats maliens sont chaleureuses, en particulier avec le lieutenant commandant la compagnie aux côtés de laquelle nous menons nos patrouilles. Sa peau claire témoigne de racines provenant du nord du pays. C'est un soldat d'origine touarègue, fier, au regard perçant et à la détermination prononcée. Fin et élancé, il dirige ses hommes avec une poigne de fer et un dynamisme débordant. Il ne quitte jamais son GPS et sa carte qui lui permettent de faire manœuvrer ses pick-up transportant ses soldats. Il s'est illustré, six mois plus tôt, lors de l'opération Serval avec un escadron du 4e régiment de chasseurs. Les cavaliers des cimes avaient posé avec lui les bases d'un partenariat de combat en ratissant les dunes entre Gossi et Gourma Rharous, à la recherche de caches d'armes.

Nous venons renforcer ces liens, entre frères d'armes. Nous partageons nos repas et discutons souvent lors d'une pause sur le terrain. « La guerre apprend vraiment à connaître les hommes », rappelle l'écrivain italien Eugenio Corti : c'est le privilège des hommes en armes de pouvoir se mettre à nu, dans une humanité sans frontière. Un soir, au cours d'une longue discussion dans la pénombre en sirotant un thé brûlant, nous découvrons que nous sommes tous les deux jeunes papas de petites filles : deux pères de famille, loin de leurs enfants, unis dans le désert et remplissant leur mission avec abnégation.

Opération coup de poing dans le nord du pays

L'opération est suivie au plus haut sommet de la hiérarchie militaire et nous recevons rapidement la visite du chef d'état-major général des armées maliennes. Depuis mon poste avancé, dans le désert, je lui explique notre mission. Nous sommes très simplement installés, à l'arrière de mon véhicule (un VAB), les pieds dans le sable. Un filet anti-chaleur tendu au-dessus de nous offre un peu d'ombre. Une carte – quadrilatère baroque contrastant avec le sable monochrome – affichée sur la porte arrière du blindé permet de suivre la situation des pelotons qui manœuvrent à plusieurs kilomètres de là. Une table de campagne en fer a été dépliée et j'y ai fait disposer quelques bouteilles d'eau fraîche. Aux côtés de l'officier malien se trouve un général français, notre commandant de brigade en France. L'instant est à la fraternité entre soldats qui se respectent : là, au milieu de nulle part, à plusieurs heures de piste du premier village, nos chefs partagent leur appréciation de la situation et constatent les signes encourageants du niveau de partenariat entre nos deux armées.

Leur hélicoptère repart vers Bamako, me laissant avec mon camarade malien et nos unités à commander. Quelques mois après mon retour, lors d'une rencontre en France, notre commandant de brigade me reparlera de cette visite et de l'accueil simple mais chaleureux que nous lui avons réservé à Hombori. « Il faut y avoir vécu soi-même pour comprendre », écrivait Pierre Hubac à propos de Carthage. Pour nous, soldats de tous grades, les souvenirs des moments passés sur le terrain sont immortels.

Après une semaine au cours de laquelle les groupes armés terroristes ont évité toute confrontation directe, nous rentrons à Gao pour préparer la suite de notre mission. En parallèle de

Piana, l'état-major a commencé à planifier une intervention coup de poing dans le nord du pays. La compagnie d'infanterie est désignée pour mener cette opération avec l'un de mes pelotons en renfort. C'est une mission risquée ; je désigne donc l'adjudant Christophe, mon chef de peloton le plus expérimenté. Après avoir expliqué à ses hommes l'enjeu de cette manœuvre délicate, je leur donne rendez-vous dans quelques jours, ici même, pour retrouver leurs camarades.

Le mois d'octobre se termine déjà. Les températures, encore élevées, ne ménagent pas les corps. Il faudra durer.

À Gao, l'isolement nous guette

La vie quotidienne à Gao revêt des aspects très routiniers. L'emploi du temps voit alterner tours de garde, patrouilles dans le secteur et prises d'alerte. Pendant que nos camarades opèrent cinq cents kilomètres plus au nord, la tentation est grande de se limiter aux tâches un peu ingrates que nous devons accomplir. Mes passages réguliers sur les postes de garde auprès de nos protecteurs deviennent une routine salvatrice. La surveillance des abords d'un camp militaire depuis un mirador n'est guère exaltante pour un soldat, et je redoute l'installation du sentiment de lassitude. Le succès de cette mission de protection se mesure par le maintien d'une atmosphère calme aux abords du camp. J'explique à mes chasseurs comment notre posture, suffisamment dissuasive et professionnelle, permet de prévenir toute tentative d'attaque.

Malgré ces rappels réguliers pour donner du sens à notre action, l'ennui et la lassitude nous guettent et la situation s'apparente à celle du *Désert des Tartares* où Dino Buzzati décrit la mission du lieutenant Drogo, affecté dans un fort protégeant une frontière face à un ennemi absent. Le commandement a dans ce cas un rôle fondamental pour maintenir la vigilance et la motivation des hommes. Une armée qui attend dans l'inaction l'heure qu'aura choisie l'ennemi pour l'abattre n'est qu'une cohue sans nom. Nous saisissons donc chaque opportunité pour nous entraîner et rester dans le match. Mon adjoint organise par exemple un tir de missile sur un champ de tir improvisé à une cinquantaine de kilomètres au nord de Gao. Nous en profitons également pour effectuer des tirs à l'armement léger, au fusil d'assaut ou à la mitrailleuse de bord à proximité du camp.

En parallèle, le retour de la compagnie d'infanterie ne se déroule pas exactement comme prévu. Les détachements partis deux semaines plus tôt auraient dû revenir à Gao mais le colonel a décidé de laisser deux sections d'infanterie et le peloton de reconnaissance de l'adjudant Christophe à Tessalit pour y maintenir une présence française et une capacité d'action immédiate dans l'extrême nord du Mali. Initialement partis pour quelques jours à Tessalit, les chasseurs ne rentreront pas à Gao avant la fin de notre mandat. Ils sont désormais notre propre avant-poste.

Le chef de corps me fait alors part de son plan. Au début du mois de décembre, l'état-major remontera à Tessalit pour une autre mission d'envergure. Il souhaite également m'envoyer avec un peloton pour escorter le convoi vers le septentrion malien. Devant en contrepartie laisser deux sections d'infanterie et mon dernier peloton à Gao, mon adjoint Thibaut restera aux commandes de cette base arrière de circonstance. Je dois encore faire face à un dilemme : quel peloton emmener avec moi ? Les deux unités sont d'un niveau comparable et aucune n'a démérité. Je choisis finalement – non sans avoir consulté mon adjoint – de partir avec Benoit car il est encore jeune et je mesure l'importance de lui donner de l'expérience. Cyrille, un peu déçu, mais qui a déjà participé à de nombreuses opérations, comprend ma décision.

L'opération Pelvoux débute aux premiers jours du mois de décembre. Dans la fraîcheur du matin, un convoi d'une soixantaine de véhicules s'ébranle et franchit l'enceinte du camp en direction du nord. Nous entamons péniblement un périple de deux jours qui en prendra finalement presque quatre. Les chefs de patrouille, infatigables chiens de berger, protègent le convoi à chaque arrêt et effectuent des « coups de sonde » pour lever un doute sur l'itinéraire ou reconnaître une zone de bivouac. La menace d'engins explosifs improvisés étant élevée, il nous est imposé de mettre un VAB en tête de chaque convoi. C'est un problème de taille pour une unité de reconnaissance telle que la mienne, composée uniquement de... VBL ! Les seuls VAB à ma disposition sont ceux de mes transmetteurs, remplis de radios, d'ordinateurs et de moyens de communication satellitaires. Je ne peux décemment pas les placer en tête de notre colonne.

Je décide donc de tordre le bras à ce qu'enseignent les manuels, en mettant en tête un VAB du génie. Il faut bien avancer. Malheureusement, le chef de groupe du génie, entraîné à reconnaître des points particuliers de terrain, n'est pas à l'aise pour faire la topographie en mouvement, à grande vitesse et sur de longues distances. Qu'à cela ne tienne : un de mes chefs de patrouille montera dans le VAB et prendra la navigation à sa charge. Le convoi est sauvé !

Nous le savons, les groupes terroristes nous épient

La progression est lente car nous évitons les axes. Nous longeons la Transsaharienne, célèbre dans les années 1930 pour les exploits des Citroën traversant le désert. Des dunes s'étendent à perte de vue, créant une harmonie uniforme et fauve, sans amer remarquable, ni trace intelligible, où ne semblent être passés que des fantômes et du vent. « J'ai toujours aimé le désert, dit le Petit Prince, avant d'ajouter : On s'assoit sur une dune de sable. On ne voit rien. On n'entend rien. Et cependant quelque chose rayonne en silence... » Nos blindés vrombissent, brisant cette euphonie naturelle. Seule présence vivante dans cet univers hostile, des dromadaires sauvages semblent insensibles au spectacle de notre colonne qui progresse vers le nord.

À l'approche de Tessalit, le paysage change. Le sable blanc a cédé la place à un relief plus abrupt, fait d'énormes rochers ciselés qui semblent empilés sur place. Des vallées apparaissent également : les fameux Adrars, célèbres en 2013 lors du lancement de l'opération Serval car c'était le refuge de plusieurs groupes armés. Nous avons changé d'atmosphère depuis le départ de Gao, et la tension se voit sur les tempes de mes chasseurs à mesure que nous nous enfonçons dans le dédale de roches sombres.

Nous rejoignons les hommes déployés à quelques kilomètres au sud de Tessalit. J'ai la joie de revoir Christophe et ses chasseurs, mais les retrouvailles sont brèves. La réalité opérationnelle reprend le dessus et nous profitons du regroupement de mes pelotons pour entamer une reconnaissance dans l'une des vallées de l'Adrar. Malgré le calme apparent, nous restons sur nos gardes : la fumée noire s'élevant du sommet d'une colline indique notre arrivée aux observateurs invisibles. Nous nous savons épiés. La population n'est guère accueillante, l'ambiance contraste avec ce que nous avons connu dans la région d'Hombori.

Quatre jours passent, émaillés de reconnaissances toutes infructueuses. L'ennemi, sans doute présent, a choisi de rester terré, évitant la confrontation directe. De nouveau, je le sens, la frustration monte parmi mes chasseurs. Le soir, au bivouac, à la veille de commencer notre grand mouvement de retour vers Gao, le colonel fait un point de situation :

– Les commandos ont attaqué un groupe de terroristes par surprise. L'un d'eux a été capturé et une carte avec un carnet de points référençant des caches d'armes a été trouvée. Après de nombreuses heures de silence, l'homme accepte d'accompagner les troupes françaises et maliennes sur ces points. Les spécialistes ont déjà commencé la fouille des caches, mais il y en a trop.

Le GTD doit donc désormais participer à ce qui s'apparente à une sorte de chasse aux œufs. Nous ignorons si cette nouvelle situation résulte de notre « agitation du chiffon » mais nous sommes résolus à l'exploiter. Une course contre la montre débute pour éviter que les terroristes ne vident ces caches avant nous. Nous devons au plus vite rallier un point de rendez-vous plus au sud, à environ une journée de trajet. La manœuvre est complexe car il faut organiser le mouvement rétrograde de plus d'une centaine de véhicules de tous types, blindés ou non. Nous faisons mouvement au lever du jour. Le convoi prend de la vitesse et les espaces se forment rapidement entre les véhicules pour éviter la poussière soulevée par le frottement des roues sur le sable.

Brusquement, un compte rendu stoppe tout mouvement : un véhicule blindé léger vient de sauter sur un engin explosif ! Le peloton visé effectue la sécurisation des abords tandis que les sapeurs et le VAB des médecins s'approchent du blindé endommagé. Un silence de plomb s'installe sur le réseau radio dans l'attente du premier compte rendu. Certains prient. Les groupes terroristes, en observation permanente, ont probablement posé leur engin explosif dans l'intervalle entre les deux convois.

Par miracle, l'équipage n'a rien de grave, mais les chasseurs sont sonnés. Je demande leur évacuation par hélicoptère et le remorquage du véhicule endommagé par l'un de nos camions. Le convoi peut ensuite reprendre sa progression. Le niveau de vigilance de chacun est relevé face à l'ennemi évanescent auquel nous sommes confrontés. Après cette mise en garde, je ne veux plus lui laisser la moindre opportunité. Nous prenons nos distances avec la trace de nos prédécesseurs et poursuivons notre longue route. Le reste du déplacement est plus calme, malgré les inévitables ensablements et crevaisons. Lorsque nous rejoignons le point de rendez-vous, le soleil a déjà terminé sa course vers l'occident.

Une moto et un pick-up enterrés dans le sable

Dès le lendemain matin, l'homme capturé arrive en hélicoptère sous bonne escorte. Il monte dans la cabine de l'un de nos camions tandis qu'une section de soldats maliens nous rejoint. Le peloton et les Maliens suivent le camion au milieu du désert, guidés par cet homme qui, quelques heures auparavant, opérait au milieu d'un groupe de terroristes. Des sentiments divers se mêlent dans nos esprits fatigués par ces longues heures de piste entrecoupées de nuits sans sommeil. Il y a l'excitation, d'abord, de pouvoir concrétiser cette chasse débutée il y a plusieurs jours. L'incompréhension, ensuite, de certains qui ne pensent pas possible qu'un seul homme puisse avoir mémorisé l'emplacement de tant de caches d'armes. La méfiance, enfin : c'est peut-être un piège.

Le camion s'arrête précipitamment, mettant fin à ces spéculations, et l'homme nous fait signe de le suivre en désignant un endroit dans le sable. Le peloton se déploie en cordon de sécurité. La mise en place est rapide car il n'y a rien autour, à part du sable et des cailloux. Aucun signe, aucun point de repère ne semble visible. Sans l'aide de cet homme, nous aurions pu passer mille fois à cet endroit sans y faire attention. Les sapeurs et les Maliens commencent à creuser. Pendant de longues minutes, les coups de pelle et de pioche se succèdent. Au moment où le doute s'installe, nos efforts sont récompensés : de l'armement, du matériel médical et des munitions ont été enfouis à cet endroit précis, au milieu du désert. Nous n'avons pas le temps de nous extasier devant ce butin car la liste des zones à sonder est longue. Une fois l'ensemble des équipements récupéré, la mission se poursuit vers le point suivant. Même rituel de mise en place du cordon puis de fouille, et, au bout de l'effort, une découverte similaire. Les excavations à ciel ouvert s'enchaînent avec des trouvailles toujours plus surprenantes. Nous mettons ainsi au jour, outre de l'armement, un pick-up et une moto intégralement enterrés dans le sable...

À la fin de la journée, les sapeurs rassemblent ce matériel de guerre pour le détruire. L'onde de choc signe l'évaporation de notre butin. En entendant la détonation, je repense à notre patrouille frappée la veille par un engin explosif. Nous avons frôlé la catastrophe, mais saint Georges était parmi nous. Cette mission fut le « coup » de notre mandat, débuté par de longues heures d'attente et poursuivi par la frustration de se sentir, à monter la garde, écartés de l'action principale.

Une fine pluie de sable vole autour du cratère, précédant une odeur de plastique brûlé.

Le parfum de la victoire.

Le retour à Gao a lieu la veille de Noël. En franchissant les portes de l'emprise, nous croisons les regards de nos compagnons d'armes ayant assuré la protection du site pendant la durée de l'opération. De leur tâche ingrate ont dépendu, en partie, les succès que nous venons de remporter. Au bivouac, je retrouve Thibaut, mon adjoint, ainsi que Cyrille, qui m'informe que son peloton se porte bien. Nous pouvons entamer la remise en condition des matériels et des personnels avant de reprendre à notre tour les activités de garde du camp. Le rythme ne faiblira pas.

Noël est une fête particulière qui ne laisse personne indifférent : malgré les difficultés du quotidien, la lumière revient dans le monde au fond d'une crèche. Est-ce la foi, la culture ou une belle histoire transmise de génération en génération qui nous l'enseigne ? Peu importe. Un soldat aime les histoires simples, bousculant les habitudes, qui donnent une dimension telle aux événements qu'il accepte de servir jusqu'au bout. La lumière luit dans la nuit, et les soldats le savent : sinon, quelle bonne raison aurions-nous de combattre ?

Fêter Noël en opération fait partie des moments importants de la vie d'une unité. L'escadron déploie des trésors d'ingéniosité pour que nous puissions nous recueillir individuellement et collectivement. Après une messe organisée à la chapelle du camp, au son des chants des Français des îles du Pacifique, nous partageons un repas amélioré. Chaque chef, à son niveau, reste pour l'occasion avec ses hommes. Les équipages, patrouilles, pelotons et l'escadron au sens large forment alors une famille de circonstance, à plusieurs milliers de kilomètres de celles et ceux que nous aimons. Je prends le temps de visiter les chasseurs qui montent la garde pendant que leurs camarades vivent des moments plus conviviaux. En marchant entre les miradors, dans la chaleur de cette nuit africaine, je pense à nos anciens, poilus de la Grande Guerre, qui ont à quatre reprises accueilli la lumière de Noël au milieu de l'horreur. Le 24 décembre 1916, les galeries du fort de Douaumont ne vibraient plus du fracas des sinistres déflagrations. À quelques lieues de l'emplacement actuel de notre régiment meusien, les hommes chantaient les cantiques avec plus ou moins d'entrain. Ils avaient survécu, certes, mais pour combien de temps ? Je pense ensuite à mes hommes, évacués quelques jours plus tôt après l'explosion de leur VBL. Pour eux, cette soirée aura un goût particulier, et il est probable que désormais, chaque année, la joie de cette nuit de paix ne suffise plus à chasser le souvenir de cette attaque perfide un matin de décembre au nord du Mali.

Avant d'arriver au poste d'entrée du camp, je lève les yeux vers le ciel étoilé. On distingue la croix du sud. J'entends, au loin, mes chasseurs entonner le refrain du régiment :

« Et Verdun, la victorieuse,
Pousse un cri que portent là-bas
Les échos des bords de la Meuse,
Halte-là, on ne passe pas.
Plus de morgue, plus d'arrogance,
Fuyez, barbares et laquais,
C'est ici la porte de France,
Et vous ne passerez jamais. »

Frères d'armes

Par Alban Larroquette

« Six mois… Rien… Les mots du temps et de l'espace sans mesure. Dans le silence qui coulait à pleins bords, le soir qui assombrissait le large fleuve de sable, ils prenaient une résonance d'éternité. »

Joseph Peyré, *L'Escadron blanc*

En 2014, la France décide de régionaliser ses actions au Sahel pour s'adapter aux menaces transfrontalières. C'est l'opération Barkhane. Dans le Nord nigérien, les marsouins du régiment d'infanterie chars de marine affrontent l'immensité désertique et opèrent depuis le vieux fort méhariste de Madama, poste avancé pour lutter contre les flux terroristes entrant au Sahel.

Le désert purifie les hommes. Il sépare l'essentiel de l'accessoire. Dans le sifflement du vent brûlant qui desséchait les lèvres des marsouins du RICM*, il avait étouffé le vacarme des passions désordonnées. Chaque geste, chaque parole coûtait tant d'effort qu'il ne restait à chacun que l'énergie du nécessaire, celle tournée vers la survie de l'équipage et l'accomplissement de la mission. Les longues heures chaudes révélaient ainsi la même vérité que les intenses minutes du combat : dans le danger, le soldat isolé est déjà perdu. Ils veillaient les uns sur les autres. Ils n'étaient jamais seuls.

Ils étaient trois à bord de leur véhicule blindé léger. L'autre blindé de la patrouille s'était placé à une vingtaine de mètres d'eux. Il était dissimulé par ces rochers rouges enchevêtrés qui dominent avec gravité l'immense étendue de sable de la plaine de Madama, à l'extrême nord du Niger. Vingt mètres dans le simoun[1] est une distance que l'on ne franchit pas à la légère : chacun restait de son côté jusqu'au signal de l'embuscade. Le chef de peloton était à quelques kilomètres de là, au fond de la nasse que formaient leurs positions. Loin devant, une patrouille s'était approchée autant que possible de la frontière libyenne. Elle avertirait son chef dès que l'adversaire déboucherait.

Ils étaient trois, partageant l'eau, les vivres, et le temps qui s'écoule. Cela faisait des mois qu'ils sillonnaient ensemble le sable craquant de l'immense gassi[2] de Madama, les dédales de rochers ocre de l'Emi Bouli et les dunes blondes qu'abritait du vent le double pic d'Emi Fezan. Avec le temps, les postures et les idées reçues n'avaient pas résisté à l'intimité de cette vie d'équipage. Il n'y avait pas de triche, pas d'égoïsme possible. Chacun fut vrai dans ses forces comme dans ses faiblesses. Les marsouins connaissaient les secrets des uns et des autres, partagés au fil des veilles prolongées. Ces confidences resteraient au sein de l'équipage pour l'éternité.

Ils étaient trois, chevauchant la même monture, carrosse d'acier mat, hérissé d'antennes et de jerricans. C'était l'essentiel. Car dans cette partie du Sahara, on ne trouve que deux sortes d'hommes : les nomades et les morts. L'immobilité tue. Le vent dessèche la peau et les yeux. La nuit glaciale empêche tout repos, et l'homme épuisé qui a survécu à la braise du jour peut être mordu à jamais

1. Vent violent, très sec et très chaud, chargé de poussière ou de sable.
2. Couloir de sables anciens transformés en croûte.

par le froid. On ne peut s'échapper sans monture. Il n'y a pas de piétons dans le désert. L'équipage, c'étaient eux trois, donc, mais c'était aussi ce blindé qui avait fait bien plus que les porter. Il leur procurait de l'ombre – un peu. Il abritait leur barda et leur vêtement pour la nuit. Il était leur seul moyen d'intercepter les combattants de toute fortune qui tentaient de traverser la région à la vitesse débridée de leurs pick-up Toyota.

Ils partaient souvent à leur recherche. Ils pistaient leurs traces : un sillon dans le sable, quelques barils d'eau et des munitions dissimulés au cœur de la hamada[1]. La route de la drogue, des armes, des migrants et de l'argent sale passait par cette région pelée reliant la Libye au Niger, le Sahara au Ténéré, les extrémismes du Nord à ceux du Sud. C'est là, aux confins du plateau du Manguéni, que s'ouvre la passe de Toumo sur la grande plaine de Madama.

Très vite, ils avaient mené de longues reconnaissances dans l'étendue de sable, dont l'apparente régularité dissimulait failles et rochers qu'il fallait absolument éviter à pleine vitesse. Ils avaient été surpris, la première fois, qu'un adversaire audacieux puisse rouler à plus de cent kilomètres à l'heure dans ce dédale de pièges. Le caporal Nicolas avait été sérieusement blessé lorsque son blindé, tentant de le suivre, s'était arrêté net en frappant un contrefort de sable ferme. Ils avaient alors compris que l'ennemi ne suivait pas uniquement la boussole de son GPS : il suivait aussi les traces de passage de ses prédécesseurs qui serpentaient sur le sol comme deux longs rubans noirs se détachant sous les rayons pales de la lune. Depuis, chaque jour, chaque soir, après avoir remonté les pistes fraîches jusqu'aux contreforts des massifs rocheux, ils s'y mettaient en embuscade avec les soldats nigériens.

1. Plateau rocheux.

À la poursuite des pick-up chargés de drogue

Ils avaient pourchassé ces pick-up, remontant vers la Libye, chargés de drogue ou de migrants, captifs de passeurs sans scrupule. Ils avaient traqué ceux qui descendaient vers le Mali et le Nigeria, avec bagages, armes et devises. Ils se souvenaient de la première capture. En plein jour, un pick-up avait tenté de franchir la passe en progressant de plateau en plateau, à l'abri des rochers, sans descendre dans la plaine. La patrouille de l'adjudant Ludovic, dissimulée au-dessus de cette hamada, avait pu intercepter les trafiquants. Le peloton du lieutenant Benjamin, posté en contrebas, les empêchait de fuir à grande vitesse par l'étendue sablonneuse. Les terroristes tentaient de rejoindre la région du lac Tchad, jusqu'au sanctuaire de Boko Haram, la secte islamiste sévissant à l'est du Nigeria.

Parfois, l'ennemi leur avait échappé, passant au loin, roulant trop vite, opérant un demi-tour en sentant le piège se fermer sur lui. Souvent, ils étaient parvenus à l'arrêter. Toujours, il fallait changer de méthode pour le surprendre. Le capitaine était convaincu que ses ennemis étaient renseignés sur les positions des soldats français et nigériens. Ils s'informaient lors de leur passage au poste Toubou[1], au nord de la frontière libyenne. Il était notoire qu'ils avaient des informateurs au sein même du marché bordant la piste transsaharienne à l'entrée de la base de Madama. Alors, tout était bon pour les tromper. Dans l'arène minérale du désert saharien se déroulait un combat des intelligences.

Le premier soir, après l'accident du blindé de tête lors de la course-poursuite, les marsouins avaient fait semblant de rentrer tous à la base. Allumant en pleine nuit leurs phares, ils avaient

1. Ethnie répartie dans le sud de la Libye et le nord du Niger et du Tchad.

formé une longue colonne de véhicules, semblable à une chenille lumineuse visible à des dizaines de kilomètres. Après trois heures de piste, une partie de la colonne s'était arrêtée entre deux pics rocheux, lumières éteintes, laissant le reste des blindés poursuivre avec le blessé jusqu'à la base. Les marsouins masqués par le relief étaient repartis discrètement se replacer en embuscade à la faveur du lever du jour. L'ennemi avait été bien surpris quelques heures plus tard en voyant surgir devant lui Français et Nigériens alors qu'on lui avait annoncé que la voie était libre.

À chaque sortie, ils menaient des raids de plusieurs kilomètres. Soit au plus fort du jour, lorsque la lumière aveuglante et l'air troublé par la chaleur empêchent de voir loin. Soit au milieu de la nuit, sans lumière, au rythme parfois d'une patrouille à pied qui précédait l'infiltration pour éviter les pièges du relief et garder les feux éteints. Pas une mission n'avait la même durée, n'allait dans les mêmes lieux. L'ensemble de leurs opérations, baptisées Arar, avait pris l'apparence d'un long nomadisme erratique, imprédictible. C'était une partie de poker entre rétiaires et terroristes. Chaque fois qu'ils avaient joué sur le lieu, la durée de la patrouille, le moment de la journée ou de la nuit, ils avaient surpris et battu leurs adversaires. Ils avaient libéré les cent quarante-neuf captifs du puits d'Ahouebida, avec la section du lieutenant Hugues. Ils avaient intercepté des contrebandiers de toute espèce qui reliaient l'Amérique latine à l'Europe et le golfe de Guinée à la Méditerranée. Avec l'équipe du maréchal des logis-chef Daniel, ils avaient identifié les terroristes, localisé leurs refuges libyens, et dévoilé leurs objectifs au lac Tchad ou au Mali.

Pourtant, ce soir-là, ils n'avaient pas trouvé de piste fraîche dans la partie est de la grande plaine qu'ils venaient d'atteindre après un long détour par le sud. Alors, ils avaient eu l'idée d'en tracer une eux-mêmes, en utilisant leurs propres véhicules 4x4, pour attirer dans le piège l'adversaire de passage. Ils apercevaient déjà au fond de la nuit sans lune l'éclat des phares d'un convoi venant du nord. Durant près d'une heure, la lumière apparaissait puis disparaissait, de plus en plus claire, tandis que l'adversaire parcourait les dizaines de kilomètres qui le séparaient des positions des soldats français et nigériens. À la jumelle, ils les regardaient avancer le long du ruban de sable qu'ils avaient dessiné dans la croûte de silice.

Ils étaient trois. Ils prenaient le thé, ensemble, rangeant calmement leurs affaires. Le moment approchait où ils surgiraient au nez des bandits. Ils déchireraient le silence de la nuit avec le rugissement de leur moteur, l'aboiement des ordres et des sommations, et peut-être, le fracas des armes à feu.

Une palmeraie plantée au cœur de la base avancée

Le désert, comme toute nature restée sauvage, n'appartient à personne. Les marsouins de 2017 étaient des passants. Ils étaient une étape dans la vie des sables du Ko Karama, le « sommet des sorcières » qui projetait depuis des siècles ses maléfices et ses mirages sur les nomades s'aventurant sous son regard.

D'autres avant eux étaient passés, il y a bien longtemps. Les peintures rupestres sans âge qui ornaient les rochers derrière l'oasis du camp nigérien témoignaient d'une époque révolue d'abondance et de chasses. Le vent avait marqué le temps écoulé depuis, à force de creuser le sable. Le sol, gratté par ses assauts, s'était abaissé de huit mètres. Les peintures ancestrales dominaient maintenant les palmiers et les dunes, du haut de l'inselberg[1]. Elles annonçaient que là, à Madama, frange du Sahara, la vie avait triomphé du désert. Les marsouins avaient grimpé sur le massif rocheux pour les admirer de près.

D'autres avant eux étaient passés, anciens de l'empire des sables, administrant les confins de l'habitat terrestre aux portes

1. Relief résiduel rocheux aux pentes abruptes, dominant une plaine d'érosion.

de l'enfer saharien. Grâce aux travaux des sapeurs, leur fortin, désensablé, élevait de nouveau ses créneaux de pisé face à l'infini de la plaine. Sur ses murs, les soldats d'antan avaient laissé leur trace, gravée au fond des cellules sombres. Les uns avaient creusé des puits, d'autres bâti des maisons, élevé des mâts et planté des palmiers. Bâtisseurs, artisans, agriculteurs, soldats : l'Homme, hier comme aujourd'hui, ne pouvait se dérober au défi magistral que lui imposait le Sahara.

Les marsouins au désert étaient des vagabonds, certes. Mais une volonté tenace guidait leur action, les liant irrémédiablement aux personnes et aux lieux. C'est ce sentiment d'ardente nécessité d'action qui les avait saisis à leur entrée dans la BAT*, assemblage sans âme de murs ocre faits de grillage et de sable. Ils prenaient possession de ce camp moderne érigé en 2015 à plusieurs centaines de mètres du fort historique de 1930. Ils étaient débiteurs de tous ceux qui, avant eux, avaient réussi à faire vivre, améliorer, agrémenter ce camp triste malgré la chaleur et le vent. Ils arrivaient, ils étaient cent, à la fois dépositaires du roman de Madama, « la rouge » en langue tédaga, et responsables de l'enrichir, d'une façon ou d'une autre.

Il manquait à cette base deux choses essentielles. Il fallait d'abord y faire entrer la vie, celle qui resterait après leur départ. Créer une palmeraie avait été la seule victoire possible sur le sable et le vent. L'adjudant-chef Bernard faisait venir des dattiers depuis Faya Largeau, au Tchad, profitant des liaisons aériennes entre les deux postes. Insatiable vétéran embrasé par un idéal que le temps n'a jamais flétri, il insufflait la vie de la base et se battait contre l'avancée du désert. Entre les murs du camp de sable, il avait érigé les palmiers de Faya. Dans l'alignement des conteneurs métalliques, il avait tendu les câbles et poulies d'une piste d'audace. Partout, il emplissait le ciel du camp de grandes voiles vertes et beiges, étendues contre les rayons du soleil.

Il fallait ensuite que la base abandonne cette dénomination limitative et fonctionnelle de « base avancée », porteuse de sa propre condamnation, car « temporaire ». Il lui fallait un nom, pour sortir de la géographie et entrer dans l'Histoire. À la demande des marsouins du Niger, la BAT fut baptisée « poste général Magendie[1] ».

Ce matin de juin 2017, aux côtés du général commandant la force Barkhane, le capitaine nigérien du Fort Rouge coupait le ruban du poste Magendie. Tenir un poste français sur le sol du Niger, c'était échanger un don de soi contre un don de terre, l'un et l'autre étant dans ce cas à la fois absolus et éphémères. Et si le temps du Français était court, celui du Nigérien n'avait pas de limite. Ils avaient su sans en parler que la seule réponse possible à cette absence de concordance des temps était l'alliance parfaite de leur engagement. Leur fraternité d'armes, cette forme aboutie de la cohésion, ne pouvait souffrir aucun préjugé, aucune prétention, aucun circonstanciel de temps ou de lieu.

Chevauchées botte à botte entre Français et Nigériens

À Madama, les marsouins étaient heureux en partageant l'engagement des soldats nigériens. Toutes les opérations menées dans la région étaient conjointes. Les uns aidaient au soutien logistique, les autres apportaient leur connaissance du terrain. Ensemble, ils s'entraînaient dans l'enceinte barbelée qui reliait les deux forts, courant dans la fraîcheur matinale et partageant des parties endiablées de football. Ensemble, ils préparaient leurs

1. Le général de division Edmond Magendie (1912-2000), officier des Troupes de Marine, compagnon de la Libération, a servi à la côte française des Somalis, au Tchad, en Libye, Éthiopie, Tunisie, Érythrée, Mauritanie et au Niger. Il a été élu député de la côte française des Somalis à la fin de sa carrière. Il incarne la fraternité d'armes entre soldats Français et Africains.

missions, répétant la tactique sur les maquettes de sable et de cailloux qui représentaient leurs futures zones de traque. Ensemble, ils accomplissaient, sur le check-point du marché, sur la transsaharienne, à l'ombre d'un rocher ou déboulant sur le glacis, leur devoir de soldat.

Un jour de mai, le capitaine Seidi avait appelé le maréchal des logis-chef Daniel à venir près de lui. Une patrouille nigérienne, engagée loin à l'ouest de la région de Madama, venait de rentrer au fort, victorieuse d'un combat enragé contre les terroristes. Les hussards qui accompagnaient les marsouins y trouvèrent des renseignements d'importance capitale sur les itinéraires et les refuges de l'ennemi. L'officier nigérien partageait, sans soustraction, dans l'intérêt de la victoire commune. La fraternité d'armes ne souffre aucune retenue. Pas plus que les repas partagés, méchoui de mariage ou simple boîte de ration sur le terrain, ni les chevauchées botte à botte entre blindés français et pick-up nigériens à la poursuite de leur adversaire.

Un soir, dans la tourmente, poussée par un fort vent de sable, la colonne blindée s'était mise à l'abri d'une dune pour y prendre du repos. Le vent s'était calmé au coucher du soleil. D'un geste de la main, Ismael, l'interprète, avait creusé un sillon pour le feu dans une bosse de sable chaud. L'eau bouillait encore dans la théière de fer-blanc qu'il soulevait lentement, versant le thé avec pesanteur, de verre en verre, jusqu'à le faire mousser. Le ciel était carmin, la silice étincelait de reflets roux. Entre les deux firmaments d'étoiles et de poussière, ils s'étaient accroupis en silence, marsouins et Nigériens, fixant sous leur chèche beige l'horizon qui changeait. Ils avaient combattu ensemble leurs ennemis communs, le désert et ses plaies, le temps qui se dérobe.

Au moment de se quitter, ils étaient au poste Magendie, dégustant les mangues qu'ils faisaient venir de N'Djamena et sablant le champagne dans les sourires vrais des amitiés de soldat. Pendant que les Français bouclaient leurs sacs, les soldats nigériens étaient retournés, seuls cette fois, tendre l'embuscade « à la française » au massif d'Emi Bouli. Ils capturaient ce jour-là plusieurs terroristes et leur importante cargaison d'armes. Le temps des marsouins s'achevait. Celui des Nigériens n'avait pas de fin.

Mounataré[1].

1. « Nous sommes ensemble », en langue haoussa.

Forcer le destin

Par Arnaud de Vallavieille

« Tout être humain a en lui confusément un besoin
de simplicité, besoin que la vie en commun dans les villes
étouffe un peu. Au désert, tout ce passé primitif s'éveille
en nous. On vit intensément, on retrouve
avec bonheur infini une vie antérieure oubliée.
Pour ceux qui ont perdu la foi il n'est pas possible,
dans un tel décor, de ne pas la retrouver. »

Émile Horcholl, *Réflexions sur la vie sahélienne*

Les opérations au Sahel se succèdent depuis 2013 et la force Barkhane se réorganise. Les blindés du 1er RIMa, renforcés par des unités d'autres régiments de la 9e Bima, opèrent en 2019 dans toute la partie est du Mali, reliant Kidal à Ménaka. Les patrouilles quotidiennes suivent les longues heures de garde du camp. Et, un jour, il faut partir dans le sud du pays pour y rechercher des groupes terroristes.

Angoulême, mardi 21 janvier 2019

La vieille tour des Valois est masquée par une épaisse brume nocturne. Le froid est saisissant et seuls quelques badauds affrontent la bise hivernale dans les rues désertes du centre-ville. Le gong de l'horloge, juchée sur le beffroi de l'hôtel de ville, retentit pour la septième fois. À quelques pas de là, derrière les hauts murs du boulevard Liédot, les grilles du quartier Fayolle sont grandes ouvertes. Une sentinelle filtre à l'entrée la longue cohorte de véhicules. Dans le parking faiblement éclairé, des silhouettes s'extirpent des voitures. La couleur claire de leurs vêtements contraste avec la nuit qui les entoure. Ployant sous de nombreux sacs, elles se dirigent vers le halo lumineux entourant la seule salle allumée au sein du régiment. *Foyer du marsouin*, peut-on lire au-dessus de la porte.

Chacun dépose son fardeau avant de s'y engouffrer, pressé de se réchauffer. Le long du bâtiment, les sacs s'amoncellent, dans un ordre quasiment parfait.

Dernier baiser, dernier mot de réconfort

À l'entrée de la pièce, quelques-uns bravent le froid pour fumer une cigarette dans un mutisme grave. La porte s'ouvre brutalement : trois enfants déboulent, et leurs rires trouent le silence. Dans la salle, des groupes épars se sont formés. Les couleurs sable et marron des treillis portés par les soldats jurent avec d'autres, plus chatoyantes, arborées par leurs familles venues les entourer : à leurs bras, un conjoint, une épouse ou un enfant. Premier ou dixième départ, les yeux sont humides, les gorges nouées, les conversations décousues. La pudeur des familles de militaires prend le dessus : il ne faut pas laisser transparaître son émotion. En tout cas, pas ici, pas maintenant.

Après l'allocution du commandant en second du régiment, le signal du départ est donné. Dernière étreinte, dernier baiser, dernier mot de réconfort. Puis les soldats embarquent en silence dans les bus qui se sont avancés. Après avoir essuyé la buée des vitres avec leurs calots, ils échangent, depuis leurs sièges, un signe de main avec ceux qui restent. Fixées aux fermetures éclair des sacs chargés dans les soutes, des étiquettes plastifiées se balancent dans le vent : *groupement tactique désert Bir-Hakeim – sous groupement Vert – Kidal.*

Tous sont des marsouins du 1er RIMa et s'apprêtent à rejoindre le Mali. Certains de leurs camarades sont déjà arrivés sur place, d'autres s'envoleront dans les prochains jours.

Niamey-Gao, mercredi 22 janvier

L'aéroport Charles-de-Gaulle, encore plongé dans la grisaille matinale, accueille le détachement. On déambule dans le terminal à la recherche d'un banc pour prolonger la nuit. Si les visages paraissent fatigués, la douleur de la séparation s'estompe peu à peu. La fraternité d'armes reprend le dessus.

Vient l'heure de l'embarquement dans l'avion de l'escadron de transport de l'armée de l'Air. À dix heures, l'aéronef décolle. Les yeux rivés aux hublots tentent d'apercevoir une dernière fois le pays bien-aimé.

En milieu d'après-midi, sur la passerelle de l'aéroport de Niamey, les marsouins sont saisis par la chaleur mais aussi les odeurs contrastées de l'Afrique. Au détachement aéronautique, l'attente est longue. Cherchant l'ombre, les groupes se font et se défont au gré d'une partie de cartes ou d'une conversation. Certains évoquent les missions passées dans les Balkans, en Afghanistan, en Côte d'Ivoire ou au Mali, où l'escadron avait participé à l'opération Serval en 2013.

En fin d'après-midi, tout s'accélère. L'A400M* qui devait les emmener à Gao est en panne. Un Transall espagnol va se charger du convoyage, mais il ne pourra pas prendre le fret initialement prévu. Il faut donc préparer une musette avec de quoi vivre quarante-huit heures. Sur le tarmac, devant les sacs ouverts, les chefs de patrouille ordonnent :

– Une trousse de toilette, une veste, un pantalon, un change de linge de corps, le dossier Opex[1], rien de plus. Allez, dépêchez-vous les gars.

À la hâte, les sacs sont reconditionnés, les bus chargés, et le détachement est regroupé au pied de la rampe arrière de l'avion. Après une heure d'attente dans l'atmosphère suffocante de la carlingue, un mécanicien annonce un problème technique sur l'un des moteurs, empêchant l'avion de décoller. La rampe s'abaisse et, alors que le soleil disparaît à l'horizon, les marsouins s'entassent à l'arrière de pick-up qui rejoignent la zone de transit. À minuit, tout le monde est réparti dans des tentes de passage pour une courte nuit.

Sergent-chef Wilhem : « On y est, et pour de vrai »

Gao, jeudi 23 janvier

À l'arrivée à Gao, le sergent-chef Wilhem est subjugué. La base n'a plus rien à voir avec ce qu'elle était lors de son précédent passage, pour l'opération Serval, en 2013. Jadis parcelle de désert entourant une piste d'atterrissage, c'est devenu une ville à part entière, fourmilière à ciel ouvert. Les conditions de vie se sont métamorphosées : des bâtiments ont remplacé les tentes dans lesquelles vivaient les soldats, avec une douche dans chaque couloir, reléguant aux oubliettes la bassine ou la bouteille d'eau qu'ils utilisaient pour leur toilette. Un ordinaire climatisé accueille

1. Dossier qui regroupe les papiers administratifs essentiels.

désormais pour les nourrir tous les militaires de la base, tandis que des frigidaires assurent la fraîcheur des bouteilles d'eau. Wilhem se rappelle comment, au moment de son départ de Gao en juin 2013, un général prenant ses fonctions avait lancé : « Je ferai de ce désert un camp de Romains. » Le défi a été relevé. Un désagrément demeure néanmoins : la poussière, qui s'immisce partout. Sur la piste reliant l'aéroport, des camions transportent du fret : les uns, du matériel et des vivres à destination des bases les plus éloignées, à Tessalit, Ménaka, Tombouctou et Kidal ; les autres, des caisses arrivant de France.

Gao est la plateforme d'entrée et de sortie de tout militaire débarquant au Mali. Les formalités d'arrivée sont rodées : en moins d'une heure, Wilhem a reçu son casque, ses plaques de blindage pour son gilet balistique, ses munitions, puis est passé au bureau effectif et à la chancellerie. Avant même de rejoindre Kidal, alors qu'il garnit ses chargeurs de munitions, Wilhem remarque la prise de conscience de certains jeunes marsouins : « On y est, et pour de vrai. »

Le détachement a embarqué dans deux hélicoptères de transport de troupes Chinook* britanniques, qui s'arrachent du sol dans un tourbillon de poussière et un vacarme assourdissant. Au milieu de l'océan de sable parsemé de blocs rocailleux, pas âme qui vive, exceptés quelques chameaux imperturbables poursuivant leur course, à la fois altiers et indolents. Peu avant l'arrivée à Kidal, les machines perdent brutalement de l'altitude. Le soldat jusqu'alors assis sur le bord de la rampe arrière, les jambes dans le vide, vient s'installer derrière la mitrailleuse de sabord : chacun a compris la manœuvre, ils arrivent en zone hostile. La tension monte d'un cran. Les derniers kilomètres sont parcourus à quelques mètres du sol, ce qui augmente la sensation de vitesse dans la carlingue.

Le vieux poste de Kidal, situé à l'une des extrémités de la ville, apparaît au loin, inchangé depuis sa construction, il y a cent dix ans, par des soldats de l'infanterie coloniale. « Il se présente à nous comme un mirage. Puis l'image se précise, la brume chaude s'estompe, se creuse, les masses se colorent, l'ensemble du poste se dessine enfin jaune, rouge », pour reprendre la description du peintre aventurier Émile Horcholl.

Si loin d'Élise : une nuit de garde du caporal Édouard

Kidal, février

Une nuit de plus, Édouard est de garde.

Dans trois heures, Jimmy le relèvera, et il regagnera son carré vie, le plus silencieusement possible pour ne pas réveiller sa patrouille. Comme le lieutenant l'a rappelé, de la vigilance commune dépend la sûreté de l'ensemble du camp français : le caporal mesure la responsabilité qui lui incombe. Dans l'exiguïté du poste de surveillance, il profite de la solitude, si rare dans leur quotidien. Surtout, il goûte à la très relative fraîcheur nocturne. Seul le crachin ténu sortant du poste radio portatif le relie à la réalité. Dans quelques minutes, il effectuera à son tour sa vacation, échangeant quelques mots brefs avec l'opérateur radio du poste de commandement qui veille lui aussi dans la nuit.

Puis ce sera le retour dans le grand silence. En se penchant au-dessus de la mitrailleuse pointée vers la nuit noire, Édouard contemple la quiétude du camp. Au loin, quelques lumières indiquent sans doute des bergers qui, faisant paître leurs maigres troupeaux, ont allumé un feu pour la nuit. Il les imagine allongés à même le sable, sur une natte tressée, entourés de leurs chèvres rachitiques, leur seul bien. Suivant des yeux le canon de l'arme dressée vers le ciel, il contemple la voûte céleste, l'éclat pur des étoiles, si rare chez nous.

Ce dénuement fait résonner ces vers cités par le Padre à l'occasion de sa dernière visite :

« En haut de cette croupe rude,
Sans cesse battue par le vent,
S'élève dans la solitude
Du désert aride, un poste blanc.

Au loin c'est l'Adrar immense, sans vie,
Grillé par un soleil brûlant,
Gris, couleur de mélancolie,
Où les soldats se battent et meurent en chantant. »

Il pense à Élise, sa compagne, demeurée seule. Ils se parlent régulièrement au téléphone, mais il a du mal à rester à son écoute, se sent parfois un étranger. Leurs quotidiens sont tellement différents. Elle lui raconte ses journées et ses difficultés face à cette première séparation. De son côté, le rythme des missions, la fatigue liée à l'enchaînement des patrouilles, la cohésion du peloton atténuent l'effet de l'éloignement. Il minimise la menace qui l'entoure. Par-dessus tout, il peine à faire comprendre à Élise que malgré le poids de certaines servitudes et la peur qui l'assaille souvent, sa vie de soldat prend ici tout son sens.

Un bruit monte du bas de l'échelle. Son chef de patrouille, le sergent Jérémy, effectue le tour des postes. Courbé, il entre dans le réduit, les yeux rieurs :

– Salut Édouard, tout va bien ?

– Tout est calme, sergent.

Après avoir balayé le secteur d'observation avec les jumelles thermiques, le sous-officier sort un thermos. Sans briser le silence, les regards perdus au loin, ils partagent un quart de café. Fraternité d'armes.

Une nuit de plus, Édouard est de garde.

Nourrir deux cent cinquante soldats : l'adjudant Romain à la manœuvre

Kidal, mars

Il est cinq heures du matin. Sous le filet anti-chaleur recouvrant la « salle à manger » de la section de commandement – une longue table, deux bancs de part et d'autre et, luxe ultime, deux canapés –, Romain déguste son premier café de la journée. Un par un, les marsouins le rejoignent, les yeux encore remplis de sommeil. Comme adjudant d'unité, Romain est chargé à Kidal d'assurer la vie courante des deux cent cinquante soldats composant l'unité de combat du camp français. Ce matin, il ira réceptionner, comme deux fois par semaine, quinze jours de vivres à l'héliport. Kidal est l'un des postes avancés de l'opération Barkhane. Pour l'alimentation, les pièces de rechange des véhicules, les munitions et tout l'indispensable, la voie aérienne demeure le moyen de liaison le plus rapide et le plus sûr depuis Gao, à quatre cents kilomètres au sud. Hormis ces navettes et le passage tous les quatre mois d'un convoi de véhicules français, le camp demeure isolé, sentinelle avancée à l'entrée de l'Adrar des Ifoghas.

Pour le déchargement des caisses isothermes et de tout le matériel déversé par les deux hélicoptères, les soldats ont revêtu leur habit de manutention, un simple débardeur kaki. Malgré la tenue allégée, chacun porte à la ceinture sa trousse de premiers soins : la menace de tirs de mortier par les groupes terroristes demeure permanente. La chaleur déjà suffocante va rendre les opérations éprouvantes.

Ici, chaque peloton s'occupe de sa propre tambouille à partir des denrées distribuées. Les unités s'invitent mutuellement et le sous-groupement s'en trouve ainsi plus soudé. Ce soir, avec le capitaine, l'adjudant ira dîner chez Vert 30, la section du 126e RI de Brive-la-Gaillarde.

Commandant le site de Kidal, le capitaine Frédéric a la charge du fonctionnement et de la bonne tenue de l'emprise, laquelle, en plus du sous-groupement, comprend divers détachements de soutien et une unité spécialisée dans le renseignement. Sous la férule énergique de cet officier à la voix grave, vieux soldat passionné d'histoire, le camp a changé de visage. Les cendriers ont été repeints en bleu marine et rouge, les couleurs des troupes de marine, et des ancres ont été apposées à la bombe d'or. Quant aux zones vie et artères du camp, elles ont reçu le nom d'illustres officiers et administrateurs coloniaux : « maréchal Gallieni », « maréchal Joffre », « colonel Borgnis-Desbordes », « général Faidherbe », « lieutenant-colonel Bonnier », « lieutenant-colonel Boilève », « commandant Archinard »…

Romain entend le ronronnement des camions qui viennent de se garer devant le bâtiment principal : c'est le signal du départ.

L'équipage du lieutenant Valentin en mission d'éclairage

À proximité de la frontière nigérienne, 7 mars

Malgré la vitesse des véhicules blindés, le paysage semble figé par son infinie répétition : sable, acacias, touffes d'épineux, blocs rocheux. Cela fait plus de sept heures que le peloton a débuté sa mission d'éclairage, près de dix kilomètres en avant du reste de l'escadron.

Le lieutenant Valentin a la tête à la hauteur de la mitrailleuse de bord. La chaleur est accrue par celle du moteur qu'il reçoit en plein visage. Son T-shirt et sa veste de combat sont trempés depuis que le soleil s'est levé. La sueur dégouline depuis le haut de son crâne jusqu'à ses omoplates. « Les remous d'air soufflaient une haleine de four[1] » : cette phrase lue avant son départ lui revient en tête.

Le pilote, le caporal-chef Tanetoa, concentré sur sa conduite, tente d'éviter les secousses du terrain. Toute mauvaise anticipation de sa part provoquerait les remontrances d'Édouard, le cavalier porté* installé à l'arrière du blindé. Porté… balancé, plutôt. Avant le départ pour cette longue nomadisation que constitue l'opération Koufra 8[2], Édouard a fixé une balançoire en travers de la tape arrière du véhicule : confortablement installé, les jambes dans le vide, il peut se charger de l'observation qui lui est dévolue, mais également, s'il faut ouvrir le feu, se relever et prendre une position de tir stable. Pourtant, depuis deux jours, il est d'une humeur exécrable. Son stock de provisions est à sec : fini les canettes de soda, les barres de céréales et autres douceurs, il doit désormais se contenter de la ration de combat.

Sur les côtés, trois cents mètres plus en avant, de part et d'autre de la piste, deux colonnes de poussière indiquent la progression des deux patrouilles, chacune composée de deux VBL, qui se suivent à quelques dizaines de mètres. Derrière, les deux VAB du groupe d'infanterie et du groupe du génie suivent la cavalcade.

Le lieutenant mesure la complémentarité des spécialités. Par leur célérité, les cavaliers couvrent l'immensité du terrain. Par le nombre de soldats qu'elle débarque, l'infanterie tient le terrain et réalise les patrouilles à pied dans les villages. Face à la menace des mines et des engins explosifs utilisés par les terroristes, le génie ouvre les itinéraires et appuie le franchissement des oueds et autres points de passage obligés, propices à des embuscades. Les groupes sont équipés de drones qui limitent l'exposition des sapeurs, mais cela ne remplace pas la reconnaissance à pied avec

1. Joseph Peyré, *L'Escadron blanc*.

2. Menée par le groupement Bir Hakeim en mars 2019, l'opération consiste à déstabiliser les groupes armés terroristes aux abords de la frontière sud entre le Mali et le Niger, considérée comme une zone sanctuaire.

les détecteurs de mines, affectueusement appelés « poêles à frire » par leurs servants.

Valentin est satisfait : ses soldats sont au rendez-vous. Il se remémore les mois de préparation au cours desquels les nombreux exercices et contrôles opérationnels lui ont permis, lui, le jeune chef dont c'est la première mission extérieure, d'asseoir son commandement et de forger la cohésion du peloton. Seuls le bruit du moteur et les comptes rendus de franchissement des méridiens pairs envoyés par radio viennent interrompre l'apparente monotonie du moment.

Il est prévu que d'ici une heure, le sous-groupement stoppe son harassante chevauchée et se regroupe pour la nuit. Il s'agit en réalité d'une manœuvre de diversion. Après avoir ostensiblement affiché leur installation, les cavaliers profiteront de la pénombre pour s'infiltrer trente kilomètres plus à l'ouest. Seront peut-être ainsi détectés puis neutralisés des combattants djihadistes qui chercheront à s'enfuir après le ratissage de l'oued réalisé dès le lendemain par les marsouins. Depuis le début de la mission, l'absence de confrontation avec un adversaire pourtant omniprésent met les nerfs à rude épreuve. Les combattants ennemis privilégient le piégeage ou les tirs de mortier à longue distance, avant de s'évanouir dans le désert.

Un bref sifflement suivi d'une explosion sortent brutalement Valentin de ses pensées. Un nuage de fumée noire s'élève quelques mètres en avant, tandis qu'un crépitement d'armes légères résonne dans l'oued.

À la radio, des voix serrées se succèdent :

– Vert 11, contact – tirs ALI* depuis la corne de bois à l'est « Écho » de ma position – attendez, terminé.

– Vert 12, contact – un tir de lance-roquettes – départ du coup cent mètres ouest « Oscar » de ma position – mesures de sauvegarde.

– Vert 13, contact – deuxième tir de roquette – je fais un bond.

Il est 16 heures 33, les terroristes viennent de se dévoiler, acculés par l'action des cavaliers dans leur zone refuge.

L'accrochage ne fait que débuter. L'adversaire, surpris et piégé par la rapidité du bouclage réalisé par l'escadron, va s'accrocher au terrain coûte que coûte pour protéger sa base logistique. L'affrontement se poursuivra jusqu'à une heure avancée de la nuit.

Lieutenant Matthieu : un véhicule suicide surgit des dunes

Village d'Akabar, frontière nigérienne, 10 mars

Il est midi. Debout sur le toit de son VAB, le lieutenant Matthieu, chef de section du génie, profite du calme pour se raser, plongeant son rasoir dans le culot d'une bouteille d'eau en plastique coupée en deux. Devant lui, le désert. Derrière lui, l'imposant bloc de véhicules organisés en rideaux défensifs et formant trois carrés consécutifs. Le bivouac s'anime doucement. Certains de ses sapeurs sommeillent encore, d'autres font un brin de toilette. Le passage auprès des éléments en charge de la logistique a permis de réapprovisionner en vivres, carburant et munitions et d'effectuer quelques réparations sur les véhicules. Dans deux heures, le sous-groupement repartira pour aller escadronner à quelques centaines de kilomètres de là.

Le soleil est éblouissant. Soudain, Matthieu voit émerger de derrière une dune à l'horizon un pick-up lancé à pleine vitesse. Il se dirige droit vers lui. Déjà, les sentinelles donnent l'alerte, intimant au conducteur de s'arrêter et tirant en l'air pour l'intimider. Devant le lieutenant, un soldat plonge dans l'habitacle pour armer la mitrailleuse de son véhicule. La trajectoire du 4x4 n'a pas varié et il se rapproche dangereusement. Le doute n'est plus permis : c'est un véhicule suicide. Il n'a qu'un objectif : entraîner des soldats français dans sa course folle vers la mort.

Alors que le pick-up vient de franchir la ligne d'ouverture du feu, le lieutenant sort la seule arme dont il dispose à cet instant précis et tire avec son pistolet en direction du capot. Immédiatement, le véhicule suicide se transforme en une boule de feu. Le souffle de l'explosion projette Matthieu en arrière. Le 4x4 n'est plus qu'un déferlement de projectiles d'acier passant au-dessus du lieutenant dans un sifflement rageur.

L'explosion n'épargne pas le sous-groupement

David se prélassait dans son hamac tendu entre deux VBL lorsque l'explosion, assourdissante, a claqué derrière lui.

Le caporal profitait d'un moment de repos après des journées éprouvantes, entre un raid nocturne réalisé en urgence pour porter secours à une équipe de commandos montagne attaquée par une trentaine de combattants à moto et un accrochage avec des GAT* défendant pendant plusieurs heures un de leurs plots logistiques. L'escadron avait rejoint le campement du groupement tactique, qui réunit le centre opérations et les éléments de soutien.

Comme pilote de VBL, David était exempté des tours de garde que montaient alternativement ses camarades pour assurer la protection du bivouac, mi-camp romain mi-cercle de chariots du Far West – les palissades étaient aujourd'hui constituées par la succession de véhicules blindés, tandis que les mitrailleuses lourdes tenaient lieu de carabines Winchester –, avec en son centre le poste de commandement du colonel et quelques éléments indispensables comme les citernes de carburant. David se réjouissait à l'idée de faire profiter à tous de son passé de cuisinier, avec la préparation d'un gâteau réalisé à partir des barres de chocolat, du lait concentré et des gâteaux secs de sa ration de combat.

Après l'explosion, il sent une douleur effroyable lui traverser le côté gauche du torse. Il est plus tard transporté par des mains vigoureuses, installé derrière une rangée de véhicules et déshabillé. Penché au-dessus de lui, Sylvain, l'auxiliaire sanitaire de l'escadron, palpe son corps blessé. Armé de ses pansements, l'infirmier de combat applique les gestes tant de fois répétés à l'entraînement : comprimer la plaie, libérer les voies aériennes et, si besoin, administrer de la morphine pour calmer la douleur. À la vue de l'ouate rouge, David comprend que sa blessure est profonde. À côté de lui, allongé également, il reconnaît Thibaut, avec qui il a fait ses classes. Ils servent dans le même peloton. Le poing imposant du caporal-chef Taka est plaqué au niveau de son aine, d'où le sang ne cesse de couler.

Dans moins d'une heure, évacué par hélicoptère, David sera opéré sur la base de Ménaka, où se trouve une antenne chirurgicale avancée. Puis, dans la nuit, il rejoindra l'hôpital militaire de Percy, à Clamart, grâce à un avion médicalisé envoyé en urgence depuis Paris.

Les secondes s'égrènent, l'assaut est imminent

L'effet de sidération n'a duré que quelques instants. Les marsouins se sont retranchés derrière leurs véhicules. Certains sont torse nu sous leur gilet pare-balle enfilé à la hâte. À quelques centaines de mètres, des motos sont détectées, elles tournent dangereusement autour du campement. Elles transportent des terroristes armés chargés de s'engouffrer dans la brèche après l'explosion du pick-up suicide. Les secondes s'égrènent, l'assaut est imminent.

Un tireur d'élite a grimpé dans la pelle d'un bulldozer et depuis ce poste d'observation improvisé, il renseigne à la radio sur les mouvements de l'adversaire. Fixés au plus loin par les tirs délivrés avec sang-froid et précision, les terroristes ne parviennent pas à s'approcher de ce fortin fait de métal et de feu. L'assaut est repoussé, les marsouins ont tenu bon.

Bientôt, annoncés par le bruit sourd de leurs pales, les hélicoptères français mettent en déroute les assaillants. Avant la tombée de la nuit, le groupement a repris sa progression vers la frontière nigérienne.

Dans quelques jours, les différentes unités rejoindront leurs îlots isolés de l'« archipel Barkhane » à Gao, Ménaka, Tessalit et Kidal. Dans quelques semaines, la relève débutera et les chasseurs alpins prendront le relais.

Inlassablement, ils devront à leur tour forcer leur destin.

Aconit

Par Adrien Lebout

« *Etiam fortes viros subitis terreri*[1]. »

Tacite, *Annales*, XV

Peu de temps après leur arrivée à Ménaka au printemps 2019, les cavaliers des cimes participent à une opération coordonnée avec les FAN. Ils vont devoir faire face à une situation inédite lorsqu'un hélicoptère français est abattu par l'ennemi.*

Le soleil se couche sur Ménaka. L'atmosphère est électrique, l'orage menace. À travers les nuages épais, une lumière orangée illumine les visages graves des chasseurs de ma patrouille. Certains arriment leurs sacs, d'autres discutent accoudés à leur blindé, leur gilet de combat posé à terre. J'arrive à mon véhicule. Mon pilote m'interpelle :

– Maréchal des logis, tout est prêt. J'ai fait les niveaux. On a déshuilé les canons et les bandes pour éviter que le sable s'y accroche. Le contrôle radio est fait.

---

1. « Même les hommes courageux sont parfois terrifiés par des dangers soudains. »

Nous venons de terminer notre premier mois d'opération sur le sol malien. Notre escadron (le 3e escadron du 4e régiment de chasseurs de Gap) a la charge de sécuriser l'équivalent d'une région française dans l'est du pays. L'état-major du régiment se trouve à deux cent cinquante kilomètres, à Gao, et nous sommes environ deux cents soldats français vivant au sein de ce poste isolé. L'escadron est capable de se déplacer de plus de cent kilomètres par jour grâce à ses quatorze VBL et ses six blindés de reconnaissance AMX10-RC. Le sol est boueux, nous avons besoin de l'appui des sapeurs, avec leurs trois véhicules bardés de sangles, de câbles et de plaques de franchissement métalliques. Une équipe de mécaniciens, appui indispensable en cas de panne, fait également partie du détachement. Le renfort de deux mortiers d'artillerie de 120 mm et d'une équipe médicale facilite la manœuvre en cas d'accrochage avec l'ennemi. Ensemble, ces soldats forment le SGTIA blindé « Noir », particulièrement adapté aux immensités désertiques de cette région sahélienne.

Le chef de peloton nous appelle :

– Les chefs d'engin, à moi, dernières consignes pour la formation de la rame avant le lancement d'Aconit.

Aconit. Depuis quelques heures, nous avons tous ce mot à la bouche. Mes hommes connaissent bien cette fleur de montagne poussant au cœur des Alpes. Elle leur évoque les longues heures de crapahut dans le massif des Écrins, en route vers le glacier blanc où ils ont l'habitude de s'entraîner l'été. Mais ce soir, la chaleur nous éloigne des sommets enneigés. « Aconit » est le nom choisi pour l'opération à laquelle nous nous apprêtons à participer, rappelant au passage que l'autre appellation de cette plante aux grandes feuilles violacées est « casque de Jupiter ».

Cette opération du GTIA Edelweiss du 4e régiment de chasseurs est la première mission de grande ampleur à laquelle nous participons. Nos chefs nous ont dit qu'il s'agirait de démanteler un groupe de terroristes opérant sur la zone frontalière entre le Mali et le Niger, à environ cent vingt kilomètres du camp français.

Le commandant de l'escadron et son adjoint nous ont confirmé que peu d'informations sont disponibles sur ce groupe malgré nos efforts de recherche. Aguerri, discret et mobile, il est difficile à localiser avec précision. Notre armée emploie des drones et mise sur la réactivité de ses unités. Commandos de montagne, hélicoptères, soldats nigériens et maliens sont mobilisés pour nous aider à remplir la mission, et une section d'infanterie malienne nous est même rattachée en renfort.

Un raid nocturne nous mènera au sanctuaire ennemi

Les visages sont graves mais reposés. Les discussions sont rares, chacun est concentré sur ce qu'il doit faire. J'ai ressenti cette atmosphère de veillée d'armes lors de déploiements en Afghanistan ou en Centrafrique. On a beau avoir connu le choc du feu et la dureté des combats, chaque mission est comme un saut dans l'inconnu, où parfois le regard d'un frère d'armes suffit pour rassurer avant de se mettre en ordre de marche. Pourtant, étrangement, on ne se pose guère de questions le jour du départ. On s'affaire à travers des gestes mécaniques, rodés, des regards mutuels et l'impression de faire partie d'un ensemble. J'échange quelques mots avec mon cavalier porté, c'est sa première opération extérieure :

– Ça va aller ? Tu as fait le plein de cigarettes ?

– Oui, maréchal des logis, j'ai tout ce qu'il faut, j'ai hâte de partir. Je vous ai préparé un café.

Il a également fabriqué un support en bois à partir des palettes de rations pour poser mes jumelles sur le toit de notre VBL. Il me prête une cigarette, que j'allume avec lui, et je pense aux prochaines heures. Je savoure ces instants de calme.

Le crépuscule s'achève ; l'orage, sec et violent, éclate dans un tonnerre fracassant. Le vent soulève la poussière et fouette les visages qui s'enfouissent sous les chèches beiges usés par plusieurs semaines au désert. C'est l'heure du départ : les moteurs démarrent et les phares s'allument. Pourtant, aucun éclat de voix, aucune agitation n'est perceptible. Chacun connaît son rôle. Nous commencerons par un raid nocturne, c'est-à-dire une infiltration rapide et discrète en colonne, qui devra nous mener au cœur du sanctuaire ennemi. Le capitaine veut surprendre l'adversaire là où il ne s'y attend pas. Nous partons sous les éclats bleutés des zébrures de l'orage. Pas d'ordre à la radio, le silence est de mise pour que l'adversaire n'intercepte pas nos émissions. La mécanique a été vérifiée, les armes sont huilées et les canons ont tiré la veille. L'itinéraire a été préparé sur nos tablettes électroniques. Le tracé évite les pistes principales et limite donc le risque de rencontrer des engins explosifs.

Nous enfilons nos lunettes de vision nocturne. Tout se teinte en vert et gris. Seul le flash des éclairs est d'un blanc aveuglant. Les premiers véhicules quittent le camp. Malgré la poussière et le terrain difficile, la colonne glisse dans la nuit. Il est encore hasardeux d'évaluer la menace. L'atmosphère semble irréelle. L'orage, les secousses, la lueur des phares dans la nuit donnent vie à un univers qui brouille nos sens. Les kilomètres s'égrènent. C'est long. Le ronronnement du moteur nous berce. Le ballottement des mauvaises pistes maintient notre attention.

Le jour se lève. Nous arrivons au petit matin, sans incident, à cent kilomètres du point de départ, près du village d'Akabar, au cœur de la zone sanctuaire. L'adrénaline nous tient éveillés sans effort. Pendant deux jours, les patrouilles blindées quadrillent la zone et fouillent les villages et les oueds. Nous interrogeons les habitants grâce aux interprètes, suivons les traces suspectes. Des restes de bivouacs et des empreintes de motos sont décelés, mais aucun signe précis de présence terroriste. Si l'ennemi est dans la zone, il reste invisible.

Le 13 juin au soir, un drone repère des hommes armés à moto à quatre-vingts kilomètres de nous. Ils ont fui la zone d'opérations mais leur mouvement les a rendus détectables depuis le ciel. Une opération commando héliportée est lancée à la tombée de la nuit. L'assaut surprend l'ennemi qui subit des pertes et se réfugie dans des zones boisées adjacentes. L'opération prend de l'ampleur, la tension monte. À une heure, le GTIA Edelweiss reçoit l'ordre d'appuyer le GCM* puis de le relever. Le colonel confie la mission à notre escadron, le plus mobile, qui se prépare immédiatement à poursuivre sa reconnaissance. Il faut aller vite, les commandos sont au contact avec l'ennemi.

Une colonne de fumée noire présage le pire

Notre capitaine fait réveiller ceux qui espéraient gagner quelques heures de repos : mon pilote tire la patrouille de son sommeil. Les chefs de peloton se rassemblent en urgence derrière le véhicule de commandement, tout le monde doit être prêt à partir dans une heure. Les éléments légers, dont ma patrouille, iront en tête, la section malienne en deuxième, suivie des blindés plus lourds, qui avanceront plus lentement. L'itinéraire est rapidement planifié, il faut choisir le chemin le plus rapide malgré un risque élevé : le début de la saison des pluies et le risque d'engins explosifs improvisés rendent dangereux tout déplacement imprévu.

La prise de risque est un facteur essentiel dans la réussite d'une opération. Cette nuit, il faudra arriver le plus vite possible à notre objectif, pour ne pas laisser à l'ennemi le temps de s'échapper ou de nous tendre un piège. Le rapport entre risques et bénéfices est pesé, et il est décidé que nous suivrons les pistes principales jusqu'à cinq kilomètres de l'objectif, là où la menace devient trop élevée. Nous cheminerons ensuite sur un itinéraire secondaire et discret. Nous ne sommes pas inquiets : la mission est lancée et nous sommes préparés à ce genre d'imprévu. Nous pensons à nos frères d'armes commandos et pilotes qui combattent au loin, dans la nuit, et risquent leur vie. Notre seule peur est de ne pas arriver à temps.

Il faut partir.

À quatre heures, la colonne prend le départ. Les véhicules maliens accumulent d'abord les problèmes mécaniques, puis le rythme s'accélère. L'aube teint le paysage d'un halo jaune pâle alors que notre colonne fonce à soixante kilomètres à l'heure dans le désert. Le vent frais caresse la peau tandis que l'humidité matinale fixe la poussière au sol. Personne ne sait à quoi s'attendre. La liaison radio avec les GCM est indirecte à cause de la distance et la situation est confuse. Vers six heures, à dix kilomètres de la zone des combats, nous apercevons une fumée noire s'élever vers le ciel. Elle laisse présager le pire. Nous apprenons vite qu'un hélicoptère a été abattu : des soldats français sont gravement blessés. Il faut arriver sur place au plus vite. Comme prévu, les blindés finissent par quitter la piste principale. La progression devient difficile : nous traversons un oued boisé, humide et bordé de dunes en sable dur.

À l'approche de la zone des combats, les armes sont de nouveau vérifiées. Dans ma patrouille, le sable a grippé une mitrailleuse, hors d'état de faire feu. Les premiers véhicules franchissent la dernière dune. Une ambiance de mort saisit les équipages : au milieu des étuis et des impacts d'obus des hélicoptères Tigre, une douzaine de cadavres de djihadistes jonchent le sol. Sur une dune proche, les commandos organisent l'évacuation des blessés et des prisonniers par hélicoptère. Pour faciliter la manœuvre, Maxime Blasco[1], un des commandos lui-même grièvement blessé, a, dans un geste héroïque, attaché sur les patins d'un Tigre les membres d'équipage de l'hélicoptère abattu.

1. Maxime Blasco trouvera la mort le 24 septembre 2021, lors d'une opération contre le Groupe de soutien à l'islam et aux musulmans près de Gossi, au Mali.

Nous nous déployons et notre capitaine se coordonne avec le chef des commandos. La carcasse de l'hélicoptère Gazelle abattu doit être sécurisée : sans doute des combattants ennemis se cachent-ils dans la zone, pas encore fouillée. Seule la première partie de notre colonne, soit quatorze véhicules blindés légers et une quarantaine de soldats, est arrivée sur place. Pourtant, il ne faut pas laisser à l'ennemi le temps de se réorganiser. Nous nous réunissons autour de notre capitaine, dont le visage tendu exprime toute la gravité de la situation. La zone va être bouclée pour empêcher les djihadistes d'accéder à l'épave. Nous devrons ensuite fouiller un à un les oueds boisés après de brèves reconnaissances.

À proximité des bois, chacun s'attend à ce que l'ennemi ouvre le feu, abrité par les frondaisons : la concentration est maximale. Rien ne bouge dans les lisières. Seul le ronronnement des moteurs au ralenti trouble le silence. Je demande à mon pilote de rouler doucement et, pour plus d'efficacité, répartis les secteurs d'observation au sein de l'équipage : il scrutera le sol à la recherche de traces d'engins explosifs ; je regarderai en direction du bois tandis que mon chasseur porté assurera une liaison visuelle avec les autres véhicules. Le bouclage s'effectue méticuleusement, sans accroc, et la carcasse est finalement sécurisée par un cordon de quatre de nos véhicules légers espacés de cinquante mètres, dont les deux VBL de ma patrouille. Malgré le calme, le danger reste omniprésent. Un hélicoptère Tigre est en appui et un drone, à plus haute altitude, renseigne également. Mais la végétation est dense et impénétrable. Les arbres forment un masque pour les caméras thermiques. La technologie ne peut pas tout : il faudra pénétrer dans les bois pour y déloger les terroristes. Les cavaliers devront mettre pied à terre. Il est neuf heures.

Sous un fourré, au ras du sol, un canon luit

La reconnaissance des lisières débute par patrouilles de quatre véhicules. Des traces de moto et de pas sont visibles sur le sable meuble. À environ deux cents mètres de l'hélicoptère détruit, mon adjoint aperçoit, dans un bois, un bidon jaune. Le bois est circonscrit. Particulièrement épais, de forme irrégulière, il mesure environ cent mètres de diamètre. Les véhicules se placent autour à environ cinquante mètres, en surveillant toujours la carcasse. Poursuivant sa reconnaissance, mon adjoint repère des chaussures et des traces de sang à proximité. L'ennemi est probablement terré là. Hors de question de tirer à distance : il y a certainement des blessés, nous ne risquerons pas la vie de civils innocents.

S'agit-il d'une embuscade ? Sont-ils prêts à se rendre ? Le capitaine donne ses ordres à notre chef de peloton : pas le temps d'attendre le reste de la colonne, l'ennemi ne doit pas reprendre l'initiative. Il faut donc y aller, à pied, l'arme à la main, prête à tirer.

Le dispositif se met en place. Ma patrouille est relevée sur place et reçoit l'ordre de se retirer du bouclage. Nous devinons que nous allons devoir pénétrer dans le bois. J'entends la voix du chef de peloton à la radio :

– Préparez-vous à débarquer !

Ma peau frissonne à cette idée. Je vérifie une nouvelle fois mon arme, réflexe qui m'évite de trop réfléchir. Nos ordres sont clairs, le plan est simple : le bois sera ratissé en ligne pour éviter tout tir fratricide. Je serai à pied avec mon chasseur porté à mes côtés, tandis que mon pilote servira la mitrailleuse de son blindé. Mon adjoint fera de même avec son propre véhicule. Une autre patrouille débarquée sera également présente. Un véhicule poursuivra la surveillance de la carcasse depuis une dune avec ses missiles. Mon chef de peloton et le commandant d'unité seront avec nous. La présence des chefs nous rassure ; commander, c'est aussi savoir prendre des risques.

Il ne faudra pas perdre de vue ses voisins de droite et de gauche : l'ennemi pourrait, sinon, se laisser dépasser et tirer dans notre dos. La perspective de traverser cet espace à découvert puis de quitter dans le bois l'appui des mitrailleuses rappelle à chacun sa vulnérabilité. La pression est intense. Impossible de savoir ce qui se trouve derrière la frondaison. Je suis trempé : la chaleur, le stress...

– En avant !

Personne n'hésite, la ligne avance. Nous marchons, lentement, le regard fixé sur le bois. Rien ne se passe. L'objectif est atteint. Aucun indice. Aucun signe de vie. Si l'ennemi est là, il reste invisible. Nous ne voyons pas à plus de deux mètres. Il faut enjamber les branches, se baisser, écarter les buissons. Le moindre mouvement nous alerte. Nous devons nous sentir chasseurs, or nous nous sentons chassés par un ennemi invisible. Il peut être partout, même en hauteur. Le détachement s'enfonce, lentement, pas après pas. Sur la droite du dispositif, dans un étroit passage entre les taillis, notre capitaine s'élance en tête dans une petite clairière, appuyé par un jeune gradé. Une ombre bouge, un bruit suspect. Sous un fourré, au ras du sol, un canon luit, pointé dans sa direction. Il ouvre le feu. Quatre coups claquent.

– Lâche ton arme ! hurle-t-il à plusieurs reprises.

L'homme obéit et bascule lentement sur le dos. Il est blessé à la jambe. Le détachement sécurise la zone, puis l'homme est extrait et reçoit des soins. Un deuxième djihadiste était caché derrière lui, déjà blessé pendant la nuit par des éclats d'obus de 30 mm. La mâchoire partiellement emportée, inerte, il respire. Les deux hommes sont désarmés et pris en charge. Seule la moitié du bois a été ratissée et il reste de nombreuses zones d'ombre. L'arrivée en renfort d'un groupe d'infanterie, héliporté sur notre position, permet de débusquer deux autres terroristes qui se rendent sans combattre.

Un mur de sable arrive sur nous

La fouille du bois est à peine terminée que trois autres djihadistes ouvrent le feu. Nous ripostons, couchés. Le bouclage semble efficace : les armes des VBL chantent leur complainte mortelle. Les djihadistes se replient et cherchent à se réorganiser. Des VBL sont lancés à leur poursuite, appuyés par un hélicoptère mettant fin à ce tango macabre. Le Tigre neutralise un djihadiste, le détachement ouvre le feu sur les deux autres. Il est quatorze heures.

Le capitaine réorganise son dispositif. Il fait maintenant plus de quarante degrés à l'ombre, le soleil devient lui-même un ennemi. L'un des djihadistes blessés le matin vient de mourir. Dans le bois fouillé, nous regroupons à l'abri du soleil les combattants ennemis blessés et capturés. Des hélicoptères viendront les évacuer. Malgré l'excitation, comme après chaque phase d'action, la fatigue nous envahit. Je suis épuisé.

Pourtant, les coups de feu reprennent. Ils viennent cette fois de l'intérieur du bois. Un djihadiste, terré sous un buisson, a échappé à la fouille du matin. Courant latéralement, il ouvre le feu à moins de quinze mètres du détachement. Les balles claquent, certaines ricochent sur les véhicules. Le détachement riposte. L'homme disparaît au cœur du bois. Le feu se poursuit. Le tir fratricide redevient un risque majeur. Le capitaine passe entre les soldats en hurlant :

– Cessez le feu !

Le vacarme s'arrête.

Il faut être certain que le djihadiste est seul et qu'il a été neutralisé. Le détachement quitte le bois et une nouvelle fouille est organisée. Cette fois, les combattants à pied seront appuyés par les blindés lourds AMX10-RC arrivés en début d'après-midi. À l'abri derrière les engins, les fantassins progressent. Nous sommes prêts à ouvrir le feu depuis nos VBL. Ils pénètrent dans le bois et identifient le djihadiste gisant, mort, près d'une mare. Le ratissage est formel : il était bien le dernier. La zone est désormais sûre. Il est 16 heures 30 et cela fait dix heures que nous manœuvrons.

Au loin, un bruit de pales se rapproche. Le son sourd et régulier des rotors fendant l'air est signe que la mission approche de la fin. Nous plaçons nos véhicules en cercle afin de sécuriser une zone de poser. Deux hélicoptères NH 90, escortés par un hélicoptère Tigre, viennent chercher les prisonniers. Par respect pour les combattants ennemis, le capitaine fait enterrer sur place les corps des morts.

Le ciel s'assombrit, une masse de sable approche. Il fera nuit après la tempête, et nous ne pourrons alors plus pénétrer dans les zones boisées. Il faut donc, avant les bourrasques, trouver une zone de bivouac. Nous nous installons sur une dune, à vue de la carcasse de la Gazelle détruite. Voir loin pour parer à toute menace, interdire l'accès à l'épave pendant la nuit sont nos préoccupations.

Le mur de sable arrive sur nous. La vague, haute de plusieurs centaines de mètres, va, semble-t-il, nous engloutir. Rien ne l'arrête. Cent mètres. Dix mètres… Une violente rafale de sable fouette nos visages encrassés. Le ciel est rouge. Tout est brouillé, même les caméras thermiques ne peuvent percer l'obscurité. L'air brûlant est saturé de sable, irrespirable sans un morceau de tissu sur le nez. Il faut un masque pour ouvrir les yeux. Le bruit effrayant couvre le son de nos voix, je n'entends pas mon pilote crier. De longues minutes passent. Le vent se calme enfin, le crépuscule est bien avancé. Le ciel de nouveau est dégagé. Plus un souffle d'air. Une nuit sous tension débute : comment va réagir l'ennemi ? Au loin, à plusieurs kilomètres, des phares. Est-ce la population ? des terroristes ? La nuit passe, l'ennemi reste invisible.

Mauvaises pistes, fatigue accumulée, chaleur

Dès le lever du jour, les bois sont ratissés. Des patrouilles de reconnaissance sont lancées dans différentes directions. Ma patrouille identifie un bois suspect : il est plutôt bien abrité et dense. Premier indice : un tapis suspendu dans un arbre. Impossible de savoir si nous sommes déjà passés là la veille. Notre chef de peloton est prévenu et l'ensemble des blindés se déploient autour du bois pour le fouiller en sécurité. Comme hier, nous approchons à pied avec précaution, le ventre serré. Camouflés sous les branchages et invisibles à moins de quelques mètres, des motos, de l'essence, du riz et des munitions sont découverts. Inventorié, le matériel ennemi est soit détruit, soit analysé. Un camion récupère de son côté les restes de l'hélicoptère détruit, carcasse d'aluminium fondu.

Au bilan, notre unité a fait six prisonniers, neutralisé trois djihadistes et capturé sept motos, des optiques de nuit, des téléphones et une grande quantité de munitions. Le groupe qui contrôlait cette zone est neutralisé. Mes camarades sourient avec le sentiment d'en avoir fini avec Aconit.

La mission est pourtant loin d'être terminée : le retour à Ménaka est un défi. Il faut emprunter un itinéraire sûr et se coordonner avec un convoi de ravitaillement qui nous apportera de l'essence et de l'eau. Une journée passe. Nous interrogeons des nomades de la région à la recherche d'indices sur l'ennemi mais ne trouvons aucune trace. Pourtant il nous observe : cherchant à se venger, les djihadistes ont enterré des explosifs sur la piste principale qui lie le sous-groupement à sa base. Opérant loin des axes, nos blindés éviteront ce piège, mais un camion civil sera victime d'une déflagration. Une seconde journée passe, faite de mauvaises pistes, de fatigue accumulée, de chaleur. La peau des hommes souffre, humide et compressée dans le gilet de combat. Les plaques d'irritation sur le dos et les épaules des soldats, mal communément appelé « bourbouille », montrent les difficultés du corps pour s'adapter au climat extrême de la frontière malo-nigérienne. Mais nous devons rester vigilants : embuscade, piège, tout est encore possible. Heureusement, l'ennemi gardera ses distances et ne nous menacera pas directement.

Au matin du troisième jour, nous arrivons à Ménaka, éprouvés à la fois physiquement et psychologiquement. Je suis moralement épuisé malgré l'excitation du retour. Pourtant, à peine rentrés, il faut s'occuper du matériel, de nos armes et de nos véhicules. Il faut aussi échanger, parler avec ses chefs et faire parler ses subordonnés. Risquer sa vie et donner la mort, aspects paroxystiques de l'engagement militaire, tracent des sillons au plus profond des êtres. Exprimer ce que l'on ressent auprès de nos pairs permet d'extérioriser et donc de désamorcer les sentiments qui nous envahissent lorsque l'action s'arrête.

Cette première étape se fera autour d'un repas préparé en commun, le soir, dès le retour au camp. Il y aura des rires et une ambiance chaleureuse. Puis chacun se retrouvera face à lui-même dans son lit, et restera longtemps éveillé, en repensant à ce qu'il a vécu pendant ces journées intenses. Le bruit des armes se fera de nouveau entendre, en silence cette fois, dans les pensées de chacun. Des images défileront. Les cris, le claquement des balles qui frôlent les têtes, les hélicoptères dans la poussière, l'odeur de la mort. Certains reverront le visage de ces combattants gisant dans le sable, d'autres imagineront un ennemi surgir de derrière un arbre touffu. Certains verseront quelques larmes en solitaire, maigre soupape d'une pression trop longtemps intériorisée.

Puis, le lendemain, les patrouilles reprendront. La mission continue.

OPÉRATION APAGAN

Des Émirats arabes unis à l'Afghanistan

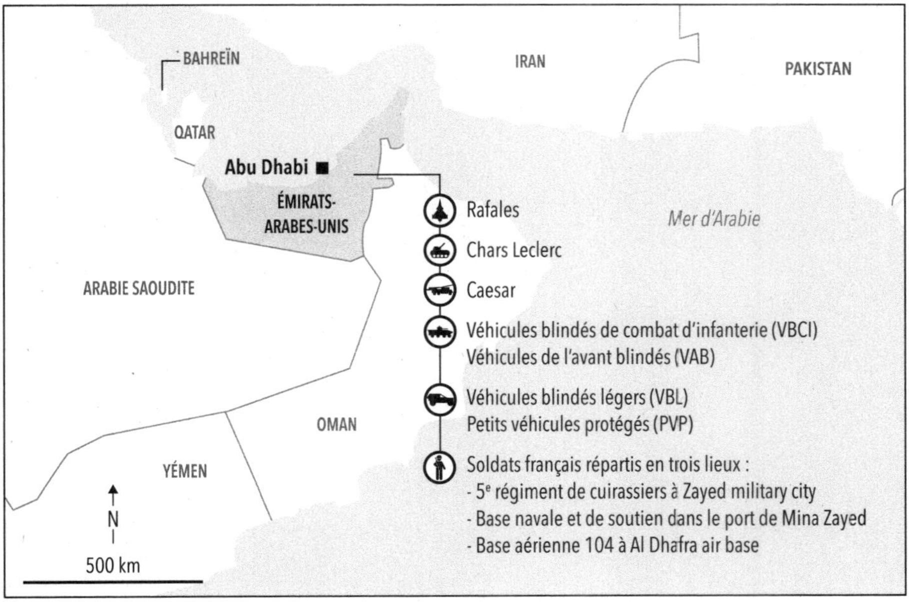

Vivre en alerte au Moyen-Orient

Par Antoine Durteste

« Le silence après la guerre est toujours la guerre. »

Alexis Jenni, *L'Art français de la guerre*

Aux Émirats arabes unis, le 5ᵉ régiment de cuirassiers, le Royal Pologne, est le point d'appui blindé pour les armées françaises dans le golfe Arabo-Persique. Capable d'intervenir sur court préavis, il est en alerte permanente. En août 2021, le régiment participe à l'opération Apagan d'évacuation de ressortissants en Afghanistan.

– Lynx, ici Bleu, je viens de m'emparer du secteur K-100, ai détruit une section mécanisée, ai perdu deux groupes d'infanterie débarqués, un VBCI, ma capacité de manœuvre est réduite à deux pelotons Leclerc. Je suis toujours en mesure d'appuyer Vert pour la saisie du ministère, le JTAC est sur ma position avec une fenêtre d'appui aérien de trente minutes.

Nous sommes à Al Hamra, aux Émirats arabes unis. Il est neuf heures et la température a déjà dépassé la barre symbolique des quarante degrés. Un vent constant et chaud souffle depuis la mer à travers les rues quasi désertes de la ville de combat. Deux unités tactiques y sont engagées ; leur matériel : le char de combat Leclerc et le VBCI. Les canons Caesar sont déployés en arrière. Je m'approche du poste de commandement du capitaine et descends du blindé pour entendre son point de situation. Cet échange direct est essentiel dans mes fonctions de « chef ops » avant de retourner conduire l'entraînement depuis le PC du régiment.

Le site est extraordinaire tant par sa localisation, îlot urbain perdu entre mer et désert, que par ses dimensions. Une ville entière bâtie pour l'entraînement des soldats. Elle pourrait abriter dix mille habitants, mais quand on s'en approche, on découvre que l'hôpital, le centre commercial, l'aérodrome, le stade, l'usine, la médina…, tous sont vides. Mais tellement réalistes ! Entre la rampe d'accès aux urgences et la zone sur le toit pour y poser un hélicoptère, l'hôpital paraît fonctionnel. Le pont enjambant le canal artificiel est construit sur les plans exacts des ouvrages d'art de la voirie locale. La station essence arbore fièrement l'enseigne de la compagnie pétrolière nationale, sans oublier l'antenne de restauration rapide alléchant les soldats affamés par de longues heures d'entraînement. Le régiment s'est engagé dans cet espace démesuré il y a presque deux jours, après une approche de trente kilomètres de reconnaissance offensive dans le désert. La spécificité du 5e régiment de cuirassiers est double : il combat du désert à la ville.

– Bleu et Vert, en avant.

– Yallah !

L'ordre grésille dans la ruelle, l'officier émirien engage son unité tandis que Bleu l'appuie dans sa progression. Avec un peu de timidité d'abord mais prenant de plus en plus d'assurance, nos partenaires émiriens lancent l'action en colonne double derrière leur Rabdan[1], restituant fidèlement l'assaut sous blindage

1. Véhicule de combat d'infanterie équipant les forces armées émiriennes.

travaillé la semaine dernière. La formation mutuelle dispensée ces derniers jours commence à porter ses fruits. La compagnie du capitaine Zayed s'est finalement bien intégrée au groupement tactique Royal Pologne[1]. Quelques jours de présentation de matériel et d'instruction technique ont précédé cet exercice tactique. Préalable indispensable à la manœuvre, cette phase permet de casser les barrières de la langue et de la culture. Finalement, nos procédures sont assez similaires et une bonne partie du matériel émirien provient des usines d'armement françaises. Alors que s'élancent ces soldats émiriens, leurs frères d'armes français intensifient le feu sur l'ennemi en fuite. Les rugissements d'un réacteur déchirent le ciel, les tirs sont instantanément stoppés, les Mirage 2 000-9 émiriens effectuent une passe canon avant de disparaître dans le ciel pâle, blanchi par le soleil ardent.

Répété année après année depuis la signature de l'accord de défense entre la France et les Émirats, l'exercice Faucon du désert[2] porte bien au-delà de la préparation opérationnelle ou de la coopération. Il témoigne de la capacité des forces françaises et arabes à combattre ensemble. Le 5e cuirassiers est rompu à cette forme d'entraînement, conduit successivement avec d'autres nations du Moyen-Orient. Le régiment est une sentinelle avancée dans cette région du monde où l'armée de Terre française est peu présente.

Pourquoi se retenir de glisser dans les excès de l'opulence ?

Lorsque je suis arrivé ici pour prendre les fonctions de chef du bureau opérations et instruction, je n'avais qu'une connaissance

---

1. Le 5e régiment de cuirassiers est aujourd'hui héritier des traditions du Royal Pologne cavalerie, régiment créé en 1672.

2. Les situations décrites dans ce chapitre sont fictives, inspirées de plusieurs exercices dans les pays du Golfe.

superficielle de cet Orient mystérieux. Quelques notions imparfaites sur l'Islam, un peu d'histoire militaire… J'avais surtout en mémoire les récits magnifiques d'aventuriers du début du XXe siècle. Aventures d'un temps où le pétrole n'avait pas encore été découvert, aventures ardentes sous la chaleur et malgré la soif. Caravanes, dromadaires, immensité désertique. Les noms de T.E. Lawrence ou Wilfred Thesiger résonnent ici, et pour moi dans les mêmes tonalités qu'Henry de Monfreid ou le commandant Marchand en Afrique. Mais cette vision romantique des déserts arabes est un doux mirage. Tout a changé dans cette région du monde passionnante. Des nations s'élèvent sur la manne pétrolière avec un optimisme et un enthousiasme oubliés depuis longtemps sur notre vieux continent. Au passage, les vices du monde capitaliste ont trouvé des excès à la hauteur des flux commerciaux et financiers générés par l'or noir. La richesse de ces nouvelles nations, abandonnées assez vite après la Seconde Guerre mondiale par l'Empire britannique, a dû rapidement s'accompagner d'un outil de défense que les valises de billets ne suffisaient pas à bâtir. C'est là qu'intervient l'expérience de l'armée. Nous sommes engagés, le cas échéant, à partir au combat avec nos partenaires stratégiques.

Ainsi, en alerte en permanence, le régiment peut être appelé à intervenir dans une vaste région qui s'étend du Bangladesh à la Jordanie. Nous sommes soldats, et l'alerte peut à tout moment se transformer en intervention. Nous ne saurons ni le jour, ni l'heure. Ce rendez-vous arrivera sans prévenir. Sommes-nous prêts à remplir notre devoir ? Nous devons entretenir notre capacité opérationnelle collective. C'est la mission que je remplis ici, secondant le chef de corps.

– Mon capitaine, bienvenue au 5e cuirassiers, vous trouverez ici une rare liberté.

Après quelques minutes passées à rappeler le contexte très opérationnel dans lequel se trouve le régiment, j'insiste sur quelques points clés auprès du nouveau commandant d'unité de l'escadron blindé. Ici, aux Émirats, le rapport au temps est différent. L'agenda n'est pas asphyxié par les multiples impératifs des brigades, divisions et commandements de zone de défense. Le chef reprend la totalité de sa dimension, gagne de l'initiative et planifie sa mission ; je suis là pour l'aider. Personne mieux que lui ne connaît les besoins de son unité et n'est capable de définir des objectifs adaptés. Cette initiative est une opportunité : du temps, des moyens, des hommes entièrement disponibles. Dans les deux ans de commandement d'un capitaine, elle ne se représentera pas.

Il ne faut pas tarder à exposer une progression de l'entraînement que je ferai valider par le chef de corps. Le voile se lève sur la personnalité de l'unité qui vient d'arriver. Ses forces, ses faiblesses, son histoire et son chef font que chaque mandat est différent. « Cette mission sera ce que vous en ferez » : je conclus souvent ainsi l'entretien d'accueil du capitaine. En deux ans, une quinzaine d'unités élémentaires se sont succédé. Leurs résultats reflètent la volonté de leur capitaine. Bien sûr, il y a des contraintes liées aux missions imposées par la programmation régimentaire. Les meilleurs ne s'y trompent pas et les tournent à leur avantage. Une semaine de service devient une phase de réarticulation entre deux objectifs, une mission d'instruction à l'étranger en coopération se transforme en révélateur de l'autonomie du jeune chef de peloton.

Quatre mois. C'est la durée normale des déploiements aux Émirats. C'est court pour maîtriser les enjeux et les usages de cette partie du monde méconnue de la plupart des militaires français, mais cela peut se révéler très long, surtout l'été, sous le climat écrasant de chaleur, de vent et parfois d'humidité, lorsque chaque effort physique est une souffrance. Pendant ces quatre mois, le commandement des forces terrestres impose ses invariants. Chaque unité honore un contrat d'entraînement qui doit certifier son aptitude à la projection en faisant effort sur le combat interarmes en zones désertiques et urbaines, le tir et l'aguerrissement. Tout cela dans un contexte de coopération binationale puisque les infrastructures ne nous appartiennent pas. Cette contrainte forte est aussi un atout. Dans le golfe Arabo-Persique, la volonté est accompagnée de moyens d'une ampleur surprenante : la taille de la ville de combat, l'étendue des zones de manœuvres désertiques, le nombre d'heures de vol d'aéronefs offertes à notre profit.

Chaos à l'aéroport de Kaboul depuis le retour des talibans

– Antoine, rejoins-moi à mon appartement immédiatement, tenue du moment.

Je suis chez moi dans un appartement que je découvre encore. J'ai reçu la livraison de mon déménagement hier et m'empressais de monter les meubles. Je pressentais que je devrais avoir tout déballé rapidement pour accueillir ma famille, qui me rejoint dans moins de dix jours. Le plus urgent était de remonter les lits à barreaux de mes enfants en bas âge. C'est alors qu'arrive cette convocation.

En cet été 2021, la situation se complique en Afghanistan. La sécurité s'est d'abord dégradée à partir du mois de juillet, puis elle s'est écroulée mi-août, surprenant les plus grandes nations de la scène internationale. Les talibans ont bousculé l'ANA encore trop faible. Les forces françaises aux Émirats arabes unis ont été mises en alerte et un premier déploiement est intervenu le 18 août. Les soldats de la coalition otanienne sont retranchés dans l'aéroport militaire de Kaboul, Hamid Karzai International Airport. Depuis Abou Dhabi, nous observons les images dramatiques de l'aéroport, des hommes et des femmes désespérés s'accrochent au train des avions dans un ultime espoir de quitter l'enfer annoncé par le retour des talibans, avant de retomber au sol, sans vie.

Je connais encore peu le chef de corps rentré de métropole en urgence : je ne sais à quoi m'attendre tant sa convocation est immédiate et laconique. Dans l'ascenseur qui m'élève jusqu'à l'étage où réside le colonel, je passe en revue les actions conduites durant la semaine écoulée : mise en alerte du régiment, activation des chaînes de perception, désignation d'un détachement prêt à partir, propositions d'articulation faites à notre état-major pour validation par Paris, départ de la section d'infanterie, arrivée à Kaboul il y a deux jours. Avons-nous négligé un point important ? Quel drame a-t-il pu se passer depuis l'arrivée de la section ?

Mon inquiétude s'efface quand le colonel me fait entrer chaleureusement, en civil lui aussi, dans son appartement. Il a passé la journée à l'état-major et une grande partie de son temps avec l'amiral commandant la zone maritime de l'océan Indien et les forces françaises aux Émirats arabes unis (Alindien*). En son absence, le régiment s'est bien tenu et a été réactif, au rendez-vous de l'opération. Néanmoins, la situation à Kaboul préoccupe l'amiral. La simple évacuation de cent cinquante personnes en trois jours, telle que planifiée depuis le 15 août, prend un tour politique. Presque dix ans après le départ des troupes françaises d'Afghanistan, le royaume de l'insolence nous rappelle la triste vérité d'un pays qui, malgré les apparences, est toujours en guerre. La situation évolue à mesure que la presse s'empare du sujet et relaie les images de chaos dans les rues de la capitale afghane. La France et les autres nations ayant des ressortissants recensés dans la région s'organisent pour leur protection et leur mise en sécurité, l'opération se durcit et la chaîne de commandement doit être renforcée.

Comment identifier les Français dans cette masse ?

20 août 2021

Le colonel m'annonce sans détour mon départ dès le lendemain matin pour Kaboul : je reçois le commandement tactique des militaires français présents sur place. La mission n'est pas simple. Il faudra se faire une place entre l'attaché de défense, le chef de l'élément avancé de l'état-major des forces françaises aux Émirats et le chef du détachement terrestre, tout en replaçant l'ensemble sous mon commandement. S'ensuit une courte nuit de préparation, vérification du paquetage, consignes pour la base arrière… en particulier pour mon épouse, à qui je laisse une carte bancaire et un téléphone en plus des clés de notre appartement. Ma famille ne connaît pas encore les Émirats. Son arrivée tant attendue, organisée depuis de nombreuses semaines, est prévue pour le 26 août. Ce sont mes officiers qui l'accueilleront à l'aéroport et ouvriront à mes enfants les portes de leur nouveau logement.

Le vol n'est pas des plus agréables. Avant la plongée de l'A400M vers Kaboul, les pensées se pressent. Ma légitimité pour commander cette mission, évidente par les ordres reçus de l'amiral, l'est moins au regard de la faible proportion de membres du 5e cuirassiers déployés à Kaboul. Le sens de la mission est la clé de tout cela, et, malgré un accueil parfois peu chaleureux, tout se combine assez rapidement et avec beaucoup de professionnalisme. Les hommes déjà sur place depuis près d'une semaine ne m'ont pas attendu pour établir un dispositif efficace. Xavier, le capitaine du sous-groupement blindé, me présente les missions de sa section d'infanterie. Didier, qui devient mon adjoint, et Lionel, mon logisticien, font le point sur le pont aérien qui se met en place. Morty détaille le travail de ses hommes. Assuré que la mission est en bon ordre, je décide de ne rien y changer : ils font un excellent travail.

Un premier rideau de fantassins constitue l'élément avancé aux portes de ce bastion assiégé qu'est l'aéroport Hamid-Karzai. Malgré les tirs d'intimidation des talibans, ils identifient et recueillent les civils à extraire. En appui, la section du 5e cuirassiers effectue des norias, escortant les ressortissants et ayants droit identifiés entre les portes de l'aéroport et le centre de regroupement et d'évacuation. La présence de l'équipe de démineurs du régiment est un atout de taille pour former les soldats à la fouille des réfugiés et de leurs maigres bagages. La nuit venue, ils sont escortés vers la zone d'embarquement encombrée de groupes similaires. Se frayer un chemin, en ordre, vers l'appareil n'est pas une mince affaire. L'armée américaine contrôle la zone.

L'environnement dans lequel évolue notre centaine d'hommes devient rapidement chaotique. L'une des premières conséquences de l'état de siège dans lequel nous nous trouvons est l'arrêt progressif des services courants d'une base vie : eau courante, évacuation des ordures, service de restauration. Nous livrons une course contre la montre. Les autorités américaines ont négocié une évacuation des lieux le 31 août. Pour leurs alliés, ce sera le 27. En attendant, des milliers de personnes massées devant les portes attendent d'être évacuées. À l'extérieur, il fait encore très chaud. L'effet de masse produit par le flot de réfugiés renforce l'impression d'étouffement. Les mouvements de foule, causés par le désespoir, se succèdent, écrasant les corps déjà meurtris sur les portes et le mur d'enceinte. Difficile dans ces conditions de faire respecter la discipline à une foule. Pourtant les talibans s'y emploient, sans hésiter à user de la force et du bâton. Venant de la ville, des tirs d'intimidation provoquent les soldats américains en faction dans les miradors, donnant lieu à des répliques et entretenant une atmosphère de tension permanente.

Il est compliqué pour nos opérateurs d'identifier dans cette masse compacte les ressortissants français. Des stratagèmes sont mis au point pour indiquer des signes distinctifs, communiqués par téléphone. En amont, ce sont des heures de recherches, des dizaines d'appels, de messages texte pour fixer enfin un rendez-vous en vue de l'extraction. Une fois les ressortissants identifiés, commence, pour les opérateurs, un autre tour de force afin de les extraire : les localiser dans la foule du haut des murs, puis leur faire passer le cordon de sécurité. Les consignes sont formelles, un tri aussi drastique que cruel est imposé pour ne laisser entrer que les individus désignés par le ministère de l'Europe et des Affaires étrangères et leur premier cercle familial. L'opération est déchirante : des familles doivent se séparer de leurs cousins, voisins et amis pour être acceptées à l'intérieur. Pas un de nos soldats ne rentrera indemne de cette rencontre avec la détresse de ces déchirements inhumains, de cet arrachement à une terre qui représente tout pour celui qui la quitte.

Une fois à l'intérieur, un nouveau défi logistique commence, pour escorter les personnes extraites vers le centre de regroupement et d'évacuation. Là encore, l'équipe France s'illustre. Parmi mon groupe de soutien, un ancien mécanicien identifie un bus abandonné près d'un hangar. Après plusieurs heures d'effort, il démarre et soulagera les groupes successifs escortés vers le centre. Plus tard, il remettra en état un lève-palettes, économisant les forces du détachement pour les dernières opérations de désengagement.

Plus de cent quatre-vingts morts dans un attentat suicide

Conformément au plan d'évacuation, l'ambassade s'était réfugiée *in extremis*, après un raid incertain, dans les locaux de la mission Thales auprès de l'ISAF, situés dans l'enceinte militaire de l'aéroport. Nos forces ont investi le bâtiment voisin, une zone logistique, pour y établir le centre de regroupement et d'évacuation. Ce dispositif est précieux, dans une enceinte fermée et disposant d'un hangar et d'une cour. Passée la fouille, chacun est enregistré par les services consulaires et installé en zone d'attente. Un travail extraordinaire est effectué pour que les ressortissants oublient ici au plus vite l'angoisse, la peur, et reprennent espoir. Le lent processus de détente et de délivrance peut commencer.

Pour les plus atteints, il s'agit d'abord de retrouver un peu de dignité en lavant leur corps maculé des boues générées par une foule qui a stagné de longues heures, parfois plusieurs jours. S'y joignent souvent les larmes mêlées de souffrance et d'espoir, et toujours ce regard rempli de gratitude, qui aide les soldats à poursuivre la mission – d'autres ont besoin d'eux. Cette cour intérieure, avec son calme, sa paix et son ordre, constitue un îlot. Tout, ailleurs à Kaboul, n'est qu'affolement et chaos. Je trouve ici l'essentiel de la force de nos soldats, cette initiative naturelle, qui se révèle dans la crise.

26 août 2021

Il est près de dix-sept heures quand explose la bombe. Je me trouve dans l'encadrement de la porte de mon bureau, en discussion avec Didier, mon adjoint. Nous fumons une de ces mauvaises cigarettes achetées sur place. Le bâtiment en préfabriqué est fortement secoué, l'onde de choc pénètre nos corps. « Ça y est, c'est du sérieux… on a encore du monde dehors ? » Une fois passé la surprise, nous devons rapidement évaluer la situation. Alors qu'une opération d'ampleur est en cours pour faire entrer un convoi de réfugiés protégés par les forces françaises, il est peu probable que l'un d'entre nous se soit trouvé près des portes, mais il faut s'en assurer.

Cette menace d'attentat suicide, nous en parlons depuis plusieurs jours. Le sifflement des alarmes déchire l'espace. Le bilan est terrifiant. Plus de cent quatre-vingts morts, les corps déchiquetés par la mitraille d'une bombe artisanale portée par un terroriste suicidaire. Parmi eux, treize militaires américains. Mes chefs d'éléments me rendent compte de la présence de l'ensemble de leur personnel, en bonne santé. Didier est à moitié sourd.

Nous rejoignons rapidement l'ambassadeur pour une réunion de crise. La conduite de l'opération va probablement changer, la posture d'alerte est évidemment renforcée, nous craignons une attaque plus complexe. Dans un premier temps, l'ambassadeur ne souhaite pas quitter Kaboul. Nous évacuons les diplomates européens qui avaient trouvé refuge auprès de l'ambassade de France. Peu de temps après, nous recevons l'ordre d'évacuer également la mission diplomatique. La nuit sera longue, le ciel est quadrillé par des hélicoptères armés. Les lasers des fusils des GIs embarqués strient le ciel. Au loin, de fortes détonations claquent : un dépôt de munition est détruit par nos alliés pour ne rien abandonner aux talibans.

27 août 2021

Pour procéder à l'évacuation finale de l'ambassade, il reste à détruire les moyens que nous ne pourrons embarquer. Rien ne doit tomber aux mains des talibans. Avec Lionel, mon officier logistique, nous finalisons la chronologie des vols ; je dois partir dans le dernier avion. Alors que tout est prêt à embarquer, le téléphone sonne de nouveau. Paris ordonne de maintenir une équipe plus longtemps. Même si nous avons la certitude que nous ne pourrons plus évacuer de réfugiés, nous n'avons pas le choix. Nos chefs obtiennent à l'arrachée un dernier créneau pour poser un avion sur le tarmac, après l'ultimatum officiel fixé par notre allié. L'enjeu est symbolique, la France restera le plus longtemps possible aux côtés des forces américaines en deuil.

Alors que nous nous préparons à embarquer pour Abou Dhabi, base logistique dédiée pour le transit depuis Kaboul vers la France, nous nous joignons à une cérémonie en l'honneur de nos camarades tombés la veille. Le défilé des dépouilles recouvertes du Stars and Stripes semble interminable. Les cœurs sont serrés face à la violence de l'action. Comment ne pas imaginer que ces corps pourraient être les nôtres ? Comment ne pas penser aux orphelins que nous aurions pu laisser derrière nous ? À ceux que ces soldats laissent derrière eux ?

Près de trois mille réfugiés ont été évacués par l'armée française en cette fin août 2021. Je regagne Abou Dhabi à peine plus de vingt-quatre heures après le drame qui s'est déroulé à quelques centaines de mètre de nous. Je rejoins ma femme et mes enfants. Ces retrouvailles, anticipées dans la joie pendant de nombreuses semaines de préparation avant notre expatriation, ont finalement une saveur amère.

Après plusieurs années d'état-major et de vie dans le confort parisien, je suis de nouveau au cœur des opérations terrestres. Toujours en alerte, je dois, avec mes cuirassiers, poursuivre l'entraînement du régiment. C'est notre raison d'être, ici, au Moyen-Orient.

MISSION LYNX

Lituanie

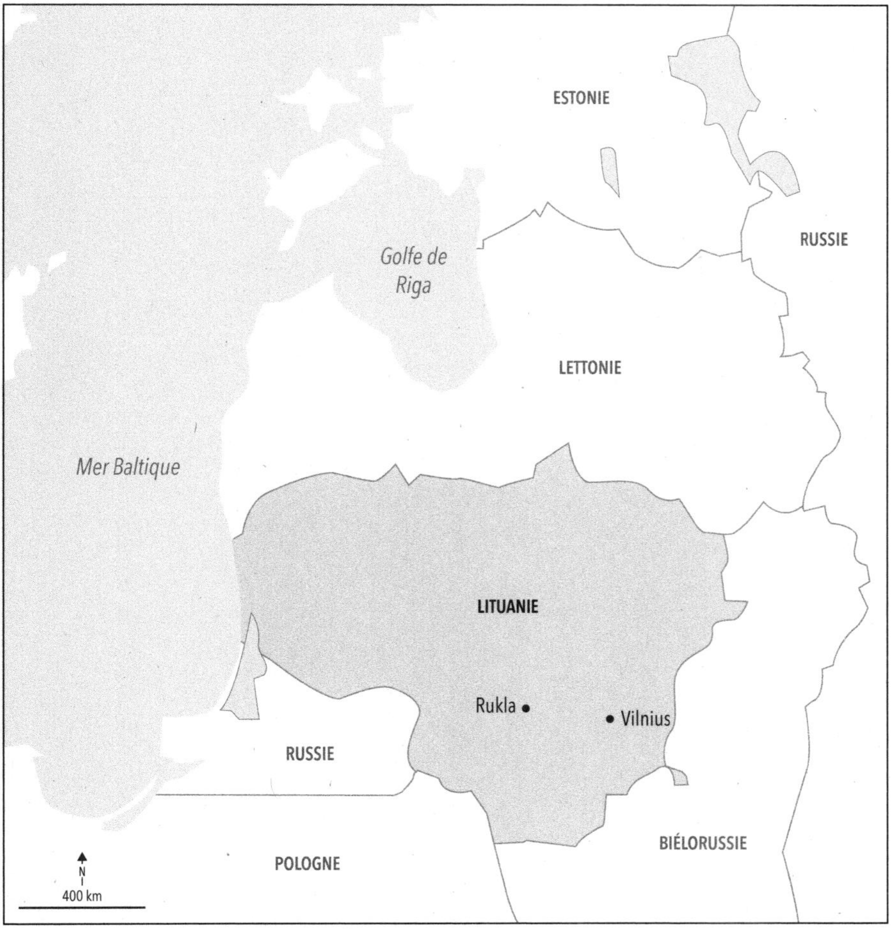

Les loups d'acier

Par Pierre de Foucauld

« Nous créons de l'éternité en chacun de nos actes.
C'est là notre pouvoir merveilleux d'homme.
À chaque seconde nous bâtissons notre royaume. »

Guy de Larigaudie, *Étoile au grand large*

En 2016, les conclusions du sommet de l'OTAN invitent à un renforcement du dispositif défensif de l'Alliance atlantique sur son flanc est. Dès lors, la France participe aux missions dites « de réassurance » en intégrant une de ses unités blindées au sein d'un bataillon multinational. Après plusieurs mandats en Estonie, elle redéploie temporairement en janvier 2018 son contingent sur le sol lituanien. C'est dans ce cadre qu'opèrent les soldats du 5e régiment de dragons et, plus spécifiquement, le 1er peloton du 2e escadron.

5 heures 45, une alarme sonne. En quelques minutes, nous quittons nos lits de camp. Puis, déjà bien emmitouflés sous les épaisseurs de nos treillis, nous sommes prêts à jaillir de notre tente pour rejoindre l'ordinaire de manœuvre, cantine militaire sommaire mais qui sert des plats chauds. Nous y retrouvons une mosaïque d'uniformes, à l'image de la multinationalité du

bataillon au sein duquel nous servons. Ce melting-pot militaire est insolite pour nos soldats, peu habitués à servir sous la bannière de l'OTAN. Comme chaque matin, le choc thermique est douloureux, même si nos dragons sont aguerris à la rudesse du climat aubois de Mailly-le-Camp. En Lituanie, en ce mois de février, le thermomètre affiche des températures comprises entre moins dix et moins quinze degrés. L'air gelé nous donne l'impression de respirer du verre.

J'apprécie ces instants calmes à la lueur de l'aube. La neige, encore immaculée, dont les cristaux s'illuminent au rythme du soleil levant, me procure un sentiment de sérénité. Peu à peu, je me remets en selle, parcourant intérieurement les différentes actions à mener dans la journée. Une fois rassasiés et les derniers ordres de la journée donnés, il est temps de retrouver nos montures. Ici, elles pèsent cinquante-huit tonnes, disposent d'un canon de 120 mm et sont reconnaissables aux cliquetis métalliques de leurs chenilles en mouvement frappant le sol gelé. Ce sont nos chars Leclerc. Ils embarquent en leur sein trois membres d'équipage : un pilote, un tireur et un chef de char qui doivent, littéralement, se glisser à leur poste respectif. L'étroitesse des habitacles, l'absence de luminosité ainsi que les multiples pupitres de contrôle créent un environnement unique au fond de la tourelle. Chacun est à la fois dans sa bulle et lié par l'armature d'acier qui nous protège : « à la croisée d'un cockpit d'avion de chasse et d'une salle de commande d'un sous-marin », disait un de mes instructeurs à Saumur. Par tradition, chaque char est baptisé du nom d'un fait d'arme de l'histoire militaire française. Le mien se nomme Narvik, celui de mon adjoint, Eylau. Ces noms, inscrits en lettres blanches sur le flanc des blindés, font la fierté des dragons qui les servent. Mais entre nous, ces monstres à l'esprit de feu dans un corps de fer sont plus familièrement appelés les « XL », en référence à leurs dimensions.

Huit heures : il est temps de partir. Après une bonne heure de préparation mise à profit pour dégeler les systèmes de direction,

Alexis, mon sous-officier adjoint, m'annonce que les huit blindés du peloton (quatre chars Leclerc et VBL) sont prêts au départ. Notre objectif : rallier au plus vite ma première position de combat à quelques kilomètres du camp et m'installer en rideau défensif. Nos moteurs de mille cinq cents chevaux rugissent, l'exercice peut commencer. « Braves dragons, à vous l'honneur de commencer la bataille ! » lançait en 1643 le duc d'Enghien à Rocroi.

Nous sommes prêts.

Pourtant, au sentiment de sérénité du matin se substitue une anxiété grandissante, ou plutôt, une « saine pression », comme nous nommons ce mélange d'excitation, de volonté de bien faire et de peur de décevoir, vécu avant chaque test grandeur nature. En effet, l'exercice d'aujourd'hui est pour notre détachement, depuis son arrivée, la première confrontation d'envergure. Il en va de notre crédibilité, et cela à trois niveaux. Crédibilité du détachement français auprès de ses partenaires locaux et des nations otaniennes, à qui il faut démontrer notre solidarité et nos capacités de combattre conjointement. Crédibilité de notre régiment pour un de ses premiers déploiements à l'étranger depuis sa recréation en 2016. Enfin, crédibilité – plus personnelle – de mon peloton de chars, alors seul pion blindé « lourd » du haut commandement, et dont je suis à la tête six mois à peine après avoir pris mes fonctions.

Je le savais, nous allions en baver

Le scénario fictif dans lequel nous allons plonger au cours des prochaines heures reproduit les conditions difficiles d'une mission défensive, destinée à retarder l'avancée d'un ennemi. Les positions de combat se succéderont à grande vitesse. Débutant par vingt-quatre heures d'affrontement face à un ennemi lui aussi évalué (en l'occurrence, des conscrits lituaniens disposant de leur propre objectif), le scénario se terminera par un exercice de tirs à balles réelles sur cibles fixes et mobiles. Personne n'ignore alors que derrière cet exercice ambitieux, se cache la volonté de démontrer à nos compétiteurs l'efficacité destructrice de nos moyens et d'afficher notre détermination – même par moins quinze degrés !

Aux commandes du dispositif, le capitaine diffuse ses ordres avec énergie et gravité. Officier ayant gravi une à une les marches de la hiérarchie militaire depuis son engagement comme jeune soldat, il a parcouru la grande majorité des théâtres d'opérations extérieures de ces vingt dernières années. Il ne prend pas à la légère ce type d'exercice, dont il mesure l'utilité pour celui qui veut gagner la guerre. Charles Péguy affirmait, au siècle précédent, que « demander la victoire et n'avoir pas envie de se battre » est mal élevé. Plus prosaïquement, nous rappelons souvent dans nos popotes ce vieil adage militaire : « Entraînement difficile, guerre facile. »

Bref, nous allions en baver, mais j'étais décidé à montrer que le peloton de chars était au rendez-vous. Inséré au sein d'une compagnie d'infanterie, il se devait d'être à la hauteur, par professionnalisme (et, oserai-je le dire, par fierté), mais aussi parce que la confiance de mon chef, issu d'une spécialité différente, en dépendait. Les soldats, en effet, toujours friands de petites rivalités, aiment mettre en avant leurs spécificités et vanter les mérites de leur arme sur les autres. Or, au moment de notre déploiement, la cavalerie blindée dite « lourde » (celle des chars Leclerc en particulier), considérée comme encombrante par certains, dépassée par d'autres, était une cible facile. Il s'agissait de démontrer, dès ce premier exercice, l'ampleur de nos savoir-faire, la puissance de nos armes et la crédibilité de notre système de combat.

Nous avions déjà eu l'occasion, quelques jours avant le départ sur le terrain, de prouver notre volonté d'en découdre. Une difficulté concernait en effet le camouflage des chars : le mélange de peinture verte noire et marron, dont tous les véhicules de l'armée de Terre sont recouverts, remplissait bien mal sa fonction au milieu des plaines enneigées de Lituanie. De même, les filets de camouflage que nous disposons sur les blindés pour « casser » leurs formes caractéristiques étaient de couleur sombre. Et le règlement n'autorisait pas à repeindre en blanc les véhicules ou les filets. Nos blindés allaient-ils se retrouver les seuls du bataillon à manœuvrer avec un camouflage inadapté aux conditions hivernales ? C'était compter sans l'ingéniosité de mon adjoint. Il dénicha de larges morceaux de tissu et de gros rouleaux de scotch blanc qu'il fit coller sur les montures par mes équipages. Le résultat fut très convaincant. Non seulement le camouflage était efficace, mais les photos officielles prises lors des exercices ont fait le tour de l'armée de Terre. Tout le monde connaîtrait les chars blancs de Lituanie !

Dix-neuf heures : j'ordonne l'arrêt des moteurs. Cela fait onze heures que le peloton enchaîne les manœuvres. Nous évoluons entre les positions d'observation et de tir face à un ennemi simulé par des véhicules de l'armée lituanienne. Le bilan de cette première phase me semble positif et aucun dégât n'est à déplorer. Surtout, nous avons réussi à contenir notre adversaire dans une manœuvre dite « de freinage », qui consiste à échanger du terrain contre du temps ou, plus schématiquement, à faire en sorte que plus l'ennemi avance, plus il prend des coups et ralentit son rythme. Le capitaine a regroupé ses sections et pelotons autour d'un village d'entraînement construit par les soldats lituaniens. Nous allons y passer la nuit pour tenir plus facilement le terrain. Les chars disposant d'excellents moyens d'observation nocturne grâce à leurs caméras thermiques, je dois surveiller l'axe que nous considérons comme le plus dangereux : c'est par là que pourrait surgir l'ennemi, à un kilomètre environ des habitations, le long d'une lisière de bois. Je positionne mes véhicules en les regroupant par deux (un XL et un VBL), et je répartis les secteurs d'observation, m'assurant qu'aucun angle mort n'échappe à notre vigilance.

Mon objectif : détruire 100 % de mes cibles

Une fois les engins postés, et malgré la mise en place de tours de repos au sein des équipages, nous débutons l'une des missions les plus pénibles et ingrates du métier de soldat : surveiller la nuit. Immobiles dans le froid et silencieux pour entendre l'ennemi avant de le voir, il faut nous tenir prêts à réagir. Dans d'autres circonstances, le ciel étoilé, sans pollution lumineuse, nous inclinerait à la rêvasserie ou à la contemplation, mais ces températures terribles, parfois mortelles pour l'homme non aguerri, nous ramènent à notre réalité glaciale. J'admire nos anciens, dragons de l'Empire, pour les épreuves endurées un certain 8 février 1807, lors de la bataille d'Eylau, dans un village situé à seulement quelques dizaines de kilomètres de nos positions actuelles[1].

J + 1, huit heures : l'ordre de repli tombe. Il était temps car la nuit, bien trop calme à mon goût, nous a engourdis, et personne n'a vraiment fermé l'œil. Pendant que mon adjoint gère le plein de carburant et de munitions, je retrouve le capitaine pour un dernier point de situation. À son visage, je devine que lui non plus n'a guère profité de la nuit. Je comprends que notre adversaire n'a pas partout été clément, tentant des infiltrations dans les dispositifs voisins, heureusement sans succès. Devant la carte, le capitaine m'explique mon ultime mission : à partir d'une position précise, je dois « barrer » – c'est-à-dire arrêter net – un ennemi qui progressera dans ma direction. Cette manœuvre a deux objectifs : soit gagner du temps et permettre au reste des troupes de se réorganiser (par exemple sur une nouvelle ligne défensive), soit inciter l'adversaire à nous contourner et à se

1. La bataille d'Eylau, qui se déroula près d'un village aujourd'hui situé à la frontière entre l'enclave russe de Kaliningrad et la Pologne, opposa les armées impériales de Napoléon aux forces de l'Empire russe. Elle se termina par une victoire de la France grâce à l'une des plus grandes charges de cavalerie de son histoire militaire.

porter vers un endroit du terrain qui lui semblera plus favorable mais où l'attendront nos autres unités pour l'achever. Le capitaine veut donc tendre un piège à l'ennemi, et notre peloton en sera l'instrument principal. Avant de partir, il insiste sur un point : je devrai porter mon effort sur la brutalité des feux. Cela semble évident lorsqu'il le dit, mais je sais d'expérience que dans l'action, ce sera plus compliqué à mettre en œuvre.

Après avoir précisé quelques éléments de coordination et notamment de sécurité (la prise de risques inconsidérés n'est pas de mise à l'entraînement), je retrouve mon peloton et me prépare à briefer mes chefs d'engin. Théoriquement, un briefing militaire suit une trame précise pour évoquer le contexte général, les situations ennemies et amies, les missions de chacun, etc. Mais ce matin-là, après une nuit sans fermer l'œil et avec ces températures givrantes, je dois garder tout le monde concentré. M'inspirant de cette phrase de Napoléon : « Un bon croquis vaut mieux qu'un long discours », je commence donc à dessiner à la craie au dos d'une bâche un schéma de notre future zone d'action, puis, à l'aide de pions de différentes couleurs, synthétise les missions de chacun. Mes chefs de char et de patrouille, silencieux, fixent mes mains qui font bouger les figuratifs. Je les sens motivés, désireux de ne rien manquer de ce flot d'informations.

Vient ensuite le moment de traiter les cas non conformes, c'est-à-dire les situations qui n'ont pas été prévues dans le plan initial – ce dernier étant souvent considéré comme la « première victime de la guerre[1] ». Cet exercice sous forme de questions-réponses, mais évitant les spéculations sans fin, permet d'aborder des aspects à la fois techniques (gestion de pannes diverses, perte de liaison radio, etc.), tactiques et humaines (prise en charge d'un blessé, par exemple). Demandant à tous de participer, j'affectionne ce

1. Parole attribuée au général allemand von Moltke (1848-1916), notamment responsable du déploiement des troupes et des premiers mois de conflits lors de la Première Guerre mondiale.

préambule indispensable à la mission. Grâce à l'expérience de chacun, nous élaborons des conduites spécifiques à tenir. Tenter de prévoir l'imprévu a aussi le mérite de nous rassurer ! Finalement, après une vingtaine de minutes, nous embarquons et nous dirigeons vers la ligne de tir. Pour combattre, chaque char dispose de vingt-deux obus dans son chargeur automatique, sorte de barillet géant disposé à l'arrière des tourelles, sur ce que nous appelons la « nuque » du blindé. Mon objectif : détruire 100 % de mes cibles.

Redoutable outil de combat, le char Leclerc fait notre fierté

J + 1, dix heures : « Pour tous, branle-bas de combat ! » À ces mots, j'intime l'ordre à mes subordonnés de procéder aux derniers réglages techniques. Dans la cavalerie, le chef de peloton est aussi chef de son propre char. Je vérifie donc les optiques – permettant d'observer au plus loin –, les munitions, et finalement, je désactive les sûretés de mise de feu, signe que l'engin est prêt à tirer. Grâce à ses moyens d'observation, à son système de chargement automatique et surtout à une conduite de tir très performante, le char Leclerc est un redoutable outil de combat pouvant détruire, en roulant, une cible à plus de trois kilomètres. Il compte parmi les meilleurs chars du monde et fait notre fierté. Mais il possède aussi des défauts ou fragilités que l'écume du temps et la dureté du climat local peuvent accentuer.

C'est ici que les hommes et l'esprit d'équipage jouent un rôle déterminant. Le métier de tankiste ne consiste pas seulement à rester assis dans une tourelle et à appuyer sur un bouton pour tirer. Il faut nous imaginer certes assis, mais plongés dans un espace clos, exigu, obscur, où les liens avec l'extérieur passent par une ou deux minuscules épiscopes. Les contacts entre membres d'équipage sont également réduits car personne ne se voit dans la tourelle. Les interactions humaines se limitent à des voix dans les casques. Des voix qui sont aussi notre outil pour combattre, et c'est par elles, à travers la qualité et la concision des ordres comme des comptes rendus donnés sur le réseau radio, que se mesure le niveau d'un équipage et d'un peloton.

L'œil rivé dans le viseur, je scrute l'horizon. Le capitaine vient d'annoncer la présence imminente de l'ennemi. Nous serons bientôt au contact, char contre char, blindé contre blindé. Ce sera eux ou nous. Le silence règne dans la tourelle. Tout d'un coup, la voix stridente d'un de mes chefs de patrouille d'éclairage m'annonce avoir « visuel » sur une dizaine de cibles matérialisant des fantassins à moins de quatre cents mètres des premiers blindés du peloton. À peine ai-je confirmé la réception du message radio que j'aperçois à mon tour, dans ma lunette, quatre grandes cibles disposées de part et d'autre du paysage face à nous. Symbolisant des chars, elles représentent une menace pour notre peloton. Il faut agir vite, d'autant qu'à ce moment précis, le compte à rebours est lancé : je ne dispose que de quelques secondes pour donner mes ordres et déclencher les feux.

– Deux heures, 2 300, les quatre T72* postés ; dix heures, 400, les groupes de fantassins postés.

Je ne doute pas un instant que ces mots précis, pondérés, choisis pour résumer la situation et disséminer un maximum d'informations en un minimum de temps seront compris par le peloton, tant ils ont été répétés à l'entraînement. En treize mots et grâce à l'image du cadran horaire, j'ai indiqué la disposition des cibles face à nous : quatre chars postés à nos deux heures à une distance de deux mille trois cents mètres et un groupe de fantassins menaçants à nos dix heures. Je laisse une demi-seconde pour que l'information arrive au cerveau de tous et conclus :

– Feu !

Pour mes subordonnés, la chasse est ouverte. Il ne s'agit pas non plus de faire n'importe quoi, et le rôle du chef de peloton, par ses ordres clairs, est d'y veiller. Par exemple, pour éviter de « doubler » sur un objectif (erreur qui consiste à faire tirer deux chars sur le même objectif) et donc de gâcher un obus, chacun doit respecter deux principes : ne s'attaquer qu'aux ennemis de son secteur d'observation et, par défaut, toujours respecter à la lettre les ordres de tir. À moi d'assigner les bons objectifs au bon subordonné en fonction de sa place sur le terrain, mais aussi de ses contraintes techniques (pannes, manque de munitions, etc.). En parallèle, en tant que chef de char, je dois confirmer la cible à mon tireur ainsi que sa distance (mesurée grâce à une télémétrie laser). À mon signal, le tireur appuie mécaniquement sur son palonnier qui délivre l'obus, à plus de mille mètres par seconde. Il est en cible.

Connaissance mutuelle et entraide au sein de l'équipage

Cette accumulation de tâches à réaliser en temps contraint produit une surcharge cognitive qui, lors de mes premiers mois de formation à l'École de cavalerie, me sidérait. Lorsque la tourelle est en mouvement, dans un char lui-même en train d'avancer, et qu'il faut se concentrer sur la situation face à nous et sur nos ailes, il est facile de se faire « satelliser », comme nous le disons pour railler ceux qui perdent leurs repères. Heureusement, avec du travail et l'expérience accumulée au cours des campagnes de tir, on apprend à mieux gérer ces situations et à libérer du temps de réflexion pour les imprévus. Surtout, rien ne serait possible sans la force d'âme des équipages et l'esprit d'initiative des tireurs.

Vingt-cinq minutes. C'est le temps qu'il faut au peloton pour détruire l'ensemble de ses objectifs, après avoir transformé le ciel lituanien en un orage dont le grondement s'est propagé d'un char à l'autre. Après les premières cibles, d'autres sont apparues, simulant une manœuvre audacieuse de l'ennemi qui nous a donné du fil à retordre. Si le tir en lui-même est plus impressionnant depuis l'extérieur qu'à l'intérieur[1], chaque déclenchement de feu produit dans la tourelle un mélange de soulagement et de nervosité. Le « But ! » annoncé par le tireur, attestant la destruction de sa cible, est une petite libération. Au regard des distances de tir, viser juste n'est pas une mince affaire, d'autant moins lorsque le char se déplace.

Ce combat embarqué que nous venons d'expérimenter est propre à la cavalerie blindée et requiert dextérité et sang-froid. Au terme de cette séquence, nous sommes, à l'image de nos soutes, vidés. L'intensité de l'exercice ne nous a pas fait oublier le froid et le gel. Malgré les conditions climatiques extrêmes, les machines ont bien résisté et, grâce à la bienveillance des équipages envers leur monture, les chars se sont admirablement comportés. Les résultats ont dépassé mes espérances. La fatigue se fait sentir à mesure que la pression retombe, mais je devine, au rythme des voix sur le réseau radio, que mes dragons exultent intérieurement. Ils ont longtemps espéré cette chevauchée pour faire parler la poudre à travers les plaines lituaniennes.

La fin de l'exercice ne signifie pas un retour en ordre dispersé : nous attendons le feu vert pour nous replier et rentrer au camp. Je débriefe rapidement mon équipage sur la qualité de nos tirs, puis nous profitons du moment pour nous faire couler un café et nous asseoir à l'arrière du char, sur la plaque moteur encore chaude. Les mains tremblantes et la voix haletante, Gaston, mon tireur, semble toujours sous le coup de l'adrénaline, et nous refait le film du tir. Jérémy, mon pilote, plus ancien, est silencieux comme à l'accoutumée. Il écoute d'une oreille distraite le récit glorieux de notre combat face à des cibles de bois : son esprit est ailleurs. Son regard, balayant avec insistance la surface de l'engin, trahit de l'anxiété : le rythme intense de nos manœuvres et la dureté du terrain ont mis notre char à rude épreuve, en particulier les

1. La surpression de l'air que nous utilisons pour évacuer les fumées toxiques dégagées par le tir atténue le bruit dans la tourelle.

chenilles, qui permettent de passer partout, contrairement aux véhicules à roues. Il sait que dès le retour au camp, il faudra procéder à des contrôles minutieux avec les mécanos pour remettre en condition les engins. On doit toujours faire passer « la monture avant l'homme », affirmait le général de Brack, commandant l'École de cavalerie au début du XIXe siècle : cela, mon pilote l'a bien compris.

Je sens aussi, en discutant avec mes deux dragons, que notre équipage a encore progressé aujourd'hui. Cette connaissance mutuelle et cette entraide que nous développons au fil des exercices au sein du char, propres à chaque engin, sont essentielles. L'individualisme n'a pas sa place dans notre métier et notre destin au combat est d'abord lié à notre capacité de travailler de concert. Nous ne sommes pas amis, mais notre vie commune nous prépare à affronter le danger ensemble et, s'il le faut, à se sacrifier les uns pour les autres. Assis sur mon char, je repense à ce passage de *Terre des hommes* d'Antoine de Saint-Exupéry : « la grandeur d'un métier est peut-être, avant tout, d'unir des hommes : il n'est qu'un luxe véritable, et c'est celui des relations humaines ». Aujourd'hui notre terre est lituanienne, loin du sol natal, mais nous sommes ensemble, et c'est bien tout ce qui compte à nos yeux.

L'inclusion au profit d'un intérêt collectif

La voix rauque de notre commandant d'unité me sort de mes rêveries. Les haut-parleurs de la radio crépitent : « Finex* » signe la fin de l'exercice. C'est le retour au camp après le rassemblement des blindés. La nuit tombe, le froid s'intensifie. Bercé par la conduite précise du pilote, je me repasse ces quarante-huit heures d'exercice et commence à imaginer les instructions ou recadrages nécessaires pour nous améliorer. À peine rentré au camp de Rukla, où réside le bataillon multinational, un officier lituanien, qui semble avoir déjà quelques années d'expérience, vient féliciter le peloton, et me remet plusieurs badges de son unité d'appartenance, la brigade mécanisée lituanienne Les loups d'acier. Ce surnom nous va bien, il est adopté à l'unanimité. Nous voilà rebaptisés.

Cette courte mais intense phase d'exercice a durablement soudé les membres du sous-groupement. Plus important encore, une profonde mutation s'est opérée dans l'esprit de chacun, comprenant que seule l'union des armes peut l'emporter. C'est bien ce principe qu'incarne aujourd'hui le 5e régiment de dragons qui, unique en son genre, dispose de trois escadrons de chars Leclerc, un escadron de reconnaissance sur VBL, deux compagnies d'infanterie sur VBCI et une compagnie d'appui. Historiquement interarmes, puisque les dragons de l'empereur se déplaçaient à cheval et combattaient à pied, cette unité reste au XXIe siècle une matrice d'inclusion au profit d'un intérêt collectif. Les dragons sont fiers de cette spécificité.

Personnellement, le jeune lieutenant que je suis alors espère avoir prouvé à son commandant d'unité qu'il peut et pourra s'appuyer sur son peloton quelles que soient les situations. J'en aurai le cœur net plusieurs mois plus tard. Alors que nous n'en finissons plus d'attendre l'avion qui doit nous ramener en France, j'ose demander au capitaine, sur un ton léger voire provocateur, si ses « dragons à cheval » ont été à la hauteur des attentes des « dragons à pied ». Il a sans doute deviné ma pensée, et m'avoue :

– Tu sais, Pierre, aujourd'hui, il ne me viendrait pas à l'idée de partir me battre sans demander à avoir des chars sous mes ordres.

Ces quelques mots prononcés par un chef qui a connu le feu des combats de Mitrovica, au Kosovo, à la vallée de la Kapisa, en Afghanistan, restent la plus belle des récompenses.

MISSION AIGLE

Roumanie

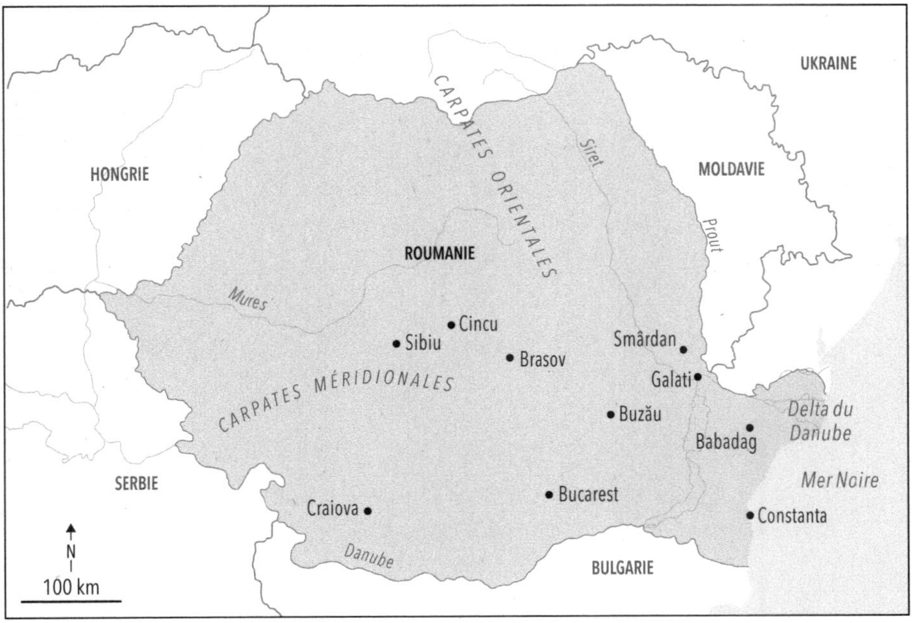

Des Alpes aux Carpates : faire sa trace

Par Cyril Gallego

« Ce n'est pas au dernier moment,
avant de commencer la guerre, que l'on apprend à gravir
les montagnes et à surmonter les obstacles qu'elles présentent.
Il faut au contraire de longues préparations. »

Franz de Kuhn, *La Guerre des montagnes*

En 2022, avant que la Russie n'agresse l'Ukraine et ne déclenche une guerre constituant une menace majeure pour la sécurité de l'Europe, personne dans l'escadron du capitaine Gallego ne s'imaginait se retrouver en quelques jours projeté des Alpes françaises aux Carpates roumaines pour initier la mission Aigle et déployer des blindés sur le flanc est de l'Europe.

D'épaisses aiguilles de genêts traversent mon treillis et viennent « délicatement » se poser sur ma peau. Cette piqûre, quoique désagréable, me maintient en éveil. Comme à mon habitude, je me tiens debout à côté de mon véhicule blindé, l'oreille collée au combiné du poste radio, dans l'attente des comptes rendus de mes subordonnés. Ils observent dans la nuit, propice au camouflage, et tentent de déceler notre ennemi, caché et tenace. Il est 23 heures 57, nous sommes le mercredi 23 février 2022, et l'escadron que je commande est déployé en Champagne, au CENTAC* de Mailly-le-Camp, inséré dans un groupement d'infanterie du 27e bataillon de chasseurs alpins. Le lieutenant Augustin est à quelques mètres de moi dans son blindé. Ses subordonnés avancent à pas de velours en direction de l'ennemi, dans l'obscurité de ce ciel sans lune, et commencent à renseigner sur les agissements de patrouilles particulièrement bruyantes. Je respire. L'instant est calme. Je suis déterminé quant à la réussite de cet exercice qui jugera de la crédibilité de mes hommes. J'attends sereinement le choc avec l'ennemi en mouvement vers mes blindés. Mes chasseurs le savent, ils devront ce soir donner le meilleur d'eux-mêmes. J'ai confiance en eux.

Brusquement, la radio crache un message bref :

– Rouge, Jaune, Vert, Blanc, parlez.

J'écoute chacun des autres capitaines répondre à cet appel préliminaire. Puis une voix autoritaire dicte un ordre aux antipodes de mes préoccupations tactiques du moment :

– Finex Finex Finex, retour au centre opérations en passant par les pistes blanches. Attention, effort sur la sécurité de vos personnels et des véhicules, pas d'accident.

Stupéfaits, nous accusons réception, puis, à mon tour, je donne mes ordres :

– Finex Finex Finex, allumez les phares, rassemblement vitesse lente sur le point d'éclatement précédent, contrôle du matériel et des hommes. Rendez compte à l'issue.

Quelque chose cloche. Le ton de l'annonce sur le réseau haut me fait craindre un accident grave. J'espère qu'il n'est pas arrivé malheur à l'un d'entre nous. Aussitôt l'escadron rassemblé, les questions pleuvent : « Que se passe-t-il ? Un accident ? » Et les premiers doutes émergent : « C'est l'alerte, nous partons en Ukraine ? » Je n'ai aucun moyen de répondre.

À notre arrivée au centre opérations, de très nombreux véhicules sont déjà stationnés en ordre de marche, prêts à reprendre la route. Je croise le chef de corps :

– Nous partons en Roumanie, l'alerte est déclenchée, va prendre tes ordres auprès du chef ops !

Les consignes sont aussi courtes que claires :

– Départ au plus tôt, retour au régiment, préparation pour une projection de plusieurs mois et déploiement en Roumanie dimanche.

La Russie a agressé l'Ukraine la veille. J'en suis certain à cet instant : nous partons au carton. Plutôt électrique, toujours à me dépasser, à vouloir faire bouger les choses, je suis un passionné, qui réfléchit vite, parfois trop. Mais je ne tergiverse pas. C'est donc sans hésiter que je salue l'officier supérieur puis exécute un « demi-tour droite » réglementaire avant de rejoindre mes hommes. J'ai peu de temps pour leur expliquer la situation. Ils m'écoutent les yeux écarquillés.

– Ok les gars… Nous partons en Roumanie dimanche. Donc, dans l'ordre, retour au camp, préparation de la réintégration des véhicules du CENTAC, préparation de la perception des autres véhicules par le 1er escadron, nettoyage du matériel, nettoyage des bâtiments, puis retour au régiment au plus vite après une courte phase de repos.

Certains restent sans voix. Pour d'autres, c'est Noël avant l'heure. Tous sont traversés par une multitude d'émotions. Mais l'instant n'est pas à la rêverie. Je donne l'ordre du départ :

– Moteur, formation de la rame, je passe en tête suivi de 20 et 30, départ dans deux minutes, rendez compte dès que prêt.

Nous prenons la route du camp bâti où va débuter un « chamboule-tout » géant pour lequel chacun aura une mission décisive. Une partie de nos véhicules appartenant au parc du CENTAC et l'autre au régiment, nous devons rendre certains blindés et faire percevoir les autres : nettoyage, contrôle, compte rendu éventuel, tel sera le programme de la nuit.

Les Gaulois* dans le bataillon « fer de lance » de l'OTAN

Le jeudi 24 à sept heures, alors que le soleil se lève sur la Champagne, les véhicules sont alignés devant la station de lavage et les préparatifs se poursuivent avant le retour à Gap. Les visages sont fatigués mais un esprit collectif tire tout le monde en avant. Il n'y a eu ni pause ni relâchement durant cette nuit de travail acharné. Dès huit heures, j'appelle mon chef de corps et lui rends compte qu'à la suite de l'agression russe en Ukraine, l'alerte est déclenchée pour partir en Roumanie. L'escadron des Gaulois sera inséré dans le bataillon « fer de lance » de l'OTAN, pour participer à ce qui va devenir la mission Aigle 1.

L'après-midi, je prends la route en direction de Gap avec mon pilote pour garder le temps d'avance du chef, ou plutôt anticiper ce qui peut l'être, car il nous reste à peine deux jours pour être prêts à partir. Une première rame me suivra de près avec l'ensemble des véhicules logistiques, et une deuxième rame de véhicules blindés deux heures plus tard, mais qui n'arrivera que le lendemain à midi, après un interminable périple en blindé à travers la France. L'escadron se retrouvera au complet à Gap le vendredi 25 en fin de matinée.

Je rejoins mon épouse Astrid ce jour-là à une heure du matin. Nous n'avons que peu de temps avant mon départ, mais mon esprit est déjà accaparé par l'organisation du déploiement. Je ne cesse de penser à la Roumanie et à ce qui nous attend là-bas.

Le capitaine Michel, mon adjoint, désigné pour l'occasion, entame directement les préparatifs depuis Gap. Il est le genre d'homme qui travaille tout le temps et ne s'arrête que lorsque tout est fini. C'est une figure du régiment, ayant traîné son sac dans de nombreuses opérations en Afghanistan ou en Afrique. Alors, pour un tel départ, il ne laisse rien au hasard et fait tout vérifier : véhicules, armement, radios, matériel de protection NRBC* (nucléaire, radiologique, bactériologique et chimique). La préparation administrative est également minutieusement orchestrée par le maréchal des logis-chef Jérémy, mon responsable des ressources humaines. Heureusement, comme nous étions d'alerte depuis plusieurs semaines, nous avions anticipé certaines perceptions de matériel et la mise à jour des dossiers personnels.

Le dimanche 27 à sept heures, à peine trois jours après le déclenchement de l'alerte, le premier peloton commandé par le lieutenant Julien charge l'ensemble des blindés sur les camions porte-chars et quitte le régiment en direction de Miramas, le camp logistique de l'armée française proche de la base aérienne militaire d'Istres, notre ticket d'entrée pour la Roumanie. Avec le reste de l'escadron, nous poursuivons la matinée au régiment pour finaliser les préparatifs et le chargement des caisses de matériel. Je libère enfin mes hommes pour un quartier libre de douze heures à dix-huit heures afin qu'ils profitent un peu de leur famille. Le départ est prévu le lendemain à six heures.

Je rentre à la maison le cœur serré et l'esprit lourd. Devant Astrid, je m'effondre. Le stress, la fatigue, la peur sans doute également créent une alchimie difficile à maîtriser. Heureusement, mon épouse agit comme un calmant. Nous profitons de ce moment ensemble, mais les questions se bousculent : « N'ai-je rien oublié ? Comment va-t-on faire pour ci ? pour ça ? » Je finis par m'endormir, nerveusement épuisé mais impatient de débuter cette mission.

Le lendemain, les premiers rayons du soleil illuminent la place d'armes du régiment où mes chasseurs se rassemblent. Les médias sont là. Un sentiment de fierté nous envahit, même si mon cœur a rarement battu aussi fort dans ma poitrine. Le chef de corps nous adresse des mots simples mais pleins de sens, dont je retiens l'essentiel :

– Soyez fiers… Vous faites votre métier de soldat… Vous représentez la France et le régiment… Prenez soin de vous.

Ce message, il faudra nous en souvenir. À l'heure d'embarquer, je serre mon épouse dans mes bras. Ce n'est pas la première fois que nous nous quittons pour plusieurs mois, mais ce départ me paraît plus difficile.

À l'arrivée à Miramas, j'ai l'impression de me trouver dans un entrepôt d'Amazon : une fourmilière géante où s'organise le mouvement d'hommes, de femmes, de véhicules et de containers. Tout est compté et recompté, vérifié et revérifié. Nous voilà en zone d'attente. Michel, mon adjoint, est à nouveau aux manettes jusqu'à l'embarquement. Le premier avion décolle le mardi 29 février à dix heures avec une partie de nos blindés et le peloton de Julien. L'escadron suit le lendemain.

Ça y est, c'est le départ. Nous allons faire la trace de la mission Aigle.

Entre alliés, une fraternité d'arme naissante

Après quatre heures et trente minutes de vol, nous posons nos rangers sur le sol de l'aéroport militaire Mihail-Kogălniceanu, au bord de la mer Noire, à soixante-dix kilomètres de la frontière ukrainienne. Nos treillis blancs contrastent avec la pénombre de la nuit tombante. Le vent glacial de Roumanie porte quelques flocons et nous fouette le visage. Nous sommes bien arrivés en Europe orientale ! Le plafond nuageux est bas, il fait zéro degré, mais avec les rafales à soixante-dix kilomètres à l'heure, nous ressentons plutôt moins dix degrés. À quelques mètres du tarmac, un camp de neuf tentes gigantesques a été posé dans un champ en friche. Majestueux édifices de toile mesurant plus de soixante mètres de long et pouvant accueillir chacune cent personnes, elles constitueront notre principal lieu de vie tout au long de notre mission. Chaque peloton s'installe, optimisant les lieux pour pouvoir vivre, conduire des exercices, donner des cours et stocker du matériel.

Après l'excitation du départ, les premières semaines sont paradoxalement assez calmes. Notre présence s'inscrit dans la réponse globale de l'OTAN à l'agression russe. Notre déploiement opérationnel obéit à une logique dissuasive, non agressive et non escalatoire ; il vise à rassurer nos alliés et partenaires tout en renforçant la crédibilité de l'Alliance. Nous débarquons donc dans un pays souverain, en paix, et ne sommes pas là pour chasser une rébellion ou contenir des extrémistes. Il nous faut composer avec les règles et les lois de cette nation hôte. Le dialogue entre alliés est excellent, mais nous devons apprendre à nous connaître, avant de débuter notre engagement sur le terrain.

Le 24 mars, une journée d'échange international est organisée sur notre base de l'OTAN pour présenter nos véhicules majeurs, et mieux comprendre les capacités des uns et des autres. La quinzaine de stands, animés par des soldats anglais, américains, belges et français, donne au camp des airs de salon automobile de Paris. Nos blindés français se trouvent au centre des attentions, et nos échanges, témoins de cette fraternité d'arme naissante, sont retransmis sur les chaînes de télévision françaises et roumaines. Malgré la barrière de la langue, la curiosité et la culture militaire prennent le dessus et permettent à chacun de souligner les similitudes de nos métiers.

Lors de ce premier mois, de nombreux chasseurs de l'escadron sont interviewés par des journalistes du monde entier. La communication me semble alors le nerf de la guerre, et nos familles, en France, sont heureuses de nous voir en bonne santé à l'écran. Lors de ma première interview en direct sur la chaîne BFM DICI, le journaliste me demande :

– Que voulez dire aux Français qui nous regardent depuis les Alpes-de-Haute-Provence ?

La réponse vient du fond du cœur :

– Pensez à nous, et envoyez-nous de bons produits de chez nous, comme du saucisson !

Après six semaines de présence, la programmation des prochains mois se précise. En attendant d'aller manœuvrer dans les Carpates, les pelotons poursuivent leur entraînement dans le camp. Combat urbain dans une ancienne usine pétrochimique, pilotage dans les grands espaces à proximité de l'aéroport, tir au fusil d'assaut, secourisme au combat : tout est passé en revue. L'ingéniosité de mes cadres permet de lutter contre la monotonie des jours qui passent et de maintenir haut le moral des hommes. Ce camp multinational est également occupé, depuis de nombreuses années, par un contingent américain. Nous avons ainsi accès à une salle de sport, un magasin pour les premières nécessités ou de la restauration rapide.

Jour après jour, nous restons suspendus aux actualités, en alerte, prêts à partir. Ces premières semaines nous semblent interminables. Les Gaulois sont arrivés le couteau entre les dents, et nous voilà sédentaires, dans ce camp, à quelques mètres d'un tarmac d'où décollent toutes les quatre heures une patrouille d'avions de chasse et un nombre incalculable d'hélicoptères. Jour et nuit, le bruit des aéronefs s'ajoute au ronflement des groupes électrogènes dans une cacophonie assourdissante. L'intimité est par ailleurs assez réduite : je m'endors toutes les nuits avec quatre-vingt-dix ronfleurs et me réveille tous les matins avec la même vue de pieds dépassant du lit de mes voisins… Ces conditions compliquent la gestion quotidienne des hommes et les relations hiérarchiques. Nous vivons malgré nous l'apprentissage de la vie en communauté.

Mais ces grognements ne détournent pas notre attention car pendant ce temps, les combats font rage de l'autre côté de la frontière. Nous suivons la situation pour adapter nos procédures aux tactiques des belligérants. Nous sommes aux avant-postes du dispositif défensif de l'OTAN et nous devons nous tenir prêts à parer à toute éventualité en intégrant nos alliés et surtout les forces armées roumaines.

Prêts à affronter des chocs d'envergure en Ukraine

Il est enfin l'heure de s'écarter de la mer Noire pour rejoindre les Carpates. Au début du mois d'avril, le PRI de l'adjudant Emmanuel part référencer l'ensemble des ponts qui traversent les rivières jusqu'au Danube. Ce fleuve étant l'un des plus grands au monde, il possède une faune et une flore luxuriantes, le bureau idéal pour une semaine de travail ! L'est de la Roumanie est une vaste plaine de plusieurs centaines de kilomètres carrés, sillonnée par de nombreux affluents du Danube ; des champs agricoles à perte de vue et une végétation concentrée au bord du fleuve.

Les patrouilles d'Emmanuel progressent dans le Nord-Est avec le 211ᵉ régiment de reconnaissance roumain. En une semaine, soldats français et roumains ont parcouru plus de six cents kilomètres dans l'arrière-pays à proximité des frontières moldaves et ukrainiennes. L'enrichissement mutuel entre soldats alliés se construit au quotidien par l'étude des procédés militaires, le partage de repas, la découverte d'une nouvelle culture et des rencontres singulières au sein de la population. Le partenariat se construit également avec le 22ᵉ bataillon de montagne roumain, en plein cœur des Carpates. Ces montagnes, belles, hautes et enneigées, nous rappellent le massif des Écrins où nous avons l'habitude de manœuvrer. Cette région est également réputée pour accueillir de nombreux ours bruns, que nous ne rencontrerons heureusement pas mais qui donneront quelques frayeurs à nos amis belges lors d'une mission de nuit.

Cet échange avec nos frères roumains est important pour les soldats de montagne que nous sommes et fait progresser nos chasseurs dans tous les domaines : sport, combat en montagne, tir, franchissement. La cohésion se renforce, l'esprit d'équipage prend une nouvelle forme avec ces hommes exceptionnels qui ont connu la guerre, la dictature communiste, la pauvreté, mais donnent tout ce qu'ils ont pour défendre leur terre. Un soir, le cuisinier du camp, pensant sans doute concourir dans l'émission *Top Chef*, nous prépare un plat étonnant, mais qui fait flop : personne ne peut avaler le contenu de son assiette. Piqué au vif, notre amphitryon mitonne alors un festin. Cette soirée restera gravée dans nos mémoires pour l'aménité de nos hôtes. Ces instants de cohésion ne nous font pas perdre de vue la situation qui se dégrade à quelques kilomètres de là, en Ukraine. Nous suivons l'évolution des combats le long du Dniepr et savons que nous devons nous tenir prêts à affronter des chocs d'envergure. « L'amitié, c'est de l'âme », dit Baudelaire. La relation naissante entre soldats français et roumains prend sa source du sang versé par la folie des hommes, mais aujourd'hui, leurs âmes sont éternelles.

Le mois d'avril se clôture par une série de tirs sur la base de Capu Midia, à quinze kilomètres au nord de Constanța. Enclavé entre une usine pétrochimique et une usine sidérurgique, le champ de tir fait face à une large plaine d'herbe et de sable blanc avec la mer Noire pour horizon. L'objectif est l'entretien de nos savoir-faire opérationnels, en particulier le tir avec les canons de 105 mm de nos blindés. Le peloton de reconnaissance passe en tête et débute son exercice par une phase de renseignement qui amène rapidement les chasseurs à mettre pied à terre pour utiliser leurs fusils d'assaut et leurs mitrailleuses contre des cibles disséminées dans les fourrés. Les autres pelotons s'engagent derrière avec leurs blindés AMX10-RC et redoublent d'efforts pour détruire de vieilles carcasses d'engins blindés installées par nos soins.

Les premiers coups de canon français résonnent enfin sur le territoire roumain ! Le sol tremble à chaque explosion. Avec plus de cinquante obus et trois mille munitions tirés, le contrat est rempli : le matériel est opérationnel, les coups portés sont précis et coordonnés. Nous sommes prêts à poursuivre les entraînements sur de nouveaux terrains de manœuvre ou à partir au combat si la situation le nécessite.

Vingt obus tirés en moins de quinze secondes

Au début du mois de mai, nous rejoignons Babadag, sur les bords de la mer Noire, à cent kilomètres au nord de la base Mihail-Kogălniceanu et à quarante kilomètres au sud de l'Ukraine. Ce camp se trouve à proximité du delta du Danube, la végétation y est dense. Nous découvrons des champs entiers de pivoines roumaines, fleurs rouge sang au pistil couleur soleil, rares et protégées en Roumanie. Nous manœuvrons ici avec d'autres unités étrangères sans pouvoir ôter de nos esprits l'âpreté des combats de l'autre côté de la frontière. Nous participons à une journée de tirs avec le 2e régiment de cavalerie américaine, équipé de blindés Striker. Ensemble, nous devons viser l'excellence pour être à la hauteur. Après une longue route à bord de nos véhicules et l'installation de notre campement en tentes bien françaises, les ordres pour le début de l'exercice tombent, s'appuyant sur le scénario fictif créé avec Michel, mon adjoint :

– La frontière roumaine est menacée par la présence de forces ennemies en progression vers le sud. L'escadron est appelé en renfort pour contrôler la zone, renseigner et dissuader aux abords du territoire ukrainien.

Le ton est donné : nous sommes mis en situation d'insécurité et il faut se préparer rapidement face à cette menace. L'ennemi devant arriver sur nos positions dans une semaine, les premiers jours sont utiles pour reconnaître le terrain, préparer la défense et anticiper la contre-attaque.

L'interopérabilité entre alliés ne s'invente pas. L'escadron est renforcé par un peloton de cavalerie belge qui, certes, partage la même langue, mais dont les procédures de combat diffèrent des nôtres. Les mesures de sécurité de l'armement principal de leurs blindés, bien plus longs que nos engins, mettront à plusieurs reprises notre patience à l'épreuve. Une section d'infanterie roumaine sur Piranha V (un véhicule de combat de fabrication suisse) renforce également nos phases d'entraînement, ajoutant de la complexité dans la bataille. Tout le monde parle en anglais, ce qui n'est pas si simple pour les Gaulois.

Le mercredi 11 mai au petit matin, nous effectuons les derniers ajustements de la mission, puis embarquons dans les véhicules. L'ensemble du sous-groupement est en ordre de marche : combattants, soutien, mécaniciens, médecins, aviation. Il est huit heures quand nous franchissons la ligne de débouché en direction de la mer Noire. Face à nous, une grande plaine légèrement arborée et vallonnée, permettant une infiltration discrète de l'ensemble des véhicules. Le PRI est en premier échelon pour éclairer notre progression. Grâce à la discrétion des véhicules blindés légers, les chasseurs surprennent l'ennemi qui se déplaçait silencieusement sur les contre-pentes. Les trois pelotons restés en arrière progressent rapidement au milieu de la végétation, guidés par leur escouade. Ils s'installent sur les hauteurs pour détecter puis détruire les assaillants. Après une première salve, d'autres adversaires sont repérés dans les bois. Les escouades procèdent alors à la réduction de cette résistance isolée. L'exercice est bien lancé et l'explosion de nos dix-huit obus donne le *la* de cet entraînement réaliste. Chaque soldat est à présent concentré dans sa tourelle, comme si sa vie en dépendait, le regard aiguisé et le corps tendu pour s'adapter à n'importe quel événement.

L'ennemi rencontré fait partie des éléments de reconnaissance. Il nous faut donc devancer le reste des troupes adverses. Après un passage bas de deux avions de chasse italiens pour déceler nos opposants, nous poursuivons jusqu'à la prochaine ligne de crête, qui doit nous permettre d'avoir une profondeur de vue sur trois kilomètres. Les AMX10-RC s'élancent, s'appuyant mutuellement pour s'emparer des hauteurs clés du terrain. Nous décelons rapidement des cibles simulant deux sections de chars T80* en progression vers l'ouest. Les pelotons français et belges s'alignent afin de les stopper brutalement par un tir à mon commandement. Chaque tireur, dans sa tourelle, attend mon décompte, le doigt sur la mise de feu et l'œil verrouillé sur sa cible. Tous les engins sont en position de tir.

– Les 99 : 3, 2, 1, feu !

Vingt obus sont tirés en moins de quinze secondes. Le gros de l'ennemi étant détruit, la reconnaissance se poursuit et les escouades procèdent à la neutralisation des éléments restants, appuyés au plus près par deux blindés belges.

Pour rendre l'entraînement encore plus réaliste, nous simulons des blessés parmi mes chasseurs. Il faut les extraire en zone sûre au plus vite. Au même moment, l'ennemi se renforce et se rapproche dangereusement. Le peloton de commandement et de logistique de Yann, en charge de l'évacuation, devra donc remonter l'ensemble de notre dispositif avec les médecins pour prodiguer les premiers soins et évacuer nos soldats. Puis nous manœuvrons pour ralentir l'ennemi et lui porter de nouveaux coups. Les blindés adverses sont neutralisés mais un de nos véhicules est touché. Le peloton logistique est de nouveau mis à contribution pour remorquer l'engin endommagé. L'ennemi est toujours présent. Les blindés appliquent des feux nourris pour appuyer notre rupture de contact. Il est quatorze heures, les derniers éléments sont recueillis par une autre unité qui reprend le combat à son compte.

Les chasseurs vont pouvoir souffler.

Au total, plus de cinquante obus de 105 mm, quarante-cinq obus de 90 mm, deux mille cinq cents munitions de 30 mm et dix mille cartouches de fusil mitrailleur et d'assaut ont été tirés. Cet exercice a édifié l'unité de nos soldats français, belges et roumains, et a développé leur combativité face à un adversaire agressif. Plus prosaïquement, il a permis de séjourner dans des tentes de taille réduite, loin du gigantesque hangar habituel, tandis que le soleil printanier réchauffait les cœurs. Une bouffée de liberté pour les chasseurs qui ont enfin pu profiter d'un peu d'intimité ! Cela a aussi été l'occasion de partager quelque quatre-vingt-cinq kilos de saucissons arrivés de France après mon appel sur BFM DICI, au cours d'une compétition militaire avec tirage de véhicules, parcours d'obstacles et autres ateliers aussi physiques que ludiques. Une excellente journée de cohésion !

Deux mille soldats et cinq cents véhicules d'une dizaine de nations

Ce mandat Aigle 1 se conclut par l'exercice Scorpion Legacy, sur le camp de Smârdan, situé à quinze kilomètres de la frontière avec l'Ukraine et la Moldavie. Mon escadron se trouve engagé dans un exercice de grande ampleur, regroupant deux mille soldats et cinq cents véhicules d'une dizaine de nations parmi lesquelles la Belgique, l'Italie, les États-Unis, la Bulgarie, le Portugal, la Pologne, la France et bien évidemment la Roumanie. Dirigé par le bataillon multinational de l'OTAN basé à Craiova et surnommé les « Scorpions », l'exercice a pour objectif de travailler l'interopérabilité à haut niveau.

Après la création d'un centre opérationnel de brigade par les Roumains, les différentes nations ont eu quelques jours pour s'approprier le terrain, partager leurs expériences et comprendre les manœuvres de chacun pour optimiser leur coordination. Ces journées ont aussi été l'occasion de présenter nos équipements respectifs, moment qui délie les langues de tous les soldats avides de nouveauté.

À l'aube de la deuxième semaine, un ennemi fictif est repéré en reconnaissance vers le sud, en direction de Constanța. Il doit passer par Smârdan et Galati à la frontière, deux agglomérations de la taille d'une ville comme Avignon. Notre bataillon a pour mission d'interdire le franchissement de Galati par l'ennemi.

Le sous-groupement français, armé par les Gaulois, est appuyé par une unité portugaise. Nous serons en première ligne avec les Américains sur notre droite, eux-mêmes appuyés par des Roumains, pour effectuer une reconnaissance rapide jusqu'au nord du camp, où nous devrons prendre contact avec l'ennemi et le freiner sur six kilomètres. L'objectif est de réduire le potentiel de ses forces avant que nos alliés ne le détruisent le lendemain au cours d'une contre-attaque massive et brutale.

Le 30 mai, à l'aurore, le peloton de reconnaissance s'élance pour déceler les premiers ennemis. Il les détecte à onze heures et demie et le combat s'engage, ralentissant à peine notre adversaire qui pousse pour percer nos lignes. Nous manœuvrons, alimentant un feu nourri avec nos canons. La défense mobile est de courte durée. Il nous est demandé de tenir la position et de gagner du temps pour que les Portugais renforcent leur dispositif. Le terrain et les délais demandés sont en notre défaveur ! Le camp de Smârdan est à l'image de l'est du pays : plat et sans végétation. Afin de respecter les consignes de mon colonel roumain, je lui propose une contre-attaque de la gauche vers la droite pour détruire la première ligne adverse et nous permettre de gagner des délais. Une fois la manœuvre validée, je donne mes ordres. Nous lançons la contre-attaque, coordonnée avec le 2e régiment de cavalerie américaine, ce qui contraint l'ennemi à reculer de quelques kilomètres. Les délais sont gagnés, au prix d'un AMX10-RC endommagé. Une fois le dispositif de défense portugais finalisé, il faut rompre le contact.

Le combat dure depuis sept heures, la tension est à son comble. Nous sommes tellement concentrés que certains oublient qu'il s'agit d'un exercice. Les blindés en reconnaissance, en liaison avec les Portugais, ont organisé le recueil des unités au contact. Après le désengagement successif des pelotons et le franchissement du point de recueil portugais, l'escadron reçoit une nouvelle mission. Nous devons maintenant contrôler les arrières pour nous assurer qu'aucune infiltration ennemie n'est possible, tout en restant en alerte avec dix minutes de préavis. Les patrouilles de contrôle de zone et la préparation d'une éventuelle intervention rythment les heures suivantes. Nous devons être capables d'intervenir au profit de n'importe quelle unité. La tâche n'est pas aisée car le seul moyen de communication à ma disposition pour joindre le chef de corps roumain est l'un de ses soldats, équipé d'une radio portative et parlant moins bien anglais que moi.

La nuit passe. Le dispositif allié étant étanche, la journée est calme. À vingt heures, l'alerte est déclenchée pour sécuriser l'extraction d'un blessé portugais encore en première ligne. Je rassemble donc mes chefs de peloton et donne mes ordres. En quinze minutes, l'escadron est déjà sur les lieux, avec les pelotons d'Augustin sur l'aile nord et d'Emmanuel sur l'aile sud accompagnés de nos médecins. Une bulle de sécurité est formée pour permettre au médecin de prodiguer les premiers soins. Malheureusement, un soldat ennemi caché dans un troupeau de mouton nous attaque et blesse un de mes chasseurs. L'assaillant est rapidement neutralisé par une rafale de 12,7 mm tirée par l'un des VBL. Mais nous devons maintenant évacuer un deuxième blessé. Après une heure sur place, nous faisons mouvement vers l'hôpital de campagne. Le peloton de Julien, resté au camp, assure avec des *stroblight* (lampes à flash lumineux) le jalonnement de nuit de la trentaine de véhicules.

À 21 heures 30, nous apercevons les premiers flashs lumineux. Les blessés sont déposés, puis rapidement stabilisés par les médecins roumains et américains. Les officiers du poste de commandement de la brigade sortent de leur tente pour nous photographier et nous féliciter. À l'origine, cet exercice n'était pas prévu dans les différents scénarios, mais je souhaitais faire travailler mes hommes lors d'une alerte. Réactivité, adaptation et ténacité, pendant le déploiement de la quasi-totalité du sous groupement, seront soulignées lors de la cérémonie de clôture par le général roumain commandant la brigade. Je ressens une grande fierté de représenter la France et de montrer notre savoir-faire.

Scorpion Legacy est une réussite : l'Alliance a affiché volonté et détermination, les forces ont œuvré ensemble malgré les difficultés liées aux différentes langues et à la coordination. Surtout, le 3e escadron a su porter haut les couleurs de la France.

Un invité de marque

Le bataillon « fer de lance » de l'OTAN a reçu au cours de ces quatre mois la visite des ministres et chefs d'état-major des armées française, roumaine, américaine, belge, et a participé à plus de soixante interviews. Les Gaulois auront été en première ligne, sur le terrain et sous les caméras du monde entier, pour montrer notre présence, notre force et nos capacités. La bataille de l'information sera à mes yeux le fil rouge de cette opération.

Le 14 juin, nous commençons à remplir nos caisses pour préparer la relève et accueillir l'escadron du 1er régiment de hussards parachutistes, mon ancien régiment, commandé par un ami. Nous attendons également le président de la République, Emmanuel Macron. Il doit s'adresser à nous le soir même à dix-neuf heures puis dîner avec l'ensemble du contingent dans la cantine américaine. Certains de mes soldats sont affairés pour présenter des véhicules à de nombreuses autorités officielles, jusqu'à l'arrivée du président.

18 heures 15, mon téléphone sonne. C'est le chef de corps :

– Cyril, tu es où ?

– Dans ma tente, mon colonel.

– Je suis au hangar, rejoins-moi immédiatement.

Un de mes soldats a-t-il fait quelque chose qu'il ne fallait pas ? Je m'attends au pire… Le colonel est accompagné de son chef des opérations :

– Tu sais que le président arrive ce soir ?

– Oui.

– Tu sais que demain matin, nous avons un footing prévu avec lui, tu vois où je veux en venir ?

– Non, pas trop.

– Eh bien, il est censé dormir à l'hôtel, mais c'est un peu loin, tu comprends ?

– Il… il veut dormir dans ma tente ?

– Exactement !

Je vous laisse imaginer l'annonce à mes chasseurs de la venue du président pour une nuit dans notre tente. Beaucoup d'excitation et de joie, mais surtout de pression pour accueillir convenablement nos invités dans une tente déjà surpeuplée.

Après un dîner partagé avec notre hôte de marque, le président se tourne vers moi et me demande :

– Je dors bien chez vous ce soir ?

– Oui, monsieur le président, réponds-je alors, non sans un grand sourire.

Je conduis la délégation officielle dans l'espace réduit où nous vivons depuis plusieurs mois et où nous avons pris le temps de préparer quelques chambres spartiates de circonstance, séparées entre elles par de simples draps posés sur des ficelles tendues. Notre village gaulois devient, pour quelques heures, gîte présidentiel. Après une dernière inspection nocturne, je souhaite une bonne nuit au chef des armées. Une soirée inoubliable.

Avant de retrouver les Alpes, il est temps de m'adresser une dernière fois à mes chasseurs. Face à eux, je me remémore notre aventure et je pense à Astrid. Je leur exprime ma reconnaissance :

– Le départ est enfin là. Ensemble, nous avons surmonté toutes les épreuves. Nous avons atteint tous les sommets qui se sont dressés devant nous, et nous avons planté le fanion aux couleurs de notre escadron partout où le vent nous a portés.

Nous avons manœuvré avec nos amis roumains, américains, portugais, polonais, italiens, bulgares, anglais, belges au cœur de l'OTAN, des Carpates jusqu'aux plaines du Danube. Notre mission était bien de montrer notre force aux yeux du monde. Soyons fiers de ce que nous avons fait et rappelons-nous que nous sommes les premiers à partir en alerte dans de telles conditions. Nous avons tracé la voie dans les Carpates pour une présence militaire renforcée. Vous avez fait rayonner les Gaulois, le bataillon « fer de lance » de l'OTAN, mais aussi notre régiment qui nous attend et la France aux yeux du monde entier.

Glossaire

A400M : avion de transport militaire.

AK 47 (ou kalachnikov) : fusil d'assaut.

ALI : arme légère d'infanterie.

Alindien : dans la marine nationale française, amiral commandant la zone maritime de l'océan Indien et les forces françaises aux Émirats arabes unis.

AMX10-RC : blindé à roues et canon de classe médiane, équipé d'un canon de 105 mm.

ANA : armée nationale afghane.

BAT : base avancée temporaire.

Bigor : artilleur des troupes de marine.

BMP : véhicule de combat d'infanterie équipant les armées soviétique et russe.

BMP 2 : blindé de l'infanterie soviétique, équipé d'un canon de 30 mm et d'un lance-missiles antichar.

Boule de billard (progression en) : progression linéaire entre deux véhicules s'appuyant mutuellement. Le premier se déplace et se met à l'abri pendant que le second le couvre. L'opération est ensuite répétée à plusieurs reprises.

Brigade : unité militaire regroupant plusieurs régiments et placée sous les ordres d'un officier général.

Cavaliers des cimes : surnom des soldats servant au 4e régiment de chasseurs.

Cavalier porté : fonction particulière au sein d'une patrouille de reconnaissance. Le cavalier porté peut être tireur lance-roquettes, tireur à la mitrailleuse de 12,7 mm ou tireur de missile antichar.

CENTAC : Centre d'entraînement au combat, situé à Mailly-le-Camp (Aube).

CENZUB : Centre d'entraînement aux actions en zone urbaine, situé à Sissonne (Aisne).

Chasseurs : nom de tradition d'unités à cheval ou à pied, légères et mobiles, chargées des missions de reconnaissance.

Chinook : hélicoptère de transport de troupes de fabrication américaine, disposant de deux rotors en tandem.

Corimec : préfabriqué sous forme de containers logistiques servant de logement et de bureau.

Cuirassier : nom de tradition des soldats d'un corps de cavalerie lourde dont la cuirasse et le casque étaient d'acier.

Dauphin Cavalerie : appellation de tradition du 12e régiment de cuirassiers, basé à Olivet (Loiret).

Dragon : historiquement, militaire se déplaçant à cheval mais combattant à pied. Aujourd'hui, le 5e régiment de dragons est le seul régiment interarmes de l'armée de Terre, combinant cavalerie et infanterie dans ses rangs.

EAE : escadron d'aide à l'engagement.

EEI : escadron d'éclairage et d'investigation.

EO : élément d'observation avancé ; responsable du guidage des tirs d'artillerie et aériens.

Épiscope : minuscule ouverture en largeur dans le blindage d'un char.

ERC 90 : engin à six roues motrices, équipé d'un canon de 90 mm et de deux mitrailleuses de 7,62 mm (en coaxiale et superstructure) ; également appelé « Sagaie ».

Escadron : unité de combat dans la cavalerie. Un escadron est constitué de plusieurs pelotons.

FAMA : Forces armées maliennes.

Famas : fusil d'assaut de l'armée de Terre française, aujourd'hui remplacé par le HK416.

FAN : forces armées nigériennes.

Fennec : hélicoptère militaire léger et polyvalent.

Finex : ordre signifiant la fin d'un exercice.

FINUL : Force intérimaire des Nations unies au Liban.

FOB : Forward Operational Base, base opérationnelle avancée.

Forad : force adverse.

Furieux : surnom des fantassins de la 2e compagnie du 16e bataillon de chasseurs à pied.

GAT : groupe armé terroriste.

Gaulois : nom de tradition du 3e escadron du 4e régiment de chasseurs.

Gazelle : hélicoptère léger.

GCM : groupe de commandos de montagne.

Génie : le génie militaire appuie les unités de mêlée en garantissant leur liberté d'action face aux obstacles et engins explosifs.

GTD : groupement tactique désert.

GTIA : groupement tactique interarmes.

Guépard : hélicoptère interarmées léger.

Hussard : soldat de la cavalerie légère.

IED : Improvised Explosive Device, engins explosifs improvisés.

ISAF : International Security Assistance Force, Force internationale d'assistance et de sécurité ; composante militaire de la coalition internationale, sous l'égide de l'OTAN, en Afghanistan.

JTAC : Joint Terminal Attack Controller, contrôleur aérien en charge du guidage aérien pour l'appui air-sol.

Kandak : régiment de l'armée nationale afghane.

KMTC : Kabul Military Training Center, Centre de formation militaire de Kaboul, destiné aux forces armées afghanes.

Marsouin : militaire servant dans les troupes de marine.

Minusca : Mission multidimensionnelle intégrée des Nations unies pour la stabilisation en Centrafrique.

Misca : Mission internationale de soutien à la Centrafrique.

NRBC : nucléaire, radiologique, bactériologique, chimique. Dans un char, le voyant NRBC fixe indique que la tourelle est fermée hermétiquement et peut donc résister aux effets d'une attaque chimique, bactériologique ou à un rayonnement nucléaire.

OMLT : Operational Mentoring and Liaison Team. Au sein de l'ISAF de l'OTAN en Afghanistan, ces petites équipes étaient chargées de conseiller les militaires de l'ANA, qui bénéficiaient ainsi des appuis (feu, aérien, renseignement) de l'ISAF.

P4 : véhicule léger tout-terrain, à quatre roues motrices, sans blindage.

Padre : surnom de l'aumônier catholique dans les unités militaires.

Peloton : unité militaire élémentaire constitutive de l'escadron dans l'arme blindée-cavalerie.

PRI : peloton de reconnaissance et d'intervention.

Puma : hélicoptère de manœuvre moyen civil et militaire.

Régiment : unité militaire constituée de mille à trois mille cinq cents soldats, commandés par un colonel.

REP : régiment étranger de parachutistes.

RI : régiment d'infanterie.

RICM : régiment d'infanterie chars de marine, basé à Poitiers ; un des deux régiments blindés des troupes de marine.

RIMa : régiment d'infanterie de marine.

RPG : Rocket Propelled Gun, lance-roquettes.

Sagaie : voir ERC 90.

Salamandres : appellation de tradition du 1er escadron du 12e régiment de cuirassiers.

Sapeur : soldat du génie. Les sapeurs étaient historiquement chargés de l'exécution des sapes, c'est-à-dire des ouvrages souterrains permettant de renverser un édifice ou des tranchées.

SGTIA : sous-groupement tactique interarmes ; unité de circonstance constituée d'un escadron avec ses appuis.

Spahi : cavalier de l'armée française appartenant à un corps d'Afrique du Nord ; le 1er régiment de spahis (aujourd'hui stationné à Valence) est héritier des traditions de la cavalerie d'Afrique.

T80 : char de combat russe.

TC1 : train de combat numéro 1 ; unité logistique capable d'assurer le soutien d'un escadron pendant quatre-vingt-seize heures.

Tigre : désigne soit un char lourd en service dans l'armée allemande pendant la Seconde Guerre mondiale, soit un hélicoptère de reconnaissance et d'attaque de l'armée de Terre française.

Transall : avion de transport militaire.

T72 : char de combat russe.

VAB : véhicule de l'avant blindé, équipé d'une mitrailleuse de calibre 12,7 mm ; principal moyen de transport de troupes, il équipe les sections d'infanterie et de génie avant d'être progressivement remplacé par le VBCI et le Griffon.

VBCI : véhicule blindé de combat d'infanterie ; tout-terrain à huit roues. Il est équipé d'un canon de 25 mm.

VBL : véhicule blindé léger, de format 4x4, équipé en superstructure, en fonction des versions, d'une mitrailleuse de 7,62 mm ou de 12,7 mm ; équipe les patrouilles de reconnaissance.

ZPH : zone de poser hélicoptère.

106 SR : canon de 106 mm sans recul.

Les auteurs

Le général **Benoît Aumonnier** a effectué un long parcours opérationnel au sein du 4e régiment de chasseurs puis du 1er régiment de hussards parachutistes qu'il a commandé de 2014 à 2016. Il a par ailleurs occupé plusieurs postes de haut niveau en administration centrale et à l'international ou encore comme instructeur en école. Son expérience opérationnelle en blindé est très variée : escadron d'éclairage à la force de stabilisation de l'OTAN en Bosnie, escadron blindé au Tchad, officier opérations d'un groupement tactique en république de Côte d'Ivoire, conseiller inséré au sein d'un bataillon de l'armée afghane, commandant du bataillon français de la force des Nations unies au Liban.

Nommé général de brigade le 1er août 2023, il est désigné pour prendre le commandement des écoles militaires de Saumur et de l'école de la cavalerie.

Bruno Camus est sorti de l'École spéciale militaire de Saint-Cyr en 2008. Ayant choisi de servir au 4e régiment de dragons comme chef de peloton, il a ensuite rejoint le 3e régiment de hussards pour y commander l'escadron de reconnaissance et d'intervention avant d'occuper différents postes opérationnels interarmées.

Nicolas Champeval a servi comme chef de peloton Leclerc au 1er régiment de chasseurs puis y a commandé un escadron de reconnaissance. Diplômé de l'École spéciale militaire de Saint-Cyr, il est également breveté de l'enseignement militaire supérieur français et américain. Il a été projeté au Liban, à Mayotte, en Afghanistan, au Mali, au Tchad et à de nombreuses reprises sur le territoire national.

Cyrille Clément a servi huit ans au 1er régiment de spahis. Il a ensuite occupé différentes fonctions en état-major avant d'être désigné chef du bureau opérations du 501e régiment de chars de combat. Il a été projeté à Djibouti, au Sénégal, en Afghanistan, au Tchad, au Koweït puis au Niger.

Romain Coponat a commandé un peloton puis un escadron de chars Leclerc du 12e régiment de cuirassiers, avec lesquels il a été déployé au Tchad et en République centrafricaine.

Vincent Coulongeat a débuté son parcours dans les troupes aéroportées avant de poursuivre dans les troupes de montagne puis au sein d'un régiment de chars Leclerc. En 2011, il est engagé en Afghanistan à la tête d'une équipe de conseil et de liaison déployée auprès de l'armée afghane et qui sera prise dans l'attaque de Gwan le 20 janvier 2012.

Christian-Philippe Desrousseaux de Medrano a servi 6 ans au 1er régiment étranger de cavalerie, avec lequel il a été projeté en Afghanistan et en République centrafricaine et dont il a commandé le 4e escadron. À l'issue, il a rejoint le centre de planification et de commandement des opérations, à Balard puis l'École de cavalerie. Saint cyrien, il est également breveté de l'École de guerre.

Antoine Durteste a passé ses années de lieutenant au 3e régiment de hussards puis a rejoint la Légion étrangère pour commander un escadron du 1er régiment étranger de cavalerie. Après une affectation à la direction des ressources humaines de l'armée de Terre, il a été nommé chef du bureau opérations et instruction du 5e régiment de cuirassiers en 2021. Il a participé à de nombreux déploiements à l'étranger, essentiellement en Afrique, au Kosovo et en Afghanistan.

Pierre de Foucauld a rejoint le 5e régiment de dragons en 2017. Avec son peloton de chars Leclerc, il sera projeté en Lituanie lors de la mission Lynx. Désigné pour encadrer de jeunes élèves officiers à Saint-Cyr, il retrouve ensuite le 5e régiment de dragons pour y commander un escadron de chars.

Cyril Gallego a exercé plusieurs commandements opérationnels, au 1er régiment de hussards parachutistes de Tarbes puis au 4e régiment de chasseurs de Gap. En 2022, il est projeté sur très court préavis avec son escadron à l'est de l'Europe après l'agression de l'Ukraine par la Russie.

Sébastien Gille a choisi le 501e régiment de chars de combat après sa formation à Saumur et commandé la 1re compagnie de chars des « As de Champagne ». Il a ensuite été instructeur tactique au CENTAC – 1er bataillon de chasseurs à pied avant de retrouver le 501e régiment de chars de combat comme chef des opérations. Il a été déployé au Liban avec ses chars Leclerc, en Afghanistan au sein d'une OMLT, et en République centrafricaine.

Clément Hude a effectué sa première partie de carrière au 12e régiment de cuirassiers et comme instructeur à l'Académie militaire de Saint-Cyr Coëtquidan. Lauréat du concours de l'École de guerre, il a suivi une formation de spécialité en langue russe à l'Inalco et a servi un an comme adjoint de l'attaché de défense à Kiev en Ukraine. Il a également effectué des missions en République de Côte d'Ivoire et aux Émirats arabes unis.

Nicolas Job a rejoint le 4e régiment de chasseurs en 2007 comme chef de peloton puis officier adjoint et commandant d'unité. Au cours de ces années, il a été projeté au Tchad, en Afghanistan et en République centrafricaine.

Alban Larroquette est officier supérieur des troupes de marine. Saint-cyrien (promotion capitaine Beaumont) et diplômé des Langues'O en russe, il est breveté de l'École de guerre de Paris et de l'École supérieure de guerre de Yaoundé. Après plusieurs responsabilités exercées en France et à l'étranger, il a effectué une mission au Cameroun au sein de la coopération de sécurité et de défense du ministère de l'Europe et des Affaires étrangères.

Adrien Lebout a rejoint le 4e régiment de chasseurs en 2011 à la fin de sa formation initiale. Après un passage comme instructeur à l'École militaire interarmes, il retrouve les troupes de montagne et commande un escadron blindé. Il a été projeté à plusieurs reprises au Sahel. Affecté en 2019 à l'état-major du 24e RI, bataillon de réserve, il sert ensuite dans le renseignement avant de rejoindre le cursus de l'École de guerre.

Guillaume Leuenberger a passé ses premières années d'officier de cavalerie au sein des troupes de montagne avant de rejoindre l'Institut des hautes études de défense nationale puis le cabinet de la secrétaire d'État auprès de la ministre des Armées. Son parcours se poursuit au Royaume-Uni avant de diriger les opérations de la 2e brigade blindée. Il a été déployé à plusieurs reprises en Afghanistan, au Mali, au Tchad et en Roumanie.

Arnaud de Vallavieille choisit le 1er RIMa à l'issue de sa formation d'application à Saumur. Au sein de ce régiment, il occupe les fonctions de chef de peloton et de commandant d'un escadron de reconnaissance. Saint-cyrien, il est également breveté de l'École de guerre.

Table

PEFC
10-31-1510
Certifié PEFC

Achevé d'imprimer par
Corlet Imprimeur
14110 Condé-en-Normandie

Réalisation : Nord Compo à Villeneuve-d'Ascq
Dépôt légal : septembre 2024
ISBN : 979-10-210-6207-8
Numéro d'édition : 5067
Numéro d'impression : 24050410
Imprimé en France